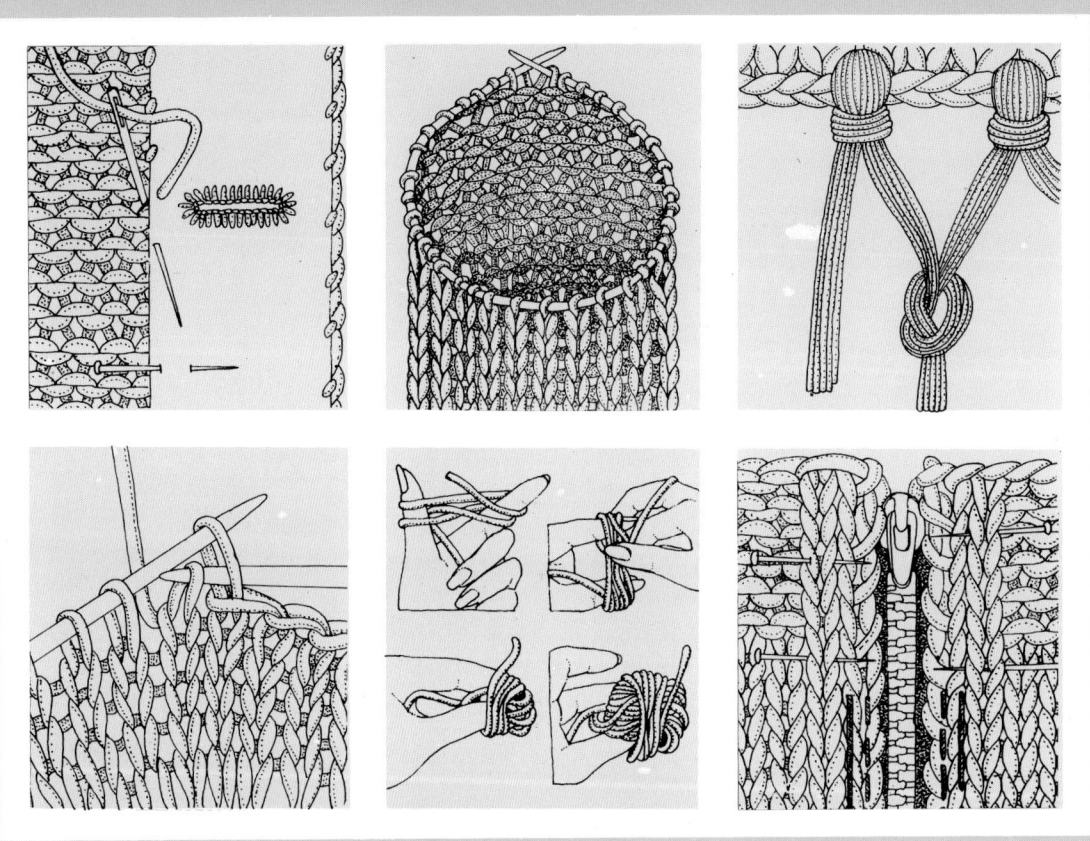

Marinella Nava

Stricken

Schritt für Schritt vom Wollknäuel
zum Lieblingspullover

Aus dem Italienischen von Christina Callori

Delphin Verlag

© 1983, Arnoldo Mondadori Editore S.p.A., Milano.
All rights reserved.
Originaltitel: *Il libro della Maglia – passo a passo
dal gomitolo al maglione.*
© Für die deutsche Ausgabe:
1984, Delphin Verlag GmbH, München und Zürich.
Alle deutschen Rechte vorbehalten.
Illustrationen: Rosaria Ligas.
Fotografien: Roberto Circià
Umschlaggestaltung und Umschlagfoto: Christa Manner, München
Satz: Fotosatz Uhl + Massopust GmbH, Aalen
Printed by Artes Gráficas Toledo, S.A. Spain
ISBN 3.7735.5201.7
D. L. TO: 1186 -1984

Inhalt

Vorwort

Dieses Buch stellt sich eine sehr ehrgeizige Aufgabe: Es will genaue Arbeitsanleitungen nach dem neuesten Stand bieten und dabei leicht verständlich und modern, klar und ausführlich allen zugänglich und nützlich sein. Der Ehrgeiz und die Hoffnung, etwas Neues zu bieten, was sich von den herkömmlichen Arbeitsanleitungen unterscheidet, liegt in folgenden Punkten: Es soll ein Buch sein, das sowohl für die Anfänger nützlich ist, die eine neue Freizeitbeschäftigung ausprobieren wollen und mühelos und schnell die Arbeitstechnik und Geheimnisse des Strickens erlernen möchten, als auch für die Experten auf dem Gebiet der Strickkunst, für die das Buch Bereicherung, Information und Anregung der Phantasie bietet.

Das Stricken gehört zu den vielleicht bekanntesten und verbreitetsten handwerklichen Arbeiten, die seit Jahrhunderten im häuslichen Bereich zur Befriedigung der täglichen Bedürfnisse ausgeübt werden. Es hat sich deshalb ständig weiterentwickelt und auch verändert. Groß ist die Versuchung, von den Ursprüngen zu berichten, vom Aufstieg einer bescheidenen Volkskunst zur vornehmen Tradition eines hochwertigen Kunsthandwerkes. Leider ist dies in den Grenzen dieses Buches nicht möglich, und wir müssen darauf verzichten.

Um die oben beschriebene Aufgabe erfüllen zu können, haben wir das Buch in vier Teile aufgegliedert. Der erste Teil enthält ein Kapitel mit allgemeiner Information und ein Kapitel, das sich mit dem Arbeitsmaterial und dem Arbeitswerkzeug befaßt. Das Kapitel mit den allgemeinen Informationen richtet sich sowohl an die Anfänger als auch an die Könner: Es werden alle Arbeitswerkzeuge beschrieben, die zum Stricken notwendig sind, auch die nicht unbedingt erforderlichen, wenn auch nützlichen (denn wir sind davon überzeugt, daß jede Arbeitserleichterung beim Stricken sich günstig auf das Gelingen der Arbeit auswirkt; auch erhöht die Verwendung eines »neuen« und »eigenartigen« Arbeitswerkzeuges das Vergnügen beim Stricken). Außerdem werden Art, Herkunft und Eigenschaften aller verwendbaren Materialien genau beschrieben. Man darf nicht glauben, zum Stricken würden sich nur Schafwolle, Baumwolle, Seide und wenige andere Materialien eignen. Da gibt es auch Leinen, Hanf, Kamelhaar, Alpakawolle, synthetische Fasern und vieles mehr. Auch die gewöhnlichsten Fasern sind in den unterschiedlichsten Arten und Kombinationen anzutreffen.

Das folgende, der Arbeitstechnik gewidmete Kapitel beschreibt sehr ausführlich alle Vorarbeiten, die verschiedenen Möglichkeiten des Anschlagens von Maschen, die verschiedenen Maschenarten und Grundtechniken (Zunehmen, Abnehmen, Bündchen, Ausführung usw.) sowie die verschiedenen Strickarten. Dieser Teil ist vor allem den Anfängern gewidmet und behandelt auch ein oft übergangenes Problem von grundlegender Bedeutung: die Maße, die den Anfängern gern Schwierigkeiten bereiten und die deshalb unzählige Male zu kurze oder zu enge Pullover und Röcke wieder auftrennen müssen. Oft geben die Betroffenen das Stricken wieder auf, weil es ihnen nicht gelingt, gerade dieses Problem zu lösen.

*Das »Herzstück« des Buches, der zweite und der dritte Teil, befaßt sich dann
schließlich mit der Beschreibung der Muster (von den einfachsten bis zu den
kompliziertesten, die alle auf den Abbildungen zu sehen sind) und der Beschreibung einer Reihe von Strickmodellen. Insbesondere die Beschreibungen der
Strickmodelle (alle auf großen Farbfotos abgebildet) erklären aufs genaueste alle
einzelnen Arbeitsgänge und sind mit Angaben versehen über den Schwierigkeitsgrad, die Mustermaße, die Größe (mit ein oder zwei Abweichungen), das
notwendige Material und das Muster (mit Hinweis auf die Seite im zweiten Teil, auf
der das Muster beschrieben ist).*

*Im vierten und letzten Teil, einem praktisch-informativen Anhang, findet der Leser
die Beschreibung der Anfertigung von Zubehör, Verzierungen und Stickereien
sowie eine Reihe von Anregungen und nützlichen Ratschlägen für die einzelnen
Arbeitsphasen, die Behandlung und Aufbewahrung der Strickarbeiten (Nähen,
Bügeln, Waschen, Stopfen usw.). Abgeschlossen wird der vierte Teil mit einer
Tabelle der Konfektionsgrößen in den verschiedenen Ländern, einer Tabelle der
üblichsten Flecken, der entsprechenden Fleckenmittel und der verschiedenen
Möglichkeiten zur Fleckenbeseitigung, einem Glossar und dem Inhaltsverzeichnis.*

Marinella Nava

Vertraut werden mit Stricknadeln und Garn . . .

Was man dazu braucht

Zum Stricken benötigt man weder besonders kompliziertes noch platzraubendes oder teures Werkzeug; im Gegenteil, vereinfacht man die Grundarbeitstechnik aufs äußerste, so benötigt man nur zwei einfache Stricknadeln. Der Rest ist Geschicklichkeit und Phantasie. Die Stricknadeln bilden die Grundausrüstung für die einfache Strickarbeit: sie sind sozusagen die »Verlängerung der Hände«. Aber auch diese einfachen Grundwerkzeuge haben im Laufe der Zeit Veränderungen erfahren und sind perfektioniert worden. Es gibt Spezialnadeln für die verschiedenen Arbeiten in unterschiedlichen Formen, Größen, Längen und aus verschiedenem Material.

● *Stricknadeln mit Spitze.* Sie werden für die meisten Strickarbeiten verwendet. Jedes Paar Nadeln besteht aus runden Stäbchen, die auf der einen Seite mit einer Spitze versehen sind und auf der anderen Seite mit einem Stopper, der das Herabfallen der Maschen verhindert. Die Nadeln können aus unterschiedlichem Material sein: Stahl, Aluminium, Plastik, Holz oder Horn. Sie sind 25, 30 oder 35 cm lang. Die Nadeln mittlerer Länge eignen sich im allgemeinen für alle Arbeiten. Sie sind je nach der Größe ihres Durchmessers mit Nummern versehen. Sehr wichtig ist die Wahl der Nadelstärke für das Gelingen der Arbeit. Damit das Gestrickte nicht zu fest oder zu locker wird, muß die Nadelstärke im richtigen Verhältnis zur Art und Dicke des zu verarbeitenden Materials stehen. Im allgemeinen ist auf dem Garnknäuel die richtige Nadelstärke angegeben; allerdings ist es angebracht, eine Maschenprobe anzufertigen, denn jeder hat eine andere Art zu stricken.
Vom Material der Nadeln hängt es ab, ob sie mehr oder weniger gleitbar sind: Metallnadeln lassen die Maschen besser gleiten als Plastik- oder Holznadeln.

● *Nadeln mit zwei Spitzen.* Wie aus der Bezeichnung hervorgeht, kann man bei diesen Nadeln von beiden Enden her arbeiten. Es werden jeweils vier oder fünf Stück – ein »Nadelspiel« – verkauft. Man verwendet sie zum Rundstricken (siehe Seite 32) und für Double-face-Arbeiten in zwei Farben (siehe Seite 53). Mit jeweils zwei solchen Nadeln werden auch horizontale Streifen mit ungleicher Reihenzahl ausgeführt (siehe Seite 151). Nadeln mit zwei Spitzen sind kürzer als die

mit einer Spitze. Auch sie sind je nach ihrer Stärke numeriert.

● *Rundstricknadeln.* Diese Nadeln weisen ebenfalls zwei Spitzen auf. Im allgemeinen sind es zwei Metallspitzen, die miteinander durch einen biegsamen Plastikdraht verbunden sind. Sie dienen dem gleichen Zweck wie das Nadelspiel: Die Arbeit verläuft anstatt in Reihen in der Runde. Man kann sie auch anstelle des Nadelspiels verwenden, wenn man mit einer großen Maschenzahl arbeitet. Die Rundstricknadel ist je nach der Stärke der Spitzen numeriert. Auch hier findet man verschiedene Längen. Um sicher zu sein, daß die Maschen von einer Seite der Spitze bis zur anderen Seite reichen, muß man bei der Wahl der Länge der Rundstricknadel die Mindestzahl der Maschen berechnen, mit der gearbeitet wird (Erklärung siehe Seiten 32–33). Die Rundstricknadel kann auch verwendet werden, wenn man die Reihen hin und her strickt. Sie ist dann besonders geeignet, wenn man mit hohen Maschenzahlen arbeiten muß (wie z. B. bei Kimonoärmeln, siehe Seite 48).

● *Hilfsnadel.* Es handelt sich um eine Nadel mit zwei Spitzen, die aber kürzer als die normale Nadel ist. Man kann mit ihrer Hilfe Maschen auf der rechten oder auf der linken Seite der Strickarbeit stillegen. Hauptsächlich beim Zopfmuster findet sie Anwendung.

● *Maschenraffer.* Diese Nadeln werden verwendet, wenn Maschen über mehrere Reihen hinweg stillgelegt werden müssen. Sie ähneln einer großen Sicherheitsnadel, deren Federverschluß verhindert, daß die stillgelegten Maschen herabfallen.

● *Reihenzähler.* Es handelt sich um ein kleines, zylinderförmiges Plastikgerät, das in eine der Nadeln gesteckt wird. Mit Hilfe einer Vorrichtung, die zu Beginn einer jeden Reihe gedreht wird, kann sofort die genaue Anzahl der bereits gestrickten Reihen festgestellt werden.

● *Wollnähnadel.* Diese Nähnadeln dienen dem Zusammennähen der Strickarbeit und zum Besticken. Sie ähneln den normalen Nähnadeln, sind jedoch mit einem großen Nadelöhr versehen, und meistens ist die Spitze abgerundet.

● *Spule.* Dieses kleine Plastikgerät wird am Faden des Knäuels angebracht, um ein Aufrollen zu vermeiden. An der Spule können zwei Fäden angebracht werden. Sie ist besonders nützlich bei der Jacquard-Strickerei (siehe Seite 52): An jedem Faden unterschiedlicher Farbe bringt man eine Spule an und vermeidet damit, daß die Fäden sich untereinander verwickeln.

● *Metermaß.* Es besteht aus plastiküberzogenem Stoff und ist zum Maßnehmen unentbehrlich. Die Strickarbeiten werden auf einer glatten Fläche gemessen und dürfen dabei nicht gezogen werden.

● *Garnwinde.* Hat man das Garn anstatt auf Knäuel auf Strängen, so erleichtert und vereinfacht die Garnwinde das Abwickeln. Meistens ist sie aus Holz. Mit Hilfe einer an der Spitze angebrachten Drehschraube läßt sie sich verstellen.

● *Garnspuler.* Ein etwas ausgefallenes Gerät, das jedoch sehr nützlich ist, wenn man sehr viel strickt und das Garn in Strängen kauft, die zu Knäueln aufgewickelt werden müssen. Mit Garnspuler und Garnwinde kann diese unangenehme Arbeit mühelos in wenigen Minuten erledigt werden. Das Gerät besteht aus einem Halter, dessen Kurbel an der Vorderseite einen senkrecht auf dem Halter befestigten Zapfen zum Drehen bringt. Dabei entsteht ein sehr regelmäßig gewickeltes zylinderförmiges Knäuel. Es muß darauf geachtet werden, daß der Faden nicht zu fest gespannt wird, damit das Knäuel nicht zu fest wird und sich der Faden schlecht abwickeln läßt.

● *Knäuelbehälter.* Es handelt sich um eine Art Dose, in die die Wolle gelegt wird; der Faden läuft durch ein Loch im Deckel. Einige Knäuelbehälter sind mit einer Spule ausgerüstet und können so die Spulen bei der Jacquard-Strickerei ersetzen.

Das Material

Zum Stricken werden außer Wolle die verschiedensten Materialien verwendet: Baumwolle, Seide, Leinen, Jute, Hanf und anderes mehr. Es eignen sich also alle Textilfasern, d. h. jene Fasern mit besonderen physikalisch-chemischen Eigenschaften, die sich spinnen oder als Garn weben lassen, oder die – wie in unserem speziellen Fall – sich manuell mit Stricknadeln zu Kleidungsstücken verarbeiten lassen.

Die Textilfasern lassen sich in zwei große Gruppen unterteilen: die Naturfasern und die sogenannten Chemiefasern. Naturfasern werden aus natürlichen, schon im fasrigen Zustand vorkommenden Rohstoffen hergestellt, Chemiefasern dagegen aus natürlichen oder synthetischen Erzeugnissen, die man ursprünglich nicht in solch fasrigem Zustand vorfindet. Zu den Naturfasern zählt man z. B. die tierischen Faserstoffe (Wolle, Seide, Haare spezieller Tiere), die pflanzlichen Faserstoffe (Baumwolle, Leinen, Hanf, Jute, Raphiabast usw.) und die Fasern mineralischen Ursprungs (Asbest). Chemiefasern oder Kunstfasern sind organische Zellulosefasern (Reyon), organische Proteinfasern (Lanital), organische Synthetikfasern (Nylon, Leakril, Terital usw.), anorganische Fasern (Glas- und Metallfasern). Je nach ihrer Art treten die Textilfasern in verschiedenen Formen auf:

● *Endlosgarne,* einzelne endlose, runde oder halbrunde Fasern, gewonnen aus Spinnlösung oder spinnbarer Schmelze (Seide, Reyon, Nylon usw.)

● *Spinnfasern,* einzelne Fasern verschiedener Länge, die in einem mechanischen Spinnverfahren zu Spinnfasergarnen versponnen werden (Wolle, Baumwolle usw.)

● *Faserbündel,* Fasern verschiedener Stärke, die durch klebende Substanzen verbunden sind (Leinen, Hanf, Jute usw.).

Alle Chemiefasern werden unter Verwendung von Spinndüsen erzeugt, durch die die zähflüssige Spinnlösung oder die heiße spinnbare Schmelze von einer Pumpe hindurchgedrückt wird. Dem Erspinnen der Fäden folgt meist ein Nachverstrecken, das die in den Fäden ungeordnet liegenden Moleküle längsorientiert. Man erreicht so eine Steigerung der Festigkeit und eine Verminderung der Dehnung.

Das im Handel anzutreffende Garn besteht aus regelmäßigen Textilfasern mit ständig gleich verlaufendem Durchmesser, die parallel aneinandergelegt und gedreht sind.

Ohne auf die einzelnen Techniken einzugehen, die für dieses Buch von geringem Interesse sind, soll hier nur darauf hingewiesen werden, daß sich die Garne hauptsächlich unterscheiden in:

● *einfache Garne* (aus nur einem Elementarfaden)

● *gedrehte Garne* (aus mehreren Elementarfäden).

Insbesondere die gedrehten Garne haben die verschiedensten Handelsbezeichnungen; sie unterscheiden sich je nach Art der Textilfaser und der Herstellerfirma. Eine allgemein übliche Bezeichnung bezieht sich auf die Anzahl der Fäden und ist oft verbunden mit einer Phantasiebezeichnung wie *Zephir, Cablé, Sport* usw. Im allgemeinen bezieht sich die Angabe der Fadenzahl auf die Stärke des Garns; diese ist allerdings abhängig von der Stärke und der Beschaffenheit der Elementarfaser, von den Eigenschaften in bezug auf Weichheit, Festigkeit, Elastizität und Gesamtstärke. Es gibt z. B. dünne Garne, oft als »Babywolle« bezeichnet, aus drei bis vier Fäden; mittelstarke sehr stark gedrehte Garne, oft als Zephir bezeichnet, aus zwei bis drei oder vier Fäden; mittelstarke Sportgarne aus vier Fäden, die in der Verarbeitung sehr haltbar sind und mit denen es sich sehr schnell strickt, da der einzelne Faden doppelt so stark ist wie bei dem normalen Zephir-Garn aus vier Fäden; dicke Sportwolle aus acht Fäden für sehr dicke Arbeiten usw.

Was die Farbe und die Struktur betrifft, unterscheiden sich die gedrehten Garne in:

● *einfach gedrehte Garne* (mit einheitlicher Struktur und Farbe),

● *gedrehte Phantasiegarne* (mit Kräuselung, Knoten, Schlaufen usw.).

Wie bereits angedeutet, werden nicht alle Garnarten für das Stricken verwendet. Im folgenden sollen die zum Stricken geeigneten Garnarten und deren Eigenschaften aufgeführt werden.

Tierische Fasern

Wolle. Wollgarn eignet sich am besten zum Stricken und wird auch am häufigsten dazu verwendet.

Als Wolle werden jene Textilfasern bezeichnet, die aus Tierhaaren gewonnen werden. Die verbreitetste Wollart stammt von den Schafen; andere hochwertige Wollarten – von denen noch später die Rede sein wird –

Auf Seite 35 sind die zum Stricken notwendigen Handwerkszeuge abgebildet.
Auf der Nebenseite sind die auf der Photographie (Seite 35) abgebildeten Gegenstände mit Nummern versehen. Unten finden Sie die entsprechenden Bezeichnungen dazu.

1 Garnwinde
2 Rundstricknadel
3 Wollnadel
4 Stricknadeln mit einer Spitze
5 Knäuelhalter
6 Spulen
7 Nadeln mit zwei Spitzen
8 Hilfsnadeln
9 Garnspuler
10 Maßband
11 Sicherheitsnadeln

stammen von einigen Ziegenarten und von Säugetieren aus der Familie der Kamele, z. B. dem Lama, dem Alpaka, der Vikunja.

Die Wolle gehört aufgrund verschiedenster physikalischer Eigenschaften zur beliebtesten und am weitesten verbreiteten Faser. Die wichtigsten Eigenschaften sind: Feinheit, die von der Länge des Haares, von seiner Stärke und der sogenannten »Kräuselung« abhängig ist (eine Wolle ist um so feiner, je kürzer, dünner und gekräuselter das Haar ist); Weichheit; Geschmeidigkeit; Elastizität (Wolle ist die elastischste Naturfaser, denn sie verträgt eine Dehnung bis zu 40%); Glanz; Farbe (pures Weiß bis Gelb, Grau und Schwarz); Hygroskopizität (die Eigenschaft, Feuchtigkeit aufzunehmen); Wärmehaltung (erhöhte Fähigkeit, die Körperwärme zu halten, aber auch von der Außenwärme zu isolieren); hohe Zugfestigkeit in Richtung der Faser.

Die Qualität der Wolle ist – abgesehen von den oben angeführten Eigenschaften – außerdem abhängig vom Tier und dem jeweiligen Körperteil des Tieres, von dem sie gewonnen wurde. Wolle, die vom Rückenhaar des Tieres stammt, ist hochwertiger als die vom Bauch und von den Beinen, wo die Haare kürzer und nicht so kräftig sind.

Schafwolle. Je nach ihrer Herkunft unterscheidet man bei der Schafwolle zwischen:

● *Merinowolle:* Sie zeichnet sich durch dünne, sehr weiche, gekräuselte, ziemlich kurze Fasern aus.

● *Gewöhnliche Schafwolle:* aus weichen, gekräuselten Haaren unterschiedlicher Länge; länger als bei der Merinowolle. Die gewöhnliche Schafwolle wird manchmal auch als gekreuzte Wolle bezeichnet, da sie aus Haaren verschiedener Schafrassen hergestellt wird.

Die Handelseinteilung der Schafwolle ist von Land zu Land verschieden (die hochwertigsten Wollarten stammen aus Australien, Südafrika, Argentinien, Neuseeland und Rußland). In Europa wird sie aufgrund physikalischer Eigenschaften sowie nach den oben genannten Kriterien eingeordnet in:

● *Kammgarn:* Es ist sehr weich und flachbogig gekräuselt (Merinowollen, die aus dem Vlies dieser besonderen Schafrasse hergestellt werden).

● *Streichgarn:* aus kürzerem und weniger gekräuseltem Haar (es handelt sich um Wolle von gewöhnlichen Schafen oder gekreuzte Wolle).

● *Gewöhnliche Wolle:* Wolle aus unterschiedlich langem und unterschiedlich starkem Haar (sie stammt nicht von ausgewählten Schafen).

● *Gerberwolle:* die in Gerbereien von gekalkten Schaffellen abgeschabte Wolle. Sie ist minderwertig, da die Wollhaare durch den Kalk spröde und rauh geworden sind.

● *Reißwolle:* wird durch Zerfasern von Garn- und Neutuchabfällen sowie aus Lumpen gewonnen.

Diese Bezeichnungen findet man nicht auf den Etiketten der im Handel befindlichen Wollknäuel oder -stränge; sie erscheinen höchstens in den Katalogen oder Musterpaletten der Herstellerfirmen.

Auf den Etiketten liest man hingegen folgende Bezeichnungen:

● *Reine Schurwolle:* wenn es sich um 100% neue Wolle handelt (hinzu kommt das internationale Markenzeichen).

● *Reine Wolle:* wenn es sich um reine Wolle handelt, die jedoch aus der Wiederverarbeitung bereits benutzter Wolle gewonnen wird.

● *% Schurwolle oder Wolle:* wenn es sich um neue oder wiederverarbeitete Wolle handelt, die zu unterschiedlichem Prozentsatz mit anderen natürlichen, künstlichen oder synthetischen Fasern verarbeitet wurde, damit die Eigenschaft verändert wird.

Wolle wird oft mit anderen Fasern vermischt: In einigen Fällen erhält man dadurch ein hochwertigeres oder feineres Material. In anderen Fällen werden Eigenschaften der Reißfestigkeit, Wasserundurchlässigkeit und niederen Kosten der synthetischen Fasern mit den Eigenschaften der Wärmehaltung und Weichheit der Wolle gepaart. In wieder anderen Fällen werden durch die Verbindung mit Baumwolle, Leinen, Seide usw. neue Eigenschaften in bezug auf Stärke, Farbe, Rauhigkeit, Gewicht oder Elastizität erreicht.

Verschiedene Bezeichnungen. Wie bereits gesagt, ist die Wolle in Knäueln oder Strängen erhältlich. Folgende Handelsbezeichnungen werden von allen Herstellerfirmen benutzt:

● *Extra:* Dünne Wolle, die nur von Industriemaschinen verarbeitet wird.

● *Zephir:* Wolle aus zwei bis drei oder vier Fäden, normales Garn, weich und sehr ergiebig. Eignet sich im allgemeinen für alle leichten Kleidungsstücke.

● *Babywolle:* Wolle aus drei bis vier Fäden. Sehr weiches, widerstandsfähiges Garn, das nicht eingeht. Eignet sich für Babykleidung

Die zum Stricken verwendeten Fasern können von mehr oder weniger wertvollen Fellen verschiedener Tiere stammen; sie können außerdem pflanzlicher Herkunft sein, d. h. aus Gras oder strauchartigen Pflanzen gewonnen werden. Eine weitere Möglichkeit besteht in der synthetischen Herstellung; die Bezeichnungen dieser Kunstfasern richten sich nach ihrer Herstellungsart.
Auf diesen beiden Seiten sind die drei wichtigsten Wollieferanten unter den Tieren abgebildet. Oben: Schaf; auf der Nebenseite, oben: Kaschmirziege; unten: Kamel.

oder andere feine Kleidungsstücke wie Bettjäckchen, Tücher usw.

● *Cablégarn:* Mehr oder weniger starkes Garn, stark gedreht oder sogar geflochten. Sehr ergiebig.

● *Sportwolle:* Wolle aus vier bis acht Fäden, doppelt so stark wie Zephir-Wolle. Wird sehr viel verwendet. Sie ist haltbar und dick, und die Arbeit geht schnell voran. Diese Wolle ist jedoch nicht immer sehr ergiebig. Sie eignet sich für Sportpullover, dicke Jacken, Mäntel und allgemein für festere Sachen.

● *Shetland:* Wolle von Schafen, die in der gleichnamigen schottischen Region gezüchtet werden. Allgemein aus zwei bis drei Fäden bestehend, wenig gedreht und sehr haarig. Sie eignet sich vor allem für Pullover und weniger dicke Bekleidung.

● *Bouclé:* Wolle mit dünnem oder mittelstarkem, sehr gekräuseltem Haar. Sehr weich und leicht schwammig. Wirkt in der Verarbeitung ähnlich wie ein Lammfell.

● *Pyrenäen:* Gering gedrehte, sehr weiche Wolle mit dickem Haar. Eignet sich für Sportpullover.

● *Melange:* Aus Fäden verschiedener Farben hergestelltes Garn.

● *Lurex:* Wollgarn mit einem dünnen goldenen oder silbernen Metallfaden.

● *Naturwolle:* Nichtgefärbtes Garn, das die Naturfarbe beibehalten hat. Sehr dickes und trockenes Garn, eignet sich für rustikale Jakken oder Sportpullover.

Außerdem gibt es verschiedene Garntypen, die allgemein als »Phantasie«-Garne bezeichnet werden. Sie dienen zur Herstellung besonders extravaganter Kleidungsstücke. Es kann sich hier z. B. um nur sehr wenig gedrehte, sehr weiche und haarige Garne mit Melangeeffekt handeln oder um Garne, bei denen Wollfäden auf einen Synthetikfaden aufgeknotet sind, wodurch ein wie Fell wirkendes Garn entsteht (für dicke Jacken, Mäntel, Teppiche usw.), und andere mehr.

Hochwertige Wollarten. Wie bereits erwähnt, können von einigen anderen Tieren wertvollere Wollarten als die Schafwolle gewonnen werden. In reinem Zustand werden diese zu besonders eleganten Kleidungsstücken verarbeitet. Oft wird die sehr teure Wolle jedoch mit Schurwolle von Schafen vermischt. In letzter Zeit bringen einige Herstellerfirmen auch Garne auf den Markt, die aus Schurwolle und dem wertvollen gekräuselten Wollhaar von Nerzen, Bibern und Chinchillas

bestehen; bisher wurden nur die Pelze dieser Tiere zu Mänteln verarbeitet.

Nun einige Worte über die Herkunft der bekannten hochwertigen Wollarten, wie auch über neuere Versionen.

● *Lambswool.* Lambswool ist die Wolle von Lämmern bis zu einem Jahr. Das daraus gesponnene Garn ist besonders weich, fein und warm. Es wird rein oder gemischt verwendet.

● *Kaschmir.* Kaschmir ist eine Himalajalandschaft zwischen Indien, China und Pakistan. So bezeichnet wird aber auch eine bestimmte Ziegenwolle aus sehr weichen, glänzenden, leichten weißen oder braunen seidigen Fasern unterschiedlicher Länge zwischen 5 und 15 cm. Diese werden aus dem Vlies einer Ziege gewonnen, die vor allem in Tibet und in der Mongolei lebt. Kaschmirwolle ist sehr hochwertig, sehr weich und warm. Sie wird rein oder gemischt verwendet.

● *Mohair.* Mohairwolle wird aus dem Vlies einer Angoraziege gewonnen, die hauptsächlich in der Türkei und in Nordamerika gezüchtet wird. Ihr Fell ist silbrig, sehr glänzend, weich, lang und wenig gekräuselt. Die Wolle wird rein oder gemischt verwendet. *Kid-Mohair* heißt die Wolle der Jungtiere der Angoraziege. Sie ist noch hochwertiger.

● *Kamelhaar.* Kamelhaarwolle wird aus dem Wollhaar des asiatischen Kamels gewonnen. Dazu wird das Tier nicht geschoren, sondern es werden die Wollhaarbüschel gesammelt, die es verliert. Diese Wolle ist sehr warm und hochwertig. Sie wird rein oder gemischt verwendet.

● *Alpaka.* Alpakawolle wird vom Vlies des Alpaka gewonnen, eines in Peru und Bolivien lebenden Haustieres aus der Familie der Kamele. Das Haar ist fein, elastisch, weich und zwischen 20 und 25 cm lang; die Farbe variiert von Rotbraun bis Grauschwarz. Die Wolle wird rein oder gemischt verwendet.

● *Lamawolle.* Sie wird vom Lama, einem Säugetier aus der Familie der Kamele, gewonnen, das in den Anden als Lasttier gehalten

Weitere Beispiele von Tieren, die Wolle liefern. Von oben nach unten:
Kaninchen, Alpaka.

wird. Das Haar ist rauh, weiß bis rötlich und ca. 30 cm lang. Die Wolle wird rein oder gemischt verwendet.

● *Vigogne.* Diese Wolle wird vom Vlies der Vikunja genommen, dem kleinsten der amerikanischen Kamele, das frei in den Anden zwischen Peru und Ekuador lebt. Das Haar ist glänzend, sehr fein, seidig, 10 bis 15 cm lang, gelb bis rötlich oder weiß. Die Wolle wird rein oder gemischt verwendet.

● *Angorawolle.* Diese Wolle stammt von dem Angorakaninchen mit seinem feinen, weichen und seidigen Fell. Sie ist sehr teuer, ist jedoch durch die lockere Verarbeitung doppelt so ergiebig wie die gewöhnliche Wolle. Sie wird rein oder gemischt verwendet.

● *Jak.* Die Wolle des Jak, die sehr selten angeboten wird, stammt vom langen Haar des Grunzochsen, eines der größten Rinder, das auf den Hochebenen Tibets lebt. Die Wolle wird gemischt verwendet.

● *Rentierwolle.* Das Rentier, aus der Familie der Hirsche, lebt in den nördlichen Regionen Europas und Nordamerikas. Die Wolle vom Wollhaar dieses Säugetieres ist schwer im Handel zu finden und wird gemischt verwendet.

● *Chinchilla.* Dieses seltene Nagetier wird wegen seines wertvollen Felles gezüchtet. Das Haar, das aus diesem Fell gewonnen wird, verarbeitet man mit geringen Anteilen von Schurwolle. Das Garn ist sehr schwierig im Handel zu finden.

● *Nerz.* Der Nerz ist ein Säugetier aus der Familie der Marder, dessen Pelz zu den begehrtesten und wertvollsten gehört. Seine Haare werden mit einem geringen Anteil von Schurwolle verarbeitet. Das Garn ist selten im Handel anzutreffen.

● *Biber:* Der Biber ist ein wegen seines Pelzes sehr gesuchtes amerikanisches Säugetier. Das aus seinem Pelz gewonnene Haar wird mit einem geringen Anteil von Schurwolle verarbeitet. Auch dieses Garn findet man schwer im Handel.

Seide. Diese Textilfaser ist zweifellos die schönste und hochwertigste, vor allem aufgrund ihres Glanzes und der großen Festigkeit, Weichheit und Elastizität.
Seide wird aus dem Drüsensekret (d. h. dem Speichel) einer Schmetterlingsraupe (Seidenspinner) gewonnen. Diese Raupe spinnt aus einem endlosen Seidenfaden, der von einer gummiartigen Substanz (Seidenleim) überzogen ist, einen Kokon, in dem sie sich ver-

1

6

2

7

10

3

4

8

11

5

9

12

17

1

6

11

11

2

7

8

12

3

9

13

4

5

10

18

Auf der Nebenseite sind einige
Beispiele für synthetische und
pflanzliche Fasern zu sehen:
  1 Acrylfaser mit Mohairanteilen
  2 Acrylfaser mit Shetland-
     anteilen
  3 und 4 Acrylfasern
  5 Leinen mit Baumwollanteilen
  6 Polyamidfaser (Nylon)
  7 Baumwolle
  8 Chenille
  9 Hanf
10 Baumwollstrang
11 zwei Raphiastränge
12 Metallfaser (Lurex)
13 Baumwolle

puppt. Später entschlüpft sie dort als Schmetterling. Zur Gewinnung der Seide werden zuerst die Puppen durch Erhitzen der Kokons in Dörröfen abgetötet, damit sie beim Verlassen der Kokons den Faden nicht zerreißen können. Danach werden die Kokons in heißem Wasser eingeweicht, um einen Teil des Seidenleims zu entfernen und das Abwickeln des Fadens zu ermöglichen. Der abgewickelte und getrocknete Faden heißt Rohseide.

Rohseide glänzt nur schwach, da der Seidenleim noch nicht vollständig entfernt ist. Durch weiteres Einweichen in warmem Wasser – genannt degummieren – verliert die Seide die Steifheit und erhält den weichen Griff und schönen Glanz. Nach einem dritten Entbastungsverfahren erhält man schließlich die sogenannte »gekochte« Seide. Sie ist am weichsten und hat den höchsten Glanz.

Die handelsübliche Klassifizierung der verschiedenen Seidenarten berücksichtigt verschiedene Faktoren wie z. B. die Herkunft, das Herstellerland, die Rasse der Seidenspinner, die Regelmäßigkeit des Fadens und die für Seide typischen Eigenschaften.

Die wichtigsten dieser Eigenschaften sind: die Farbe, die von Hellgelb, Goldgelb, Weißlich bis Grünlich reicht; die hohe Elastizität (Seide verträgt eine Dehnung von 25%); die Festigkeit, die höher liegt als bei allen anderen Textilfasern (die Reißfestigkeit der Seide beträgt 45 kg/mm^2 – bei gleichem Gewicht übersteigt sie die Reißfestigkeit von Eisen); der Glanz, aufgrund dessen sie sich zur Herstellung hochwertigster Kleidungsstücke eignet; das geringe Gewicht; die Hygroskopizität, d. h. die Fähigkeit, Feuchtigkeit aufzunehmen; die Wärmehaltung.

Zum Stricken wird Seide sowohl rein als auch mit Wolle oder Baumwolle vermischt verwendet. Seide ist aufgrund der hohen Herstellungskosten sehr teuer. Im allgemeinen verwendet man die Rohseide, die auf dem Markt in verschiedener Stärke anzutreffen ist, oder aber mit anderen Fasern vermischte Seide. Immer öfter greift man jedoch auf Kunstfasern (Nylon, Reyon usw.) zurück, die der Seide ähnliche Eigenschaften aufweisen, jedoch viel billiger sind.

Pflanzliche Fasern

Baumwolle. Sie ist nicht die hochwertigste Textilfaser pflanzlichen Ursprungs. Dennoch findet sie in der Welt die meiste Verwendung, denn einerseits ist sie relativ billig, und zum anderen lassen sich daraus äußerst feste, weiche und leichte Gewebe anfertigen.

Die Baumwollfaser wird aus der Kapselfrucht eines krautigen und strauchigen Gewächses gewonnen, das in Ländern mit feuchtwarmem Klima angebaut wird. Wenn acht bis neun Monate nach der Anpflanzung die walnußgroßen Fruchtkapseln aufspringen, quellen die Samenhaare – die Baumwolle – heraus; jede Frucht enthält sechs bis acht Samen. Die Samenhaare werden in drei oder vier aufeinanderfolgenden Phasen zwischen August und November manuell oder mit Maschinen geerntet. Nach der Ernte werden die Samenkerne entfernt. Die so gewonnene Rohbaumwolle wird im Spinnverfahren weiterverarbeitet.

Die Haupteigenschaften der Baumwolle sind: Die Farbe, die von Weiß bis zu Gelb oder Rötlich variiert; die Länge der Faser von 10 bis 50 mm; die Weichheit; der Glanz; die Feinheit, die sich aus dem Durchmesser der Faser ergibt, der zwischen 15 und 30 μm liegt (1 μm entspricht 1/1000 mm); Elastizität.

Die Baumwollfaser erscheint unter dem Mikroskop als plattgedrücktes Band mit verdickten Rändern und in unregelmäßigen Abständen mit korkenzieherartigen Windungen. Sie ist mit einer Wachsschicht überzogen, die den Glanz erzeugt. Durch das Merzerisieren, d. h. die Behandlung mit kalter konzentrierter Natronlauge unter Spannung, werden die Festigkeit, die Weichheit, der Glanz und das Anfärbevermögen der Baumwolle noch erhöht. Die besten auf dem Markt befindlichen Baumwollarten führen die Bezeichnung »Merzerisierte Baumwolle«.

Die Handelseinteilung geschieht aufgrund unterschiedlicher Faktoren: Je nach Faserlänge unterscheidet man zwischen »langstapeliger«, »mittelstapeliger« und »kurzstapeliger« Baumwolle. Andere Güteklassen werden je nach Farbe, Glanz, Erntezeit usw. aufgestellt. Auch das Erzeugungsland spielt bei der Qualität eine Rolle. So unterscheidet man zwischen der Baumwolle aus Nordamerika, aus Südamerika, aus Mittelamerika, der indischen, levantinischen und ägyptischen Baumwolle, auch »Mako« genannt.

Ebenso wie bei der Wolle sind diese Bezeichnungen nicht auf den im Handel befindlichen Verpackungen zu finden; Ausnahme bildet der Name »Mako«, der die ägyptische und damit die hochwertigste Baumwolle bezeichnet.

Auf diesen Seiten sind einige Fasern liefernde Pflanzen abgebildet. Oben: Leinen; unten: Hanf; auf der gegenüberliegenden Seite, oben: Jute; unten: Raphia.

Die von den Herstellerfirmen verwendeten Bezeichnungen beziehen sich, wie bei der Wolle, auf die äußeren Eigenschaften des Garns. Es gibt z. B. gezwirnte Baumwolle, Cablé, Perlgarn, Sport, geflammtes Garn, Baumwollkammgarn.

Die Garnstärke wird durch eine Zahl angegeben, die sich umgekehrt proportional zum Durchmesser des Fadens verhält. Je höher die Zahl, desto feiner das Garn – je niedriger die Zahl, desto stärker das Garn. Die Stärke, die für Strickarbeiten verwendet wird, liegt bei der Baumwolle zwischen acht und fünf.

Die Eigenschaften der Baumwolle lassen sich natürlich ebenso wie bei der Wolle in die eine oder andere Richtung verändern bzw. verbessern, indem ähnlich wie bei Wolle andere Textilfasern – Wolle, Seide, Leinen und Hanf – hinzugemischt werden. Baumwolle wird in Strängen, Spulen und Knäueln verkauft.

Leinen. Das Leinengarn ist eine Textilfaser, die aus dem Stiel einer krautartigen Pflanze, dem Flachs, gewonnen wird. Die Pflanze wird in Gebieten mit gemäßigt kühlem Klima angebaut. Es handelt sich um eine hochwertige Faser, die die Baumwolle an Qualität überragt.

Die Faser wird nach einem sehr umständlichen Verfahren aus der Pflanze gewonnen: Zuerst müssen die Fasern von der Bastschicht durch Rösten (ein Gärvorgang) getrennt werden. Dann wird der Flachs gespült, wobei sich die klebrigen Substanzen, die die Fasern im Stiel der Pflanze zusammenhalten, gelöst werden. Anschließend wird getrocknet und gebrochen. Zur vollständigen Entfernung der Holzteilchen ist noch das Schwingen des Flachses erforderlich. Nun werden die Fasern sortiert und gesponnen.

Die Haupteigenschaften des Leinens sind: Die weiße bis graue Farbe; seidiger Glanz; hohe Reißfestigkeit; Haltbarkeit; Hygroskopie (es kann bis zu 20% Feuchtigkeit aufsaugen). Seine große Beliebtheit verdankt das Leinen vor allem der weitaus größeren Haltbarkeit im Vergleich zur Baumwolle sowie dem Gefühl der Frische und Weichheit auf der Haut. Aufgrund dieser Eigenschaften eignet sich das Leinengarn vor allem zur Anfertigung besonders kühlender Kleidungsstücke für den Sommer: Blusen, Röcke, Kasacks usw., ebenso wie für Unterwäsche.

Im Handel wird das Leinen je nach seiner Herkunft und seinen Eigenschaften eingeteilt. Hier die Klassifizierung von der besten bis zur geringeren Qualität: Leinen aus Schottland, aus Böhmen, aus Flandern, aus Rußland und aus Nordamerika.

Ebenso wie die anderen verwandten Fasern ist Leinen gemischt mit Baumwolle, Seide usw. auf dem Markt anzutreffen und wird in Knäueln und in Strängen verkauft.

Hanf. Diese Textilfaser wird aus dem Stiel der einjährigen, über 2 m hohen Hanfpflanze gewonnen, die in gemäßigt kühlem Klima wächst. Die Faser wird auf ähnliche Weise wie das Leinengarn gewonnen: Durch einen Gärvorgang werden die Fasern vom Stiel getrennt und durch Trocknen an der Sonne vollständig gelöst. Dann werden sie gekämmt und gesponnen.

Die Haupteigenschaften des Hanfes sind: Die hellgraue bis weißliche Farbe bei den guten Sorten, bei den geringeren Sorten ist sie dunkel bis grünlich; die Länge der Fasern; ihre unregelmäßige, zylindrische Form.

Durch ein besonderes Verfahren kann Hanf kotonisiert werden: Die Beschaffenheit des Produktes, das man durch diesen Prozeß erhält, ähnelt unter gewissen Aspekten der der Baumwolle; es ist jedoch minderwertiger.

Der Hanf eignet sich zur Herstellung von sommerlichen, etwas rustikalen Kleidungsstücken, Taschen, Hüten, Teppichen oder anderen Einrichtungsstoffen.

Im Handel unterscheidet man hauptsächlich zwischen den folgenden Hanfarten: gewöhnlicher Hanf, italienischer Hanf und chinesischer Hanf. Der italienische Hanf übertrifft in der Qualität die Hanfarten aller anderen Länder.

Zum Stricken wird Hanf nur gemischt mit anderen Fasern, wie Baumwolle oder Leinen, verwendet. Er wird in Strängen verkauft.

Jute. Die Textilfaser Jute wird aus dem Stiel einer krautigen Pflanze der Familie der Lindengewächse entnommen. Die 2–3 m hohe Pflanze wird vor allem in Asien, weniger häufig auch in Afrika und in Amerika angebaut. Die Faser wird nach einem ähnlichen Verfahren wie beim Hanf gewonnen.

Das Garn ist rauh und fest und weist folgende Haupteigenschaften auf: Die Farbe ist weiß, gelblich oder braun; hohe Hygroskopie.

Jute wird zur Herstellung von Taschen, Teppichen, Tischdecken, Sportbeuteln, Topflappen, Hüten sowie anderen rustikalen und strapazierfähigen Gegenständen herangezogen. Gemischt mit anderen Fasern kann sie

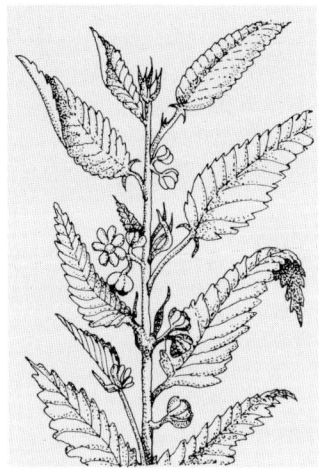

auch für sportliche Bekleidung, z. B. für den Strand, verwendet werden. Jute wird in Knäueln oder Strängen verkauft.

Raphia. Raphia ist eine weniger hochwertige Textilfaser, die aus den Blättern einer afrikanischen Palme gewonnen wird. Sie ist sehr reißfest und leicht, stark glänzend und sehr steif. Sie wird in Strängen verkauft und hauptsächlich für die Herstellung von Taschen, Hüten, Teppichen, Sets, Untersetzern usw. verwendet.

Kunstfasern

Zellulosefasern: Reyon. Zu den Zellulosefasern zählt man verschiedene Arten eines als Reyon bezeichneten Produktes (früher Kunstseide), die je nach Herstellungsverfahren unterschieden werden.

Viskosereyon, hergestellt aus gebleichtem, in Natronlauge getränktem Holz- oder Strohzellstoff, der mit Schwefelkohlenstoff behandelt wird. Die entstehende krümelige Masse wird in Natronlauge wieder aufgelöst, wodurch man eine sirupartige, zähflüssige Spinnlösung erhält: die Viskose. Diese preßt man durch Spinndüsen; der Faden erstarrt (koaguliert) in einem Säure-Salz-Füllbad. *Cuprareyon* (Bembergseide) wird aus gebleichtem Baumwollzellstoff hergestellt, der mit Kupfersulfat und Ammoniaklösung behandelt wird. Diese Lösung wird durch Spinndüsen in einen von Wasser durchströmten Glastrichter gepreßt. *Acetatreyon* wird ebenfalls aus Baumwollabfällen hergestellt; durch ein Veresterungsverfahren und anschließendes Lösen in Aceton/Alkohol wird ein Celluloseacetat gewonnen, das durch Spinndüsen gepreßt werden kann.

Die Reyonfasern ähneln äußerlich der Seide, das Acetatreyon dagegen der Baumwolle. Es handelt sich um elastische, widerstandsfähige, weiche und leicht zu färbende Fasern. Sie werden auf die gleiche Weise wie die entsprechenden Naturfasern verwendet, mit denen sie oft gemischt werden.

Organische Proteinfasern. Proteinfasern sind Chemiefasern auf Eiweißbasis oder aus pflanzlichen Proteinen, die aus der Erdnuß, dem Maismehl und der Sojabohne gewonnen wird. Die wichtigste dieser Fasern ist das Lanital. Heutige Fabrikate sind: Merinova (Italien), Fibrolane (England).

Lanital wird aus dem Casein gewonnen, das aus der Magermilch mit Hilfe von Lab ausgefällt wird. Das Casein wird in Natronlauge gelöst. Die in einem sauren Fällbad erstarrten (koagulierten) Fäden werden mit Formaldehyd gehärtet und durch Acetylieren stabilisiert. Die dabei entstehende Faser ist weich und fast so wärmend wie Wolle, jedoch reißt sie leicht, ist sehr dehnbar und nicht knitterfest. Lanital wird meist mit anderen synthetischen und natürlichen Fasern, vor allem mit Wolle gemischt verwendet.

Synthetische Fasern. Diese Fasern werden in einem chemischen Prozeß hergestellt, bei dem zwei oder mehrere unterschiedliche Ausgangsstoffe vereint werden. Sie werden hauptsächlich aus Erdölprodukten gewonnen, verfügen über sehr hohe Reißfestigkeit und bieten eine Reihe von Verwendungsmöglichkeiten.

Die moderne Industrie ist heute in der Lage, eine Vielzahl synthetischer Fasern herzustellen, die sich zu jeder Art der Verarbeitung und für jedes Gewebe eignen. Der Preis dieser Fasern liegt weit unter dem der Naturfasern.

Wir beschränken uns hier darauf, je nach der chemischen Zusammensetzung die Hauptgruppen aufzuführen:

● *Polyamidfasern* entstehen aus der Polykondensation von Erdölderivaten; dazu gehören Nylon, Perlon und viele andere mehr. Es gibt die Polyamidfasern als Fäden oder Flocken.

● *Polyesterfasern* werden ebenfalls durch die Kondensation der Ausgangsprodukte auf der Grundlage eines Esters (Alkohol und eine Säure) hergestellt; dazu gehören Terital, Trevira und andere Fasern mit guter Reiß- und Schleiffestigkeit und schlechter Wasseraufnahmefähigkeit. Sie werden vor allem gemischt mit Baumwolle und Wolle verwendet.

● *Acrylfasern* sind den Polyamidfasern sehr ähnlich; dazu gehören Leacril, Orlon, Dralon und andere mehr. Sie werden vor allem gemischt mit anderen Fasern, insbesondere mit Naturfasern verwendet.

● *Vinylfasern* auf der Grundlage von Äthylen; dazu gehören die Polythene, Movil und andere Fasern. Sie ergeben ein weiches Garn, das auf der Haut angenehm zu tragen ist.

● *Polypropylenfasern* sind sehr reißfest, werden jedoch wenig für die Strickgarnproduktion verwendet und immer mit anderen Fasern gemischt.

Vorarbeiten

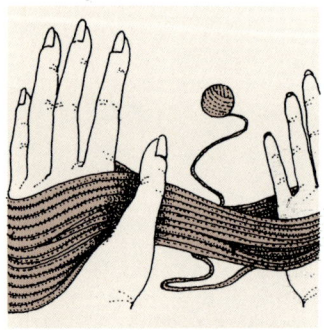

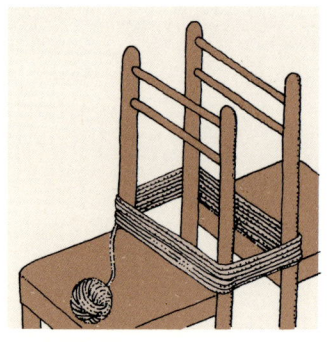

Bevor wir mit der Beschreibung der eigentlichen Strickarbeit beginnen, wollen wir einige nützliche Hinweise zur Auswahl des Materials geben für den Fall, daß nach persönlichem Geschmack das bei der Beschreibung des Strickmodells vorgesehene Muster geändert werden soll.

Die Wahl des Arbeitsmaterials – des Garns – ist für das gute Gelingen einer jeden Strickarbeit von äußerster Wichtigkeit. Oft sind die Angaben in den Musterbeschreibungen nicht so klar, daß auch ein Anfänger mit Sicherheit unter der Vielzahl der im Handel befindlichen Garne das für die Arbeit geeignete auszuwählen in der Lage ist. Nicht alle Erzeugnisse entsprechen den angegebenen Benennungen und haben die gleichen Eigenschaften. Oft gibt es zwischen dem einen und dem anderen Markenprodukt beachtliche Unterschiede. Am besten kaufen sie nur ein Knäuel der angegebenen Wollart (z. B. Sportwolle, 4 Fäden) und fertigen ein Strickmuster an, um die Maßangaben und die Ergiebigkeit zu überprüfen. Stimmen diese nicht überein, so können Sie die Wolle wechseln, bis sie die richtige gefunden haben.

Ein zweiter wichtiger Hinweis betrifft die eventuelle Abänderung der in der Beschreibung vorgesehenen Muster. Die Muster sind nicht gleich ergiebig und eignen sich nicht für jede Garnart. Auch hier empfiehlt sich eine Maschenprobe, damit nach entsprechender Abänderung der Anleitung die Proportionen und Maße stimmen.

Das Abwickeln der Stränge. Kaufen Sie das Garn in Strängen, so müssen diese zu Knäueln gewickelt werden, bevor sie mit der Arbeit beginnen. An sich ist dies nicht schwierig, aber dennoch sollten Sie einige Hinweise beachten: Zunächst legen Sie den Strang auf der Garnwinde durch Einstellen der Arme so auf, daß das Garn nicht zu viel Spiel hat, aber auch auf keinen Fall zu gespannt ist. Dann können Sie den Faden zerschneiden, der den Strang zusammenhält, und mit dem Aufwickeln beginnen. Ohne Garnwinde läßt sich die Wolle auf zwei Arten zu einem Knäuel wickeln: Einmal können Sie sich von jemandem helfen lassen, der sich den Strang auf die ausgestreckten Hände legt und ihn gespannt hält; zum anderen können Sie zwei Stühle mit den Lehnen gegeneinander stellen und darüber den Strang legen. Die Entfernung der Stühle wählt man so, daß das Garn gerade gespannt ist.

Das Aufwickeln der Knäuel. Dieser Arbeitsvorgang ist sehr wichtig, denn wenn das aufgewickelte Garn nicht die richtige Spannung hat, kann dies die Arbeit verderben. Gewöhnlich geschieht das Aufwickeln der Knäuel und das Abwickeln der Stränge gleichzeitig, und Sie können somit die Spannung selbst bestimmen. Ist jedoch das Garn auf dem Knäuel zu fest gespannt, sollten Sie es erneut und lockerer aufwickeln. Die Knoten, die sich manchmal in den Strängen befinden, entfernen Sie bei diesem Arbeitsvorgang: An der Stelle des Knotens zerreißen Sie das Garn und beginnen mit einem neuen Knäuel.

Besitzen Sie keinen Garnwickler, wickeln Sie die Knäuel mit der Hand. Auch hier können Sie zwei Methoden anwenden: Einmal befindet sich der Anfangsfaden an der Außenseite, zum anderen im Innern des Knäuels.

1. Methode: Sie beginnen damit, das Garn über drei Finger zu wickeln. Nach einigen Umwicklungen nehmen Sie die Finger heraus und wickeln locker weiter, wobei öfters die Richtung geändert wird.

2. Methode: Sie halten den Anfang in der Handfläche und wickeln den Faden in Form einer Acht um Daumen und Zeigefinger. Nach einigen Umwicklungen entfernen Sie die Finger, wickeln weiter, lassen dabei aber den Anfangsfaden nicht los.

Berechnung der Garnmenge. Im allgemeinen sind in den Beschreibungen auch die notwendigen Garnmengen angegeben. Übernehmen Sie die Garnart, das Muster und die Größe, können Sie sich an die Angaben halten. Bei irgendeiner Veränderung sollten Sie jedoch wissen, daß die dünnen Garne im allgemeinen ergiebiger sind als die schweren, dicken. Auf jeden Fall ist es angebracht, ein oder zwei Knäuel mehr zu kaufen, um nicht in Verlegenheit zu kommen, wenn die angegebene Menge nicht ausreicht. Auf der Verpackung der Knäuel oder der Stränge finden Sie außer dem Gewicht auch die Nummer der Farbe und des Farbbades; die letztere Nummer sollte bei der gesamten für die Arbeit verwendeten Wolle übereinstimmen, denn mit jedem Farbbad ändert sich auch der Farbton.

Auswahl der Nadeln. Wie bereits erwähnt, ist es sehr wichtig, für das entsprechende Garn die richtige Nadelstärke zu verwenden, damit die Strickarbeit weich und elastisch, nicht zu fest und nicht zu locker wird. Soll die Strickarbeit besonders weich und locker aus-

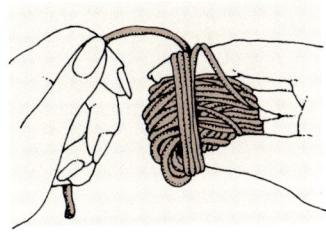

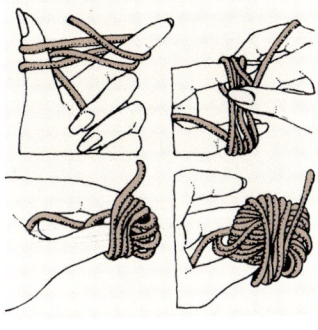

*Das Aufwickeln von Garn-
knäueln.
Oben: eine Methode; unten: eine
zweite Methode.*

fallen, wie bei der Verwendung von Mohairwolle, nehmen Sie dickere Nadeln, als es für
die Garnstärke sonst üblich ist. Die Tabelle
auf der Nebenseite gibt annähernd die Nadelstärke an, die Sie für die entsprechenden
Garnarten verwenden sollten.

Das Maßnehmen. Für das gute Gelingen der
Strickarbeit ist das korrekte Maßnehmen
äußerst wichtig. Haben Sie kein Kleidungs-

Nadelstärke	Garnart
1–1½	dünne Garne, Wolle aus zwei gedrehten Fäden, Baumwolle Nr. 8
2–2½	dünne Garne, Wolle aus zwei Fäden, Baumwolle Nr. 5
3–3½	Wolle aus drei Fäden, Zephir oder Cablé, dicke Baumwolle, Babywolle
4–4½	Wolle aus vier Fäden, Sportwolle
5–5½	Wolle aus fünf oder sechs Fäden, Sportwolle
6–6½	Wolle aus acht Fäden, dicke Phantasiegarne
7–8–9–10 usw.	sehr dicke Garne, Spezialwollarten

stück zur Verfügung, nach dessen Maßen Sie
sich richten können, müssen Sie an der Person
selbst maßnehmen. Für *Weste, Pullover* oder
Kleid brauchen Sie folgende Maße:

1. Schulterbreite
2. Halsweite
3. Armloch (sollte großzügig gemessen werden)
4. Armlänge (bei gebeugtem Arm gemessen)
5. Handgelenk
6. größter Armumfang (wird in 4–5 cm Entfernung von der Achselhöhle gemessen)
7. Hüften (werden an der breitesten Stelle des Beckens gemessen)
8. Taille (ist nur nötig, wenn das Kleidungsstück an der Taille anliegen soll)
9. Brustumfang (an der Stelle des größten Brustumfangs gemessen)
10. Armlänge (von der Achselhöhle aus gemessen)
11. Gesamtarmlänge (von der Schulter aus gemessen)

Wenn Sie einen *Rock* stricken wollen:
1. Taille
2. Hüftumfang
3. Länge

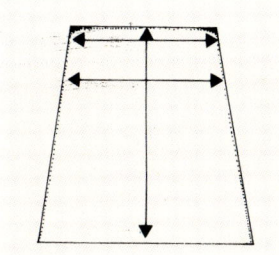

Für *Hosen* (sie werden im allgemeinen nur für
Kinder gestrickt):
1. Taille
2. Hüftumtang
3. Schritt
4. Beinlänge

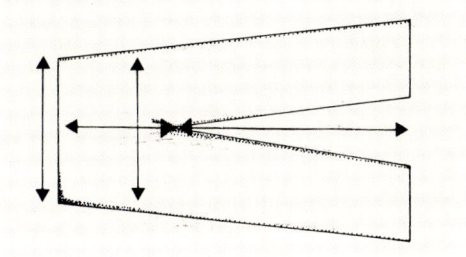

Für *Strümpfe* brauchen Sie im allgemeinen
die Fußlänge, denn man rechnet dreimal die
Fußlänge für ein Paar Kniestrümpfe und zweimal für ein Paar Söckchen. Für einen genauen
Sitz nehmen Sie folgende Maße:
1. Wadenumfang
2. Knöchelumfang
3. Fußumfang
4. Fußlänge
5. Gesamtlänge des Strumpfes (von der Ferse bis zum Knie für Kniestrümpfe und bis unter die Wade für Söckchen)

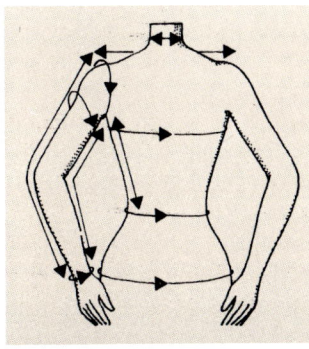

Das Maßnehmen.

*Oben: Das richtige Maßnehmen
für eine Strickjacke, einen Pullover oder für ein Kleid; rechte Spalte, von oben nach unten: für einen
Rock, eine Hose und für
Strümpfe.*

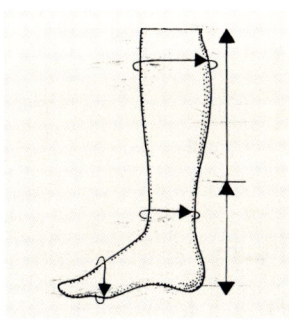

Für *Mützen* und *Hüte* brauchen Sie den Kopfumfang.

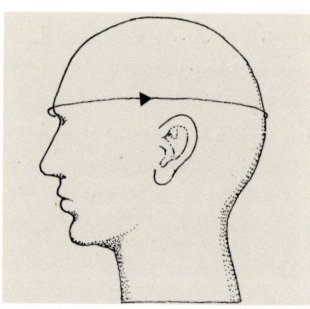

Für *Handschuhe* brauchen Sie diese Maße:
1. Umfang des Handgelenks
2. Länge der Handfläche
3. Breite der Handfläche
4. Länge des Mittelfingers (die anderen Finger werden entsprechend kürzer gestrickt)

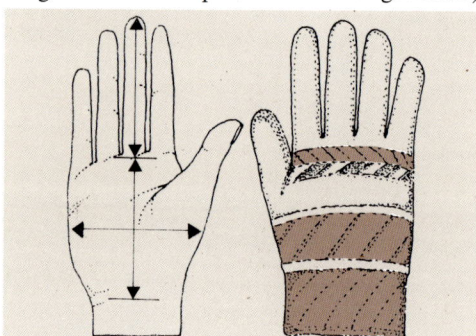

Die Strickanleitung: *Größe und Maße.* Den Anleitungen der einzelnen Arbeitsgänge einer Strickarbeit gehen immer Angaben zur Größe voraus. Die Zahl der Anschlagsmaschen entspricht der Breite des jeweiligen Stückes, und die Zahl der Maschenreihen ergibt die Länge. Diese Zahlen sind für die an erster Stelle angegebene Größe berechnet. Manchmal werden für das gleiche Kleidungsstück zwei oder drei verschiedene Größen angegeben; die Zahlen der zweiten oder dritten Alternativgröße erscheinen dann in Klammern. Beispiel: Eine Strickarbeit bezieht sich auf die Größen 42 (44, 46). Dann sind in der Anleitung die Maschenzahlen für Größe 42 vor der Klammer angegeben, die zwei jeweiligen Maschenangaben in der Klammer gelten für Größe 44 bzw. 46. Sie können natürlich nur dann damit rechnen, daß das fertiggestellte Stück in den Maßen exakt stimmt, wenn Sie sich genau an die Arbeitsanleitung halten, insbesondere aber auch an die Angaben der Wollart und der Nadelstärke. Außerdem sollten die Maschen

auch nicht fester und nicht lockerer als bei der Vorlage bzw. bei der Maschenprobe gestrickt sein.

Wie wir gesehen haben, spielen also folgende Faktoren eine Rolle, damit das Verhältnis der in Zentimetern angegebenen Längen mit der Zahl der aufzunehmenden Maschen und der zu strickenden Reihen stimmt: Art der Wolle, Nadelstärke, Festigkeit der Maschen.

Die Wichtigkeit einer Maschenprobe.
Leicht passiert es, daß Sie ein anderes Garn und eine andere Stricknadelstärke zur Verfügung haben als in der Anleitung angegeben ist. Nun ist es ohne Maschenprobe absolut unmöglich festzustellen, wie viele Maschen und wie viele Reihen Sie für eine bestimmte Länge und Breite benötigen.

In allen Arbeitsanleitungen ist daher eine Angabe enthalten, die über das Verhältnis zwischen der Maschenzahl (Breite) und der Reihenzahl (Höhe) in bezug auf eine bestimmte, in Zentimetern angegebene Fläche Aufschluß gibt. Man nennt dies Maschenprobe. Beispiel: In der Anleitung lesen Sie: »10 × 10 cm = 15 M × 26 R.« Schlagen Sie mit dem angegebenen Garn und den Nadeln der entsprechenden Nadelstärke 15 Maschen an und stricken Sie 26 Reihen, so sollten Sie einen quadratischen Flecken der Größe 10 × 10 cm erhalten. Ist dies der Fall, so können Sie sicher sein, daß Sie die richtige Größe mit den in der Anleitung angegebenen Maschenzahlen und Reihen erreichen. Erhalten Sie jedoch eine Maschenprobe mit abweichenden Maßen, so muß das daran liegen, daß einer der Faktoren, die wir zu Beginn des Abschnittes aufgezählt haben, von den Angaben abweicht. Dennoch können Sie erreichen, daß das fertiggestellte Stück die richtige Größe erhalten wird: Der Vergleich zwischen den Maßen des selbstgestrickten Musters und denen, die in der Vorlage angegeben sind, ermöglicht mit einfachen mathematischen Gleichungen eine entsprechende Änderung der Maschen- und Reihenzahl (oder nur der Maschenzahl, wenn die Längenmaße in Zentimetern angegeben sind, wie dies oft geschieht).

Auf die gleiche Art und Weise können Sie auch selbst die Maschen- und Reihenzahl für eine bestimmte Strickarbeit errechnen, die Sie nach eigener Phantasie nur nach Zentimetermaßen beginnen, ohne einer festen Anleitung zu folgen.

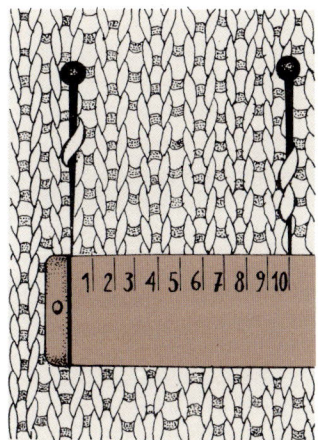

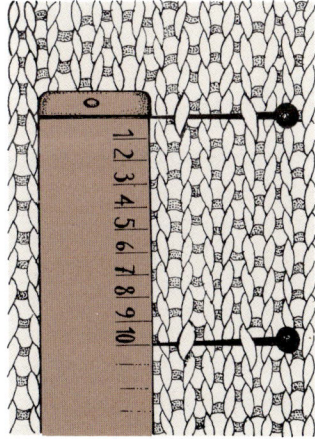

Beispiele für das Messen von Maschenproben innerhalb einer bereits gestrickten Fläche.
Oben: Das Abzählen von Maschen;
unten: Das Abzählen von Reihen.

Abänderung der Arbeitsanleitung. Hier sollen die einzelnen Möglichkeiten genauer betrachtet werden, bei denen eine Abänderung der Arbeitsanleitung notwendig wird.

1. Die angegebene Größe stimmt, aber die Maße der Maschenprobe entsprechen nicht den Angaben. Möchten Sie die in der Anleitung angegebene Größe des gewünschten Kleidungsstückes übernehmen, beginnen Sie mit einer Maschenprobe mit der entsprechenden Maschen- und Reihenzahl und der dem Muster entsprechenden Strickfestigkeit. Ergibt sich eine Abweichung der Zentimetermaße von denen in der Arbeitsanleitung, verändern Sie die angegebene Maschen- und Reihenzahl für jedes einzelne Arbeitsteil mit Hilfe folgender Gleichung:

$$\frac{\begin{array}{l}\text{Reihenzahl}\quad\times\text{ cm des Anleitungsstrick-}\\ \text{musters in der Höhe}\\ \textit{und}\\ \text{Maschenzahl}\times\text{ cm des Anleitungsstrick-}\\ \text{musters in der Breite}\end{array}}{\text{cm des angefertigten Strickmusters.}}$$

Beispiel: In der Arbeitsanleitung ist angegeben: 20 Maschen (M) × 25 Reihen (R) = 10 cm × 10 cm, und für das Vorderteil in Größe 42 sind 60 Maschen anzuschlagen. Die angefertigte Maschenprobe ergibt hingegen: 20 M × 25 R = 20 cm × 20 cm. Damit das Vorderteil der Größe 42 entspricht, wird folgende Maschenzahl aufgenommen:

$$\frac{60\text{ M}\times10\text{ cm}}{20\text{ cm}} = \frac{600}{20}\text{ M} = 30\text{ Maschen.}$$

Fällt die Maschenprobe hingegen größer aus, dann mißt man darauf die in der Anleitung in Zentimetern angegebene Fläche und zählt die Zahl der Maschen und die Zahl der Reihen ab, die sich als unterschiedlich gegenüber den Angaben in der Strickanleitung ergeben. Die Zahl der Maschen und der Reihen für die einzelnen Teile berechnet man mit Hilfe folgender Gleichung:

$$\frac{\begin{array}{l}\text{Reihenzahl}\quad\times\text{ Reihenzahl des angefer-}\\ \text{des Stückes}\qquad\text{tigten Strickmusters}\\ \textit{oder}\\ \text{Maschenzahl}\times\text{ Maschenzahl des angefer-}\\ \text{des Stückes}\qquad\text{tigten Strickmusters}\end{array}}{\begin{array}{c}\text{Reihenzahl des Anleitungsstrickmusters}\\ \textit{oder}\\ \text{Maschenzahl des Anleitungsstrickmusters.}\end{array}}$$

Beispiel: In der Strickanleitung ergeben 20 Maschen (M) × 25 Reihen (R) = 10 cm × 10 cm, und für das Vorderteil sind 60 Maschen für Größe 42 anzuschlagen. Bei Ihrem Strickmuster von 10 cm x 10 cm zählen Sie aber 30 M × 20 R. Für die Größe 42 nehmen Sie daher für das Vorderteil die folgende Anzahl Maschen auf:

$$\frac{60\text{ M}\times30\text{ M}}{20\text{ M}} = \frac{1800}{20}\text{ M} = 90\text{ Maschen.}$$

2. Keine der angegebenen Größen kann verwendet werden. Wenn keine der in der Arbeitsanleitung angegebenen Größen den Maßen entspricht, in denen Sie die Strickarbeit anfertigen möchten, müssen Sie für die gewünschte Größe die vorgeschlagene Maschen- und Reihenzahl verändern. Dabei stützen Sie sich ausschließlich auf die von Ihnen angefertigte Maschenprobe, ohne sie mit der in der Anleitung beschriebenen Maschenprobe zu vergleichen. Die Berechnung hält sich an die Maße der gewünschten Größe.

Zuerst suchen Sie sich aus der Anleitung die Zentimeterangaben für jedes einzelne Teil heraus und ersetzen sie durch Ihre eigenen Angaben. Falls Sie allerdings keine Maße in Zentimetern in der beschriebenen Größe besitzen, benützen Sie die Tabelle für die Größen auf Seite 26.

Als nächstes schreiben Sie sich aus der Anleitung die Maschen- und Reihenzahlen heraus, die den einzelnen Maßangaben entsprechen. Zum Schluß fügen Sie die eigenen Maschen- und Reihenzahlen für die einzelnen Teile ein. Zu diesem Zweck fertigen Sie eine Maschenprobe an und überprüfen: Maschenzahl x Reihenzahl = cm x cm. Die Berechnung für jedes einzelne Teil erfolgt dann mit Hilfe folgender Gleichung:

$$\frac{\begin{array}{l}\text{cm neue Größe}\;\times\text{ Reihenzahl der angefer-}\\ \text{in der Höhe}\qquad\text{tigten Maschenprobe}\\ \textit{oder}\\ \text{cm neue Größe}\;\times\text{ Maschenzahl der angefer-}\\ \text{in der Breite}\qquad\text{tigten Maschenprobe}\end{array}}{\text{cm der angefertigten Maschenprobe.}}$$

Beispiel: Sie möchten ein 40 cm breites Vorderteil stricken. Die angefertigte Maschenprobe ergibt: 20 Maschen (M) x 25 Reihen (R) = 10 cm x 10 cm. Folgende Maschenzahl müssen Sie dann für das Vorderteil aufnehmen:

$$\frac{40 \text{ cm} \times 20 \text{ M}}{10 \text{ cm}} = \frac{800}{10} \text{ M} = 80 \text{ Maschen.}$$

Nun brauchen Sie nur noch für das Vorderteil die in der Anleitung angegebene Maschenzahl durch die neu berechnete Maschenzahl zu ersetzen und für die Anzahl der aufzunehmenden Maschen der anderen Teile ebenso zu verfahren.

Auch für eine in Zentimetern angegebene Fläche läßt sich so leicht mit Hilfe einer Maschenprobe die Maschen- und die Reihenzahl berechnen.

Tabelle der üblichen Größen und Maße. Es gibt allgemein übliche Größen für Kleidungsstücke. Bei den Strickarbeiten gehen sie von den Maßen des Brustumfanges aus. Zum Beispiel entsprechen 87 cm Brustumfang der

Größe 38; aber – wie bereits gesagt – sollten Sie die Maße am Körper der Person nachprüfen, für die das gestrickte Kleidungsstück bestimmt ist.

In der unten angeführten Tabelle sind die Durchschnittsmaße für die Anfertigung von klassischen Pullovern mit eingesetzten Ärmeln angegeben.

Die Anfertigung eines Schnittmusters. Haben Sie keine detaillierte Arbeitsanleitung zur Hand, so fertigen Sie am besten ein Schnittmuster an.

Dabei zeichnen Sie auf ein Stück Papier jeweils die einzelnen Teile auf und richten sich dabei genau nach den an der Person gemessenen Maßen. Sind Sie noch ungeübt, beginnen Sie am besten damit, die Maße von einem bereits fertigen Kleidungsstück zu übernehmen.

Kinder	Alter (in Jahren)	2/3	4/5	6/7	8/9	10/11	12/13
	Brustumfang	50	56	61	66	71	76
	Breite des Vorder- und Rückenteils	28	30	33	35	38	41
	Gesamtlänge	29	33	37	41	45	49
	Armlänge (ab Schulter)	26	30	34	38	42	46
	Halsausschnitt (Rückenteil)	7	8	9	10	11	12
	Länge der Armkugel	12	13	14	15	16	17

Damen	Größe	36	38	40	42	44	46
	Brustumfang	83	87	92	97	102	107
	Breite des Vorder- und Rückenteils	43	45	48	51	53	56
	Gesamtlänge	57	60	63	66	69	72
	Armlänge (ab Schulter)	53	56	59	62	65	68
	Halsausschnitt (Rückenteil)	13	14	15	16	17	18
	Länge der Armkugel	19	20	21	22	23	24

Herren	Größe	44	46	48	50	52	54
	Brustumfang	88	93	97	102	107	112
	Breite des Vorder- und Rückenteils	45	48	51	54	57	60
	Gesamtlänge	62	65	68	71	74	77
	Armlänge (ab Schulter)	57	60	63	66	69	72
	Halsausschnitt (Rückenteil)	14	15	16	17	18	19
	Länge der Armkugel	21	22	23	24	25	26

Tabelle der herkömmlichen Größen und Maße für Kinder, Damen und Herren.

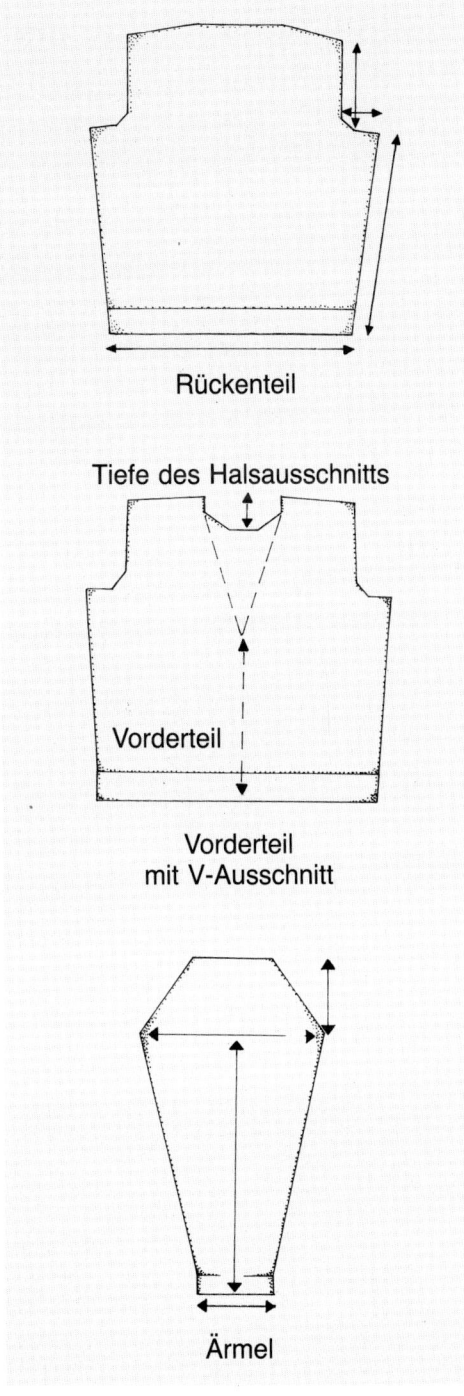

Rückenteil

Tiefe des Halsausschnitts

Vorderteil

Vorderteil
mit V-Ausschnitt

Ärmel

Zur Anfertigung eines Schnittmusters für einen Pullover z. B. übertragen Sie die Maße für die Breite des Rückenteils auf das Papier. Dann zeichnen Sie die senkrechten Linien, die die Länge des Pullovers bis unter die Achseln anzeigen. Anschließend messen Sie die Tiefe des Armausschnittes, übertragen diese auf beide Seiten des Schnittmusters und geben dem Ausschnitt eine eckige Form. Zum Schluß messen Sie die Länge des Armloches, die Sie auch auf beide Seiten des Schnittmusters übertragen.

Soll der Pullover vorne geschlossen sein, können Sie das für den Rücken angefertigte Schnittmuster auch für das Vorderteil verwenden, wenn Sie die Halsausschnittiefe abändern.

Für eine Strickjacke hingegen genügt es, nur eine der beiden Vorderteilhälften zu zeichnen. Da beide Teile genau symmetrisch sind, können sie mit Hilfe des gleichen Schnittmusters angefertigt werden. Beim Ärmel zeichnen Sie zuerst die Breite und die Höhe des Bündchens auf. Von der Mitte des Bündchens ausgehend ziehen Sie dann eine senkrechte Linie der gesamten Armlänge. Davon wird die Armkugelhöhe von oben her abgetragen. An dieser Stelle zeichnen Sie nach rechts und links von der Mittellinie ausgehend jeweils die Hälfte der Armausschnittbreite ein. Schließlich verbinden Sie die Kanten des Bündchens mit den Enden des Armausschnittes mit zwei schrägen Linien. Die Tiefe und die Länge des Armausschnittes müssen den Maßen des Rücken- und Vorderteils entsprechen.

Beim Ausschneiden der Schnittmuster müssen Sie beachten, daß die Nähte nicht mit berechnet sind: Bei der Anfertigung des Kleidungsstückes müssen Sie daher einige Maschen mehr aufnehmen.

Das Stricken nach einem Schnittmuster. Nehmen Sie entsprechend der Breite des Schnittmusters die Maschenzahl auf. Von Zeit zu Zeit legen Sie dann das Strickstück auf den Schnitt; wird er enger, müssen Sie Maschen abnehmen, wird er breiter, nehmen Sie Maschen zu. Dabei dürfen Sie nicht vergessen, daß die Strickarbeit nicht so fest ist wie Stoff und das Muster nur als Leitfaden dient.

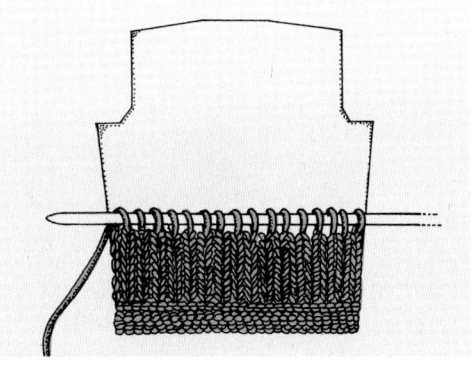

Beginn der Arbeit

Ein exakter Maschenanschlag erleichtert das Stricken und ist die beste Garantie für das gute Gelingen einer Strickarbeit. Haben Sie noch keine Erfahrung darin, sollten Sie es mit Geduld üben, bis die Maschen locker und regelmäßig gelingen.
In den unteren Abbildungen ist die Haltung der Hände bei den beiden Strickmethoden (wie sie in Deutschland meist praktiziert wird) zu sehen. Oben: Die Haltung der Hände bei der ersten Methode; unten: Die Haltung der Hände bei der zweiten Methode.

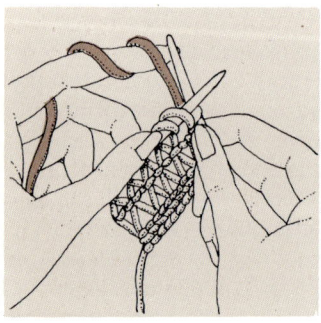

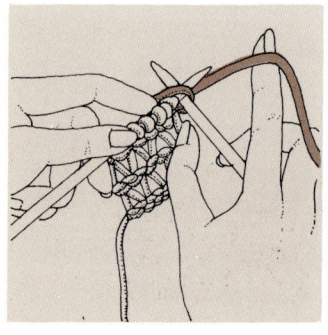

Es ist gut, sich zunächst einige Gedanken über die möglichst günstigsten Arbeitsbedingungen zu machen, da Stricken in erster Linie eine angenehme und entspannende Tätigkeit sein soll. Jedoch sind auch die technischen Einzelheiten von grundlegender Bedeutung, um schnell und gut stricken zu lernen.

Die richtige Haltung und der richtige Rhythmus. Um ohne Ermüdungserscheinungen stricken zu können, sind nur wenige Voraussetzungen notwendig: Ruhe, gutes Licht und bequeme Stellung. Setzen Sie sich also am besten in eine helle Ecke der Wohnung: tagsüber in Fensternähe und abends unter eine Lampe, die nicht blendet und die Arbeit gut beleuchtet. Um Rückenschmerzen zu vermeiden, sollten Sie den Rücken anlehnen können. Eine absolut entkrampfte und entspannte Haltung erreichen Sie, wenn Sie die Füße auf eine Fußbank oder etwas Ähnliches aufstellen.
Wie bei allen Handarbeiten ist auch der Rhythmus und die Flüssigkeit der Bewegungen von großer Bedeutung. Arbeiten Sie nicht ruckartig oder zu hastig, ziehen Sie auch nicht zu stark am Faden, und gehen Sie nicht mit den Nadeln um, als wollten Sie die Maschen aufstechen und herunterreißen! Die Bewegungen sollen vielmehr gelöst und natürlich sein; sie sollen einem lockeren Rhythmus folgen. Dies erleichtert die Arbeit und wirkt sich günstig auf das Strickergebnis aus, nämlich auf die Regelmäßigkeit der Maschen, die weder zu fest noch zu locker sind.
Das Stricken verlangt Aufmerksamkeit, aber es wäre falsch, sich allzusehr nur auf die Arbeit zu fixieren. Das Stricken soll auch Vergnügen und Entspannung bringen, und es kann die Zeit auf angenehme Art vertreiben. Falls Sie nicht ganz schwierige Muster arbeiten, können Sie dabei vielleicht ein Buch lesen, Radio hören, fernsehen, sich mit jemandem unterhalten. Ab und zu sollten Sie die Arbeit unterbrechen, um sich auszuruhen, die Stellung zu wechseln, etwas umherzugehen, vielleicht zu telefonieren, einen Kaffee zu trinken oder etwas anderes zu tun. Eines müssen Sie jedoch beachten: Nie sollten Sie die Arbeit unterbrechen, wenn die Reihe noch nicht zu Ende gestrickt ist; der Faden könnte sich lockern, wobei das Maschenbild unregelmäßig wird.

Haltung der Nadeln und der Hände. Wie bereits gesagt, ist es sehr wichtig, die korrekte Haltung der Hände und der Nadeln herauszufinden, bevor Sie mit der Arbeit beginnen. Haben Sie sich einmal eine falsche Haltung angewöhnt, so ist es schwierig, diese später zu verbessern. Das erschwert die Arbeit unnütz.
Die Haltung der Nadeln ist sehr einfach: Die linke Hand hält die Nadel mit den abzustrickenden Maschen, die rechte Hand die Nadel, auf die eine Masche nach der anderen gestrickt wird. Für die Führung des Arbeitsfadens hingegen gibt es – je nach Gegend – zwei verschiedene Methoden.
1. Methode: Im allgemeinen läuft bei uns der Arbeitsfaden über den kleinen Finger der linken Hand, unter dem Ring- und Mittelfinger hindurch und wird um den Zeigefinger gewickelt. Die rechte Hand hingegen liegt waagrecht über der rechten Nadel, hält sie mit dem Daumen und dem Zeigefinger und führt die Nadel beim Abstricken der einzelnen Maschen.
2. Methode: In manchen Gegenden, wie in Frankreich, England oder Italien, führt der Arbeitsfaden über die rechte Hand. Er verläuft um den kleinen Finger und dann über die anderen Finger und wird mit dem ersten Glied des rechten Zeigefingers über die rechte Nadel geworfen, während die Mittel- und Ringfinger leicht gebogen die Nadel halten. Der rechte Daumen hilft dem kleinen Finger und führt während der Arbeit die rechte Nadel zur linken hin.
Die linke Hand hat die Aufgabe, die bereits im Faden bestehende Masche zu festigen und bei ihrem Übergang auf die rechte Nadel behilflich zu sein.

Das Anschlagen der Maschen. Bei einigen hier beschriebenen Methoden des Maschenanschlagens muß zunächst ein Stück des Fadenendes abgewickelt werden, das mindestens dreimal so lang ist wie die vorgesehene Anschlagbreite. Sie können die Länge auch berechnen, indem Sie den Faden in Achtern um den Zeige- und Mittelfinger wickeln: Für jede Umwickelung schätzt man zehn Maschen. Sollen z. B. 50 Maschen angeschlagen werden, so muß der Faden fünfmal um die Finger gewickelt werden.

Maschenanschlag mit einfacher Schlinge. Bei dieser Methode muß zuvor kein Fadenende abgewickelt werden, denn man benutzt ausschließlich den vom Knäuel kommenden Faden. Es ist die einfachste Methode und eignet sich besonders gut zum Zunehmen von Ma-

Rechts: Maschenanschlag mit einfacher Schlinge; darunter: drei Arbeitsphasen für den Maschenanschlag mit doppelter Schlinge.

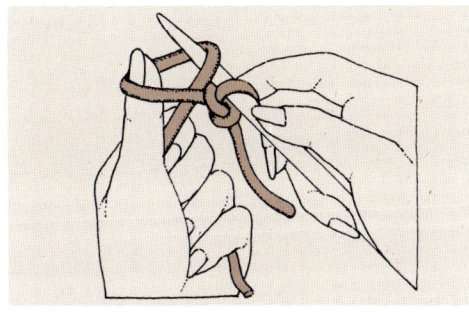

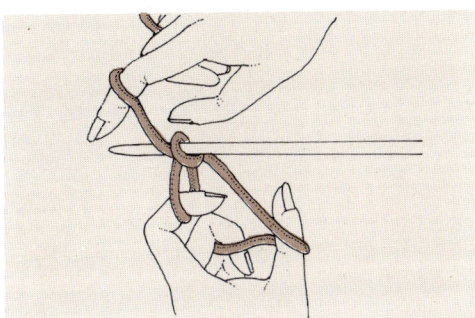

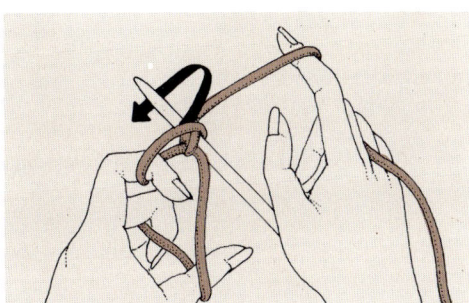

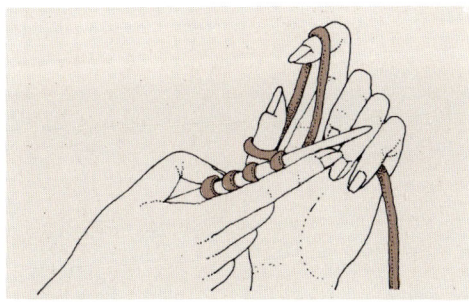

schen am Rande der Strickarbeit. Über die innere Handfläche der linken Hand führt der Faden zum Knäuel; die Nadel hält man in der rechten Hand.

1. Mit Daumen und dem angewinkelten Zeigefinger eine Schlinge bilden. Der vom Zeigefinger festgehaltene Faden kommt vom Knäuel, der um den Daumen geführte ist das kurze Fadenende.
2. Mit der Nadel von hinten unten in die Schlinge einstechen.

3. Finger aus der Schlinge nehmen und den Faden nach unten ziehen; dabei zieht sich die Schlinge über der Nadel zusammen. Nicht zu fest anziehen!

Maschenanschlag mit doppelter Schlinge. Hier werden die Maschen sowohl elastisch als auch fest genug, so daß diese Methode für jeden Faden und für jede Arbeit verwendet werden kann. Vom Knäuel wird zunächst ein Fadenende abgewickelt wie am Anfang beschrieben wurde. Der Knäuel liegt rechts und der Faden zum Anschlagen links; die Nadel halten Sie in der rechten Hand.

1. Mit dem Daumen und dem Zeigefinger der linken Hand eine Schlinge bilden, wie beim Anschlag mit einfacher Schlinge.
2. Mit der Nadel hinten von unten in die Schlinge einstechen.
3. Die Schlinge weiter mit Daumen und Zeigefinger über der Nadel offenhalten, den vom Knäuel kommenden Faden mit dem Zeigefinger der rechten Hand zwischen den Nadeln nach vorne holen.
4. Diesen Faden mit der rechten Nadel durch die offen gehaltene Schlinge von oben nach hinten durchziehen.
5. Die Finger aus der Schlinge nehmen und mit der linken Hand den Faden anziehen. Achten Sie darauf, daß die Maschen nicht zu fest werden.

Kreuzanschlag. Er ist ein sehr häufig verwendeter und haltbarer Anschlag. Er wird meistens über zwei Stricknadeln ausgeführt, damit die Anschlagreihe elastisch wird. Vom Knäuel wird wieder ein Fadenende abgewickelt, wie am Anfang beschrieben wurde. Dieses hängt über die innere Handfläche der linken Hand herunter; die Nadeln hält man in der rechten Hand.

1. Eine Schlinge um Daumen und Zeigefinger der linken Hand legen; der um den Zeigefinger liegende Faden kommt vom Knäuel, der um den Daumen geführte ist das lange Fadenende.
2. Die Nadeln von hinten in die Schlinge einstechen und nach unten ziehen.
3. Den Faden des Zeigefingers durch die neu entstandene Schlinge führen, die Finger aus den Schlingen ziehen und das Fadenende anziehen. Die erste Anschlagmasche liegt nun auf den Nadeln.
4. Das Fadenende um den Daumen und den Faden des Knäuels um den Zeigefinger

*Maschenanschlag mit zwei
Nadeln.
Links: erste Methode; rechts:
zweite Methode.*

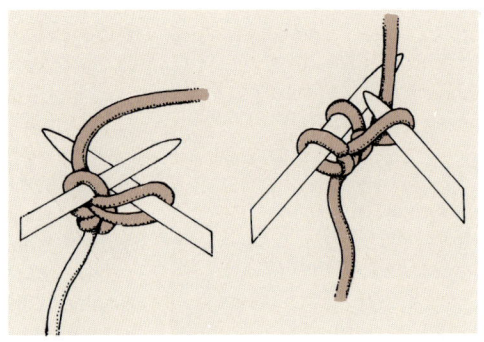

*Stricken im Patent beim Maschen-
anschlag mit Doppelmasche.
Oben: 1. Methode: unten: vier
Phasen des Maschenanschlags mit
Doppelmasche, 2. Methode.*

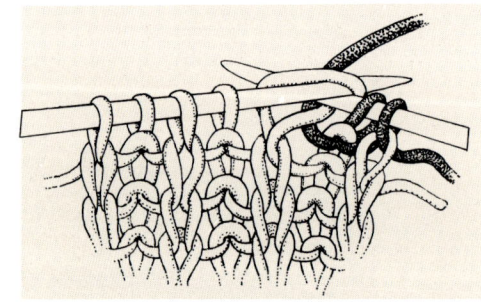

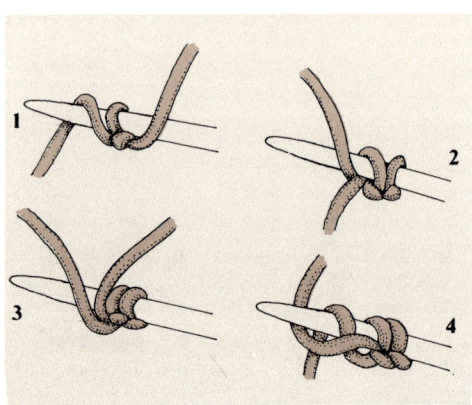

legen. Die Nadeln vorne von unten durch die auf dem Daumen liegende Schlinge führen.

5. Den Faden des Zeigefingers durch die Daumenschlinge ziehen, danach den Daumen aus der Schlinge nehmen und gleichzeitig das Fadenende stramm ziehen.

Vorgang 4 und 5 werden so oft wiederholt, bis die gewünschte Maschenzahl erreicht ist. Dann zieht man eine Stricknadel aus den Anschlagmaschen; die Maschen bleiben locker auf der anderen Nadel liegen.

Maschenanschlag mit zwei getrennten Nadeln. Es muß kein Fadenende abgewickelt werden; man benutzt nur den vom Knäuel kommenden Faden, der locker um den linken Zeigefinger gelegt ist. Dieses Aufstricken läßt sich auf zwei Arten durchführen.

1. Methode:
1. Eine Schlinge um die linke Nadel bilden.
2. Mit der anderen Nadel von unten in die Schlinge einstechen.
3. Mit der rechten Nadel den hinter der linken Nadel liegenden Faden durch die Masche ziehen, wodurch auf der rechten Nadel eine neue Masche entstanden ist.
4. Mit der linken Nadel von unten in die neue Masche einstechen. Vorgang 3 und 4 wiederholt man so oft, bis auf der linken Nadel die gewünschte Maschenzahl erreicht ist.

2. Methode:
1. Auf der linken Nadel zwei Schlingenmaschen aufnehmen.
2. Mit der anderen Nadel von vorne her zwischen die beiden Schlingen stechen.
3. Den locker gehaltenen Faden zwischen den beiden Maschen hindurchziehen, wodurch auf der rechten Nadel eine neue Masche entstanden ist.
4. Diese auf die linke Nadel überführen.
5. Mit der rechten Nadel zwischen die zwei letzten Maschen von vorne her stechen.
Der Vorgang 3–5 wird so oft wiederholt, bis zur gewünschten Maschenzahl.

Maschenanschlag und Stricken im Patentmuster. In dieser nicht ganz einfachen Strickart wird der Maschenanschlag unsichtbar. Sie sollten diese Methode mehrfach ausprobieren, bevor Sie mit der eigentlichen Arbeit beginnen. Sie erhalten so besonders elastische und feste Bündchen. Auch hier gibt es zwei Anschlagmethoden.

1. Methode (Anschlag mit Doppelmasche):
Zu dem Garn und den passenden Nadeln für die eigentliche Strickarbeit benötigen Sie ein zweites Paar Nadeln, das zwei Nummern kleiner ist, und einen Hilfsfaden in einer anderen Farbe.
1. Mit dem Hilfsfaden und den eigentlichen Stricknadeln die Hälfte der Maschen anschlagen, die für die Arbeit benötigt werden.
2. Diese Maschen im einfachen Rippenmuster (siehe Seite 58) über fünf oder mehr Reihen stricken, und dann den Faden abreißen.
3. Mit den dünneren Nadeln und dem eigentlichen Garn auf der letzten Reihe des einfachen Rippenmusters jeweils eine Doppelmasche (eine rechte und eine linke) in jede Masche stricken: Sie erhalten so die doppelte Maschenzahl.

4. Nun im Patentmuster weiterstricken. Dazu mit den dickeren Nadeln die rechte Masche rechts stricken; dann die linke Masche links abheben und dabei den Arbeitsfaden vor der Nadel lassen (Umschlag).

5. In der nächsten Reihe Umschlag und abgehobene Masche rechts zusammenstricken, nächste Masche abheben mit Umschlag wie bei 4. Vorgang 5 fünf oder sechs Reihen wiederholen; danach im einfachen Rippenmuster weiterstricken, bis Sie die gewünschte Höhe des Bündchens erreicht haben.

6. Den Hilfsfaden am Ende der letzten, mit diesem Faden gestrickten Reihe zwischen Daumen und Zeigefinger nehmen und fest daran ziehen. Das mit dem Hilfsfaden gestrickte Stück wird sich loslösen, und der Maschenanschlag des Bündchens ist auf diese Weise unsichtbar.

2. Methode (Schlauchanschlag):

Bei dieser Methode muß man für den Anschlag ein Stück des Fadenendes abwickeln. Die Nadel und das Fadenende liegen rechts, der Knäuel links.

1. Die erste Masche nach Maschenanschlag mit doppelter Schlinge (siehe Seite 29) aufnehmen und nicht stricken.

2. Mit der linken Hand den vom Knäuel kommenden Faden vor der Nadel nach rechts und wieder nach hinten links führen.

3. Mit der rechten Hand das Fadenende nach links hinter die Nadel führen: erste Masche, rechts.

4. Mit der linken Hand erneut den vom Knäuel kommenden Faden vor der Nadel nach rechts und wieder nach hinten führen.

5. Mit der rechten Hand den freien Faden nach rechts vor die Nadel führen: zweite Masche, links.

Den Vorgang 2 bis 5 so lange wiederholen, bis die gewünschte Maschenzahl erreicht ist (ausgenommen die erste Schlingenmasche). Am besten ist es, wenn Sie mit einer linken Masche aufhören, um die Reihe immer mit einer rechten Masche beginnen zu können.

Auch hier im Patentmuster weiterstricken; dabei wird die rechte Masche gestrickt und die linke Masche abgehoben, indem Sie den Faden nach vorn auf die Nadel bringen (Umschlag). Nachdem Sie die erste Reihe ohne die Schlingenmasche, die Sie von der Nadel

Zwei Phasen des Abschlusses des Patentstrickmusters.

fallen lassen, abgestrickt haben, stricken Sie auf die gleiche Weise zwei oder drei Reihen weiter, um damit die Maschen gut zu festigen. Wurden bis hierhin der Maschenanschlag und die folgende Strickarbeit exakt durchgeführt, können Sie nun vorsichtig an der fallengelassenen Schlingenmasche ziehen: der Anschlagfaden wird sich leicht herausziehen lassen.

Nachdem Sie fünf oder sechs Reihen im Patentmuster gestrickt haben, fahren Sie im einfachen Rippenmuster (siehe Seite 58) fort, bis Sie die gewünschte Höhe des Bündchens erreicht haben.

Abschluß des Patentstrickmusters. Wollen Sie eine Strickarbeit mit dem Patentmuster beenden, so läßt sich wie der Anschlag auch der Abschluß unsichtbar gestalten. Dazu schneiden Sie den Arbeitsfaden etwa in der doppelten Länge des abzuschließenden Randes ab und fädeln ihn in eine Wollnadel mit abgerundeter Spitze ein.

Dann verfahren Sie auf folgende Weise: Die Stricknadel mit der Strickarbeit halten Sie in der linken Hand, die Wollnadel mit der eingefädelten Wolle in der rechten.

1. Mit der Wollnadel in die erste Masche (sollte eine rechte sein) links einstechen, Faden durchziehen.

2. Dann in die zweite, linke Masche rechts einstechen, Faden durchziehen.

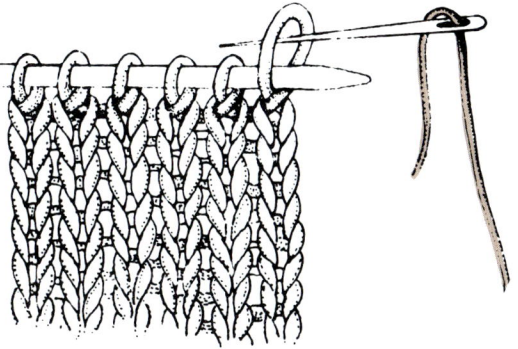

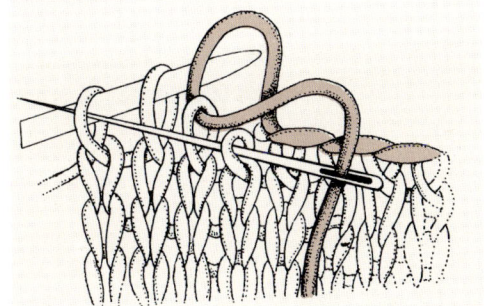

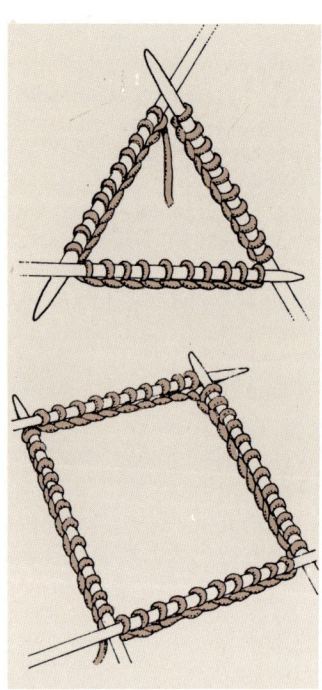

Maschenanschlag mit mehreren Stricknadeln.
Oben: Maschenanschlag mit drei Nadeln; unten: Maschenanschlag mit vier Nadeln; rechte Spalte: Die erste Reihe wird mit der fünften Nadel begonnen.

In der Tabelle sind die Längen der Rundstricknadeln in cm im Verhältnis zur Strickfestigkeit und zur Mindestmaschenzahl angegeben. Beträgt die Strickfestigkeit z. B. 21 Maschen auf 10 cm, geht man von der 21 der ersten Spalte aus nach rechts, um auf der waagrechten Linie die Mindestzahl der Maschen abzulesen. Ist beispielsweise eine Mindestzahl von 146 Maschen vorgesehen, so liest man zur naheliegenden Mindestzahl von 126 Maschen die Stricknadellänge von 60 cm für die vorgegebene Strickfestigkeit ab. In diesem Fall wählt man also eine Rundstricknadel der Länge 60 cm.

3. Erneut in die erste, rechte Masche links einstechen, sie von der Stricknadel heben, dann in die dritte, rechte Masche (die zweite der auf der Stricknadel verbliebenen Maschen) links einstechen und Faden durchziehen.

4. Mit der Wollnadel in die zweite, linke Masche (die erste der auf der Stricknadel verbliebenen Maschen) rechts einstechen, sie von der Stricknadel heben, in die vierte, linke Masche rechts einstechen und Faden durchziehen.

Vorgang 3 und 4 wird so oft wiederholt, bis alle Maschen abgekettet sind.

Wenn die Arbeit sorgfältig und genau ausgeführt wurde, ist der Abschluß unsichtbar. Der Faden wird am Ende der Reihe vernäht.

Maschenanschlag und Stricken mit vier Nadeln. Zum Stricken von Strümpfen, Handschuhen, Mützen und allgemein von allen rundgestrickten Sachen ohne Naht, verwendet man ein Nadelspiel. Für den Maschenanschlag gibt es zwei Methoden.

1. Methode:
Die Maschen werden alle auf einer Nadel aufgeschlagen, wobei Sie eines der bereits erklärten Systeme wählen, und dann auf drei oder vier Nadeln verteilt. Sie müssen dabei darauf achten, daß die Arbeit sich nicht in sich verdreht.

2. Methode:
Sie schlagen ein Drittel oder ein Viertel der Maschenzahl zuzüglich einer Masche auf eine Nadel auf, wobei Sie eine der beschriebenen Methoden wählen. Die zusätzliche Masche heben Sie auf die zweite Nadel und fahren mit dem Anschlagen auf die zweite, die dritte und evtl. auf die vierte Nadel fort. Bei drei Nadeln arbeiten Sie im Dreieck, bei vier Nadeln im Viereck.

Mit der vierten bzw. der fünften Nadel des Nadelspiels stricken Sie die Maschen von der ersten Nadel ab. Diese erste, jetzt von Maschen freie Nadel nehmen Sie dann, um die Maschen von der nächsten Nadel abzustricken usw. Der Kreis ist abgeschlossen, wenn alle Maschen der drei oder vier Nadeln abgestrickt sind. Sie stricken dabei im Uhrzeigersinn, bis die gewünschte Höhe erreicht ist.

Arbeiten Sie alle Maschen rechts, so wird die Außenseite des Strickstücks glatt rechts. Möchten Sie »kraus rechts« stricken, so müssen Sie abwechselnd eine Reihe rechts und eine Reihe links arbeiten.

Beim einfachen Rippenmuster werden alle

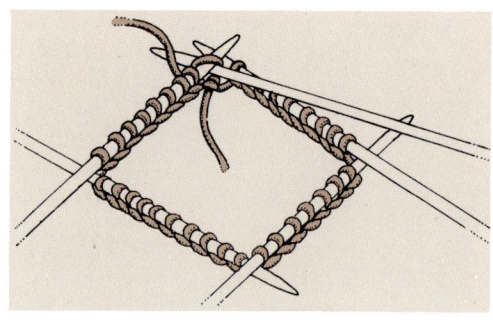

rechten Maschen immer rechts und die linken Maschen immer links gestrickt.

Für das Abketten der runden Strickarbeit siehe Seite 51.

Die Rundstricknadel. Wie bereits auf Seite 11 gesagt wurde, ist es bei mehr als 80 Maschen ratsam, eine Rundstricknadel zu verwenden. Die Länge der Nadel richtet sich nach der geringsten Maschenzahl. Nehmen Sie z. B. 300 Maschen auf und im Laufe der Arbeit jedoch auf 250 Maschen ab, so ist bei der Wahl der Nadellänge die Zahl der 250 Maschen ausschlaggebend, denn die Maschen müssen in der Gesamtlänge der Nadel von

Strickfestigkeit (Zahl der Maschen auf 10 cm)	Länge der Rundstricknadel in cm				
	40	60	80	90	100
	Mindestzahl der Maschen				
20	80	120	160	180	200
21	84	126	168	189	210
22	88	132	176	198	220
23	92	138	184	207	230
24	96	144	192	216	240
25	100	150	200	225	250
26	104	156	208	234	260
27	108	162	216	243	270
28	112	168	224	252	280
29	116	174	232	261	290
30	120	180	240	270	300
31	124	186	248	279	310
32	128	192	256	288	320
33	132	198	264	297	330
34	136	204	272	306	340
35	140	210	280	315	350

einer Spitze zur anderen reichen, ohne dabei zu sehr gezogen zu werden. Die Nadel darf also auf keinen Fall zu lang sein; dagegen wird das Risiko, daß die Nadel zu kurz ist, kaum auftreten, da Sie auf einer Rundstricknadel viermal mehr als die Mindestzahl an Maschen abstricken können.

Für die Berechnung der Länge der Rundstricknadel ist nicht nur die Mindestzahl der Maschen ausschlaggebend, sondern auch die eigene Strickfestigkeit. Diese finden Sie am besten durch eine Maschenprobe heraus; dabei zählen Sie aus, wie viele Maschen und Reihen in einem Quadrat von 10 × 10 cm enthalten sind.

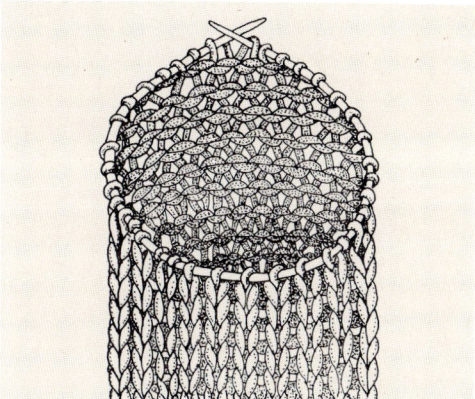

Anschlag der Maschen und Stricken mit Rundstricknadeln. Die Maschen werden nach einer der bereits beschriebenen Methoden auf der Rundstricknadel angeschlagen. Entscheiden Sie sich für eine Methode mit einer Nadel, benutzen Sie nur eine Spitze der Rundstricknadel, bei einer Methode mit zwei Nadeln dagegen beide. Wenden Sie die Methode mit einer Spitze an, sollten Sie um die andere Spitze einen Gummi wickeln, damit die Maschen nicht herabfallen. Wenn alle Maschen aufgenommen sind, muß die Nadel von einer Spitze zur anderen voll sein.

Mit der Rundstricknadel wird folgendermaßen gearbeitet:

1. Der Knäuel liegt links. Um die rechte Spitze wickelt man ein Stück eines andersfarbigen Fadens, der den Anfang der Reihe kennzeichnet.
2. Die erste Masche auf der linken Spitze wird rechts gearbeitet, wobei der Faden etwas stramm gezogen wird, damit sich keine lockeren Maschen an der Vereinigungsstelle ergeben.
3. Nun werden alle Maschen rechts gestrickt, bis man zu dem andersfarbigen Faden gelangt, wo die erste Reihe zu Ende ist.
4. Der andersfarbige Faden wird auf die rechte Seite übernommen, und man beginnt die nächste Reihe.

Beim Weiterstricken merkt man sich bei jedem Übergang des andersfarbigen Fadens von einer Nadelspitze zur anderen die Zahl der Reihen, bis die gewünschte Höhe erreicht ist. Bei der letzten Reihe wird der andersfarbige Faden entfernt.

Ebenso wie beim Stricken mit vier Nadeln erscheint die Außenseite glatt rechts, wenn alle Reihen rechts gestrickt werden, kraus rechts, wenn man abwechselnd eine Reihe rechts und eine links strickt.

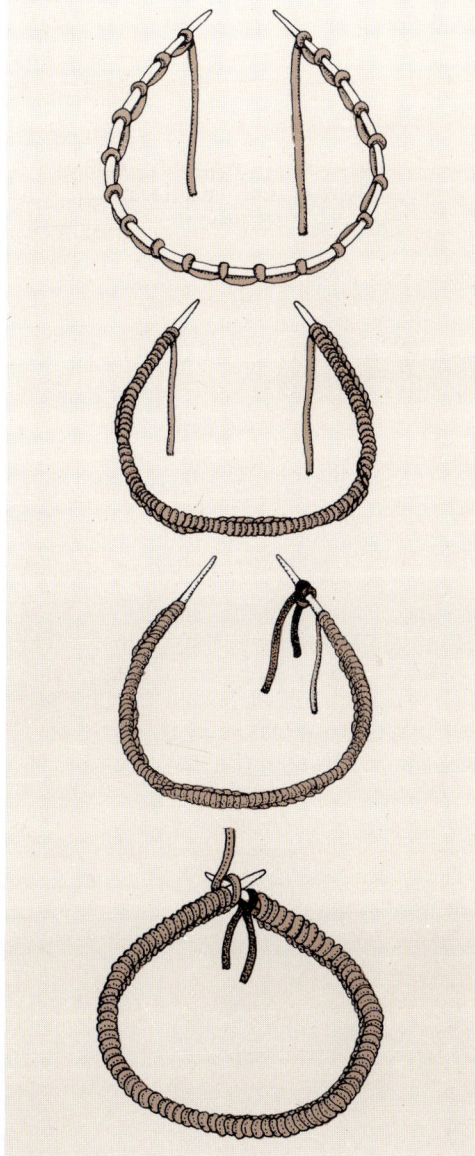

Auswahl der Rundstricknadel und richtiger Maschenanschlag. Rechts von oben nach unten: Falsche Strickfestigkeit und richtige Strickfestigkeit. Der andersfarbige Faden kennzeichnet den Beginn jeder neuen Reihe.

Rechte Spalte, oben: Ein auf der Rundstricknadel fertiggestricktes Teil.

Die Grundstrickarten

Die wichtigsten Strickarten sind die linke Masche und die rechte Masche. Sie lassen sich am einfachsten arbeiten, und man kann damit ganze Kleidungsstücke herstellen. Sie treten auch bei allen anderen Musterkombinationen auf; daher ist es wichtig, sie genau zu beherrschen. Unter der Bezeichnung von Spezialmaschen erscheinen alle jene, die nicht der üblichen rechten bzw. linken Masche entsprechen (Umschlag, gekreuzte Maschen, verschränkte Maschen usw.). Diese treten jedoch oft auch in den Maschenkombinationen auf, ohne die eine etwas kompliziertere Strickarbeit nicht anzufertigen ist.

Rechte Masche. Man hält die Nadel mit den angeschlagenen Maschen links, der Faden liegt hinter der Arbeit. Die rechte Nadel sticht von unten nach oben in die erste Masche der linken Nadel ein, holt den vom Zeigefinger kommenden Faden durch diese Masche, wodurch eine neue Schlinge auf der rechten Nadel entsteht. Man läßt die Masche von der linken Nadel fallen und die gestrickte Masche verbleibt auf der rechten.

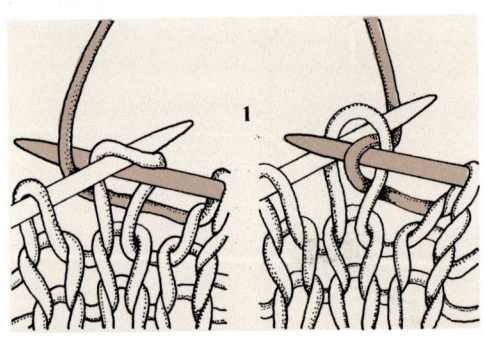

Linke Masche. Man hält die Nadel mit den angeschlagenen Maschen links, der Faden liegt vor der Arbeit. Die rechte Nadel sticht hinter dem Faden von rückwärts nach vorn in die erste Masche. Der Arbeitsfaden wird um die Nadel gelegt und durch die Masche ge-

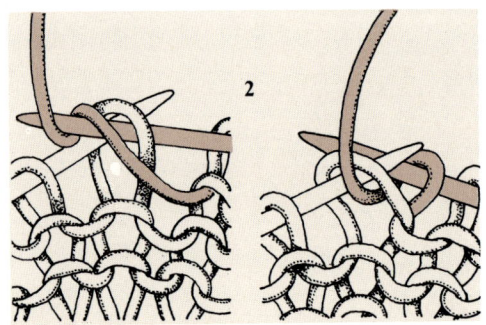

holt, wodurch eine neue Masche auf der rechten Nadel entsteht. Man läßt die Masche von der linken Nadel fallen; die neue Masche verbleibt auf der rechten Nadel.

Rechte verschränkte Masche. Sie wird wie eine rechte Masche gestrickt, die rechte Nadel nimmt jedoch den hinteren Faden der auf der linken Nadel befindlichen Masche.

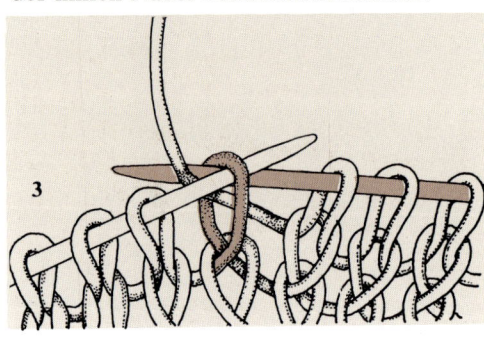

Linke verschränkte Masche. Sie wird wie eine linke Masche gestrickt, die linke Nadel nimmt jedoch den hinteren Faden der auf der linken Nadel befindlichen Masche auf.

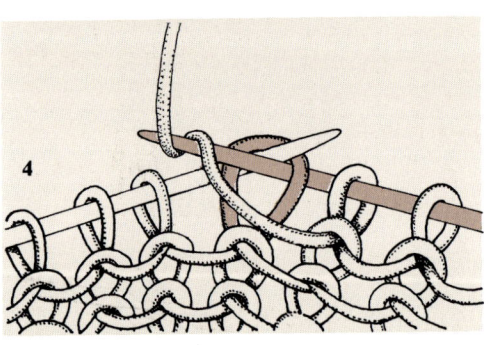

Umschlag. Bei einem Umschlag (der Faden wird ohne abzustricken als Masche über die rechte Nadel gelegt) wird bei der Strickarbeit praktisch eine Masche zugenommen. Es handelt sich jedoch nicht um eine wirkliche Zunahme, denn in der darauffolgenden Reihe wird im allgemeinen durch Abnehmen die alte Maschenzahl wieder erreicht. Es gibt verschiedene Arten des Umschlages; man sollte dabei besonders exakt arbeiten.
Umschlag nach einer rechten Masche und vor einer rechten Masche: Den Arbeitsfaden zwischen den Nadeln nach vorne holen und um die rechte Nadel legen, bis er wieder hinter der Arbeit liegt.
Umschlag nach einer rechten Masche und vor einer linken Masche: Den Arbeitsfaden zwischen den Nadeln nach vorne holen, um die

Im folgenden werden die Grundstrickarten erklärt. Sie sind die am meisten verbreiteten und sind am einfachsten zu stricken. In diesen Grundstrickarten lassen sich ganze Kleidungsstücke herstellen. Sie bilden auch die Grundlage für alle anderen komplizierteren Muster.
1. Glatt rechts
2. Glatt links
3. Rechts verschränkt
4. Links verschränkt

Auf der Nebenseite sind die vier Phasen abgebildet, wie eine rechte Masche gestrickt wird. Um der Anschaulichkeit willen wurden dickere Nadeln verwendet, als sie tatsächlich für das Garn geeignet wären.

Diese Spezialmaschen, die oft in Maschenkombinationen im Text erwähnt werden, sind außer den Grundstrickarten noch unbedingt notwendig, um ein Strickmodell anfertigen zu können.

1, 2, 3 und 4: Umschlag
5 und 6: Links gekreuzte Maschen auf einer rechten Reihe
7 und 8: Rechts gekreuzte Maschen auf einer rechten Reihe
9: Links gekreuzte Maschen auf einer linken Reihe
10: Rechts gekreuzte Maschen auf einer linken Reihe

rechte Nadel legen, bis er wieder hinter der Arbeit liegt, dann nochmals zwischen den Nadeln nach vorne holen, um die linke Masche zu stricken. Der Faden wird einmal ganz um die rechte Nadel gewickelt.

Umschlag nach einer linken und vor einer rechten Masche: Den Arbeitsfaden, der vor

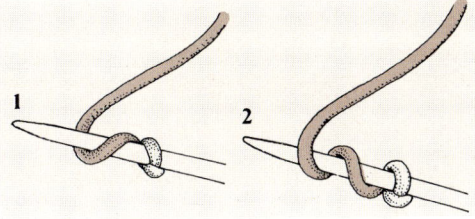

der Arbeit liegt, um die rechte Nadel legen, so daß er hinter der Arbeit zu liegen kommt. Umschlag nach einer linken und vor einer linken Masche: Den Arbeitsfaden um die rechte Nadel legen und zwischen den Nadeln wieder vor die Arbeit holen, bis er einmal ganz um die rechte Nadel gewickelt wurde.

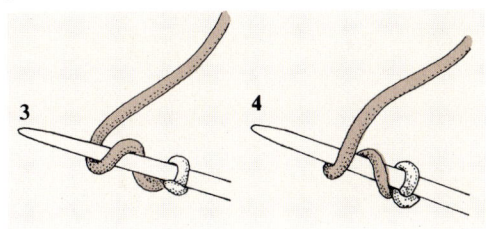

Links gekreuzte Masche auf einer rechten Reihe. Die rechte Nadel sticht von unten nach oben in die zweite Masche auf der linken Nadel ein; dabei geht sie hinter der ersten Masche vorbei und strickt rechts, ohne daß die Masche von der linken Nadel abrutscht. Nun arbeitet man die erste Masche rechts und läßt beide Maschen gemeinsam von der linken Nadel rutschen.

Rechts gekreuzte Masche auf einer rechten Reihe. Die rechte Nadel sticht von unten nach oben in die zweite Masche auf der linken Nadel ein; dabei geht sie vor der ersten Ma-

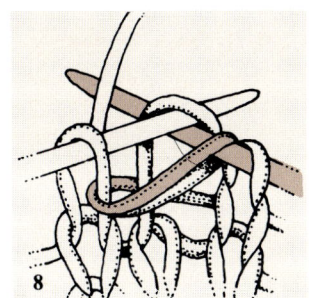

sche vorbei und strickt rechts, ohne daß dabei die Masche von der linken Nadel rutscht. Nun arbeitet man die erste Masche rechts (die Masche vor der bereits gestrickten) und läßt beide gemeinsam von der linken Nadel gleiten.

Links gekreuzte Masche auf einer linken Reihe. Die erste Masche der linken Nadel wird auf einer Hilfsnadel hinter die Arbeit gelegt. Nun strickt man die zweite Masche der linken Nadel links, legt die Masche von der Hilfsnadel wieder auf die linke Nadel zurück und strickt sie links ab.

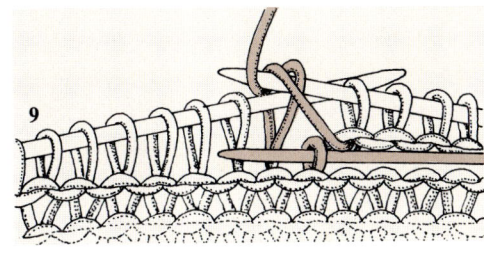

Rechts gekreuzte Masche auf einer linken Reihe. Die rechte Nadel sticht von oben nach unten in die zweite Masche auf der linken Nadel ein und arbeitet diese links, ohne daß sie von der linken Nadel fallengelassen wird. Nun strickt man auch die erste Masche auf der linken Nadel links und läßt beide Maschen gemeinsam von der linken Nadel gleiten.

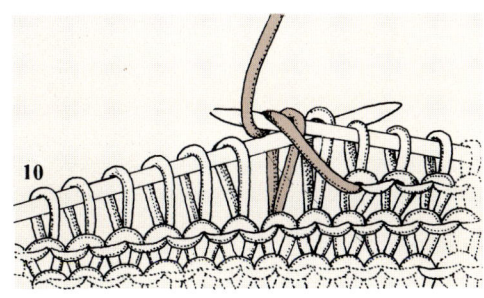

Doppelmasche. Sie wird sehr oft bei Strickmustern verwendet. Sie entsteht, indem man auf der rechten Seite mit der rechten Nadel in

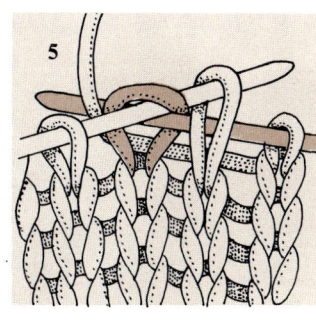

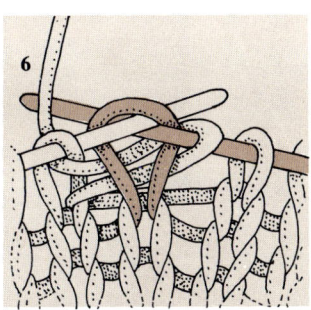

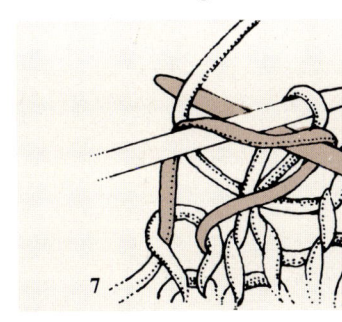

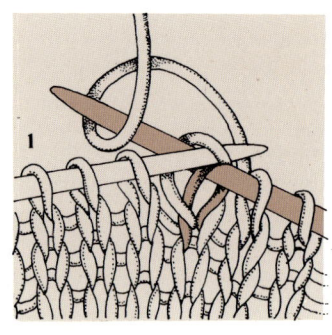

1. Doppelmasche
2. Rechts abgehobene Masche
3. Links abgehobene Masche
4. Übergehoben zusammen-
   gestrickte Maschen
5. Doppelt übergehoben
   zusammengestrickte
   Maschen
6. Schlingenmasche

die Mitte der Masche der vorhergehenden Reihe sticht und hier den Arbeitsfaden durchholt.

Abheben rechts. Man sticht mit der rechten Nadel in die erste Masche der linken Nadel wie in eine rechts zu strickende Masche ein, hebt sie aber auf die andere Nadel, ohne sie abzustricken.

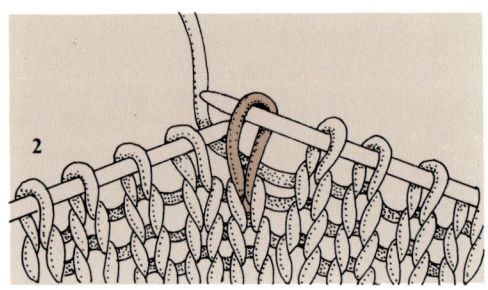

Abheben links. Man sticht mit der rechten Nadel in die erste Masche der linken Nadel ein, als wollte man sie normal links stricken, läßt sie jedoch, ohne sie abzustricken, auf die rechte Nadel übergleiten.

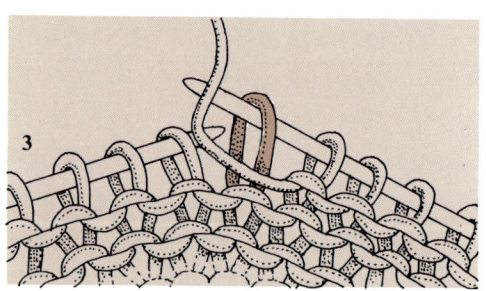

Übergehoben zusammengestrickte Masche. Es wird eine Masche abgenommen, indem entweder rechts oder links folgendermaßen gestrickt wird: Eine Masche rechts oder links abheben, die zweite Masche auf der linken Nadel rechts oder links stricken, dann mit Hilfe der Spitze der linken Nadel die abgehobene Masche über die bereits gestrickte Masche heben, wobei sich die Maschen überkreuzen.

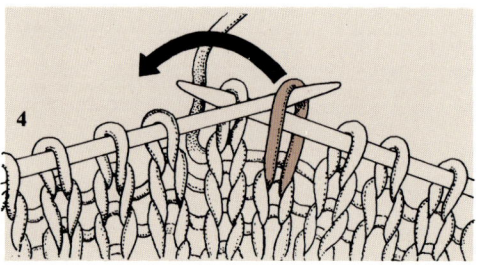

Doppelt übergehoben zusammengestrickte Maschen. Hierbei werden zwei Maschen abgenommen. Man kann sie rechts oder links auf folgende Weise arbeiten: Die erste Masche rechts oder links abheben, die zweite und die dritte Masche auf der linken Nadel zusammenstricken, dann die abgehobene Masche über die zusammengestrickte Maschen heben, so daß sie sich überkreuzen.

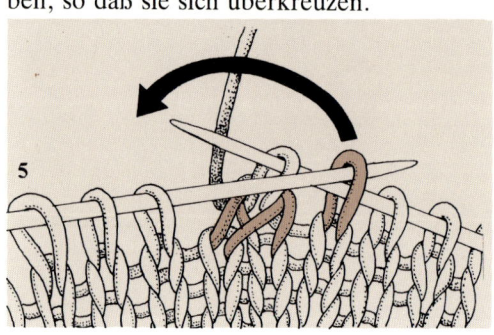

Die Schlingenmasche. Sie wird beim Lochmuster verwendet und kann sowohl rechts als auch links auf folgende Weise gearbeitet werden: Mit der rechten Nadel rechts oder links in die erste Masche der linken Nadel einstechen, dann den Faden zwei- oder dreimal um die rechte Nadel wickeln und die Masche normal rechts oder links abstricken. In der darauffolgenden Reihe läßt man dann den zuviel umwickelten Faden fallen und strickt die Masche normal ab, die so als lange Masche erscheint. Je öfter man den Faden um die Nadel wickelt, desto länger wird die Masche.

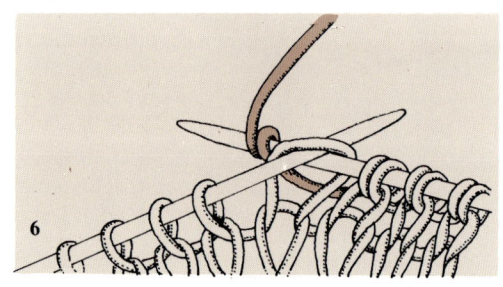

Zunehmen und Abnehmen

Um Strickarbeiten anzufertigen, die nicht wie Schals oder Decken absolut rechteckig sind, ist es notwendig, das Zunehmen und das Abnehmen zu beherrschen.

Das Zunehmen dient dazu – wie der Name bereits sagt –, die Zahl Maschen zu erhöhen. Es gibt das Zunehmen innerhalb und am Rand einer Reihe. Durch das Abnehmen hingegen wird die Reihe durch eine Maschenanzahl verringert. Auch dabei kann es sich um das Zunehmen innerhalb und am Rand einer Reihe handeln.

Zunehmen innerhalb der Reihe. Dies geschieht, während eine Reihe abgestrickt wird und kann der Dekoration dienen. Es gibt verschiedene Möglichkeiten.

Einfaches Zunehmen innerhalb der Reihe. Man strickt eine Masche rechts, und ohne daß sie von der linken Nadel rutscht, führt man die Nadel vor die Arbeit und strickt die gleiche Masche links. So kann man symmetrisch auf beiden Seiten der Arbeit zunehmen, wobei man eine Neigung nach rechts bei der dritten Masche nach Beginn der Reihe und eine Neigung nach links bei der drittletzten Masche der Reihe erhält.

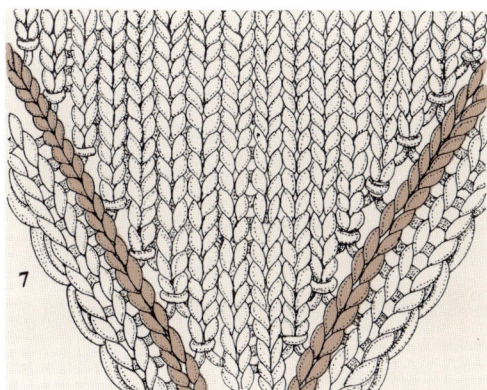

Zunehmen innerhalb der Reihe durch einfaches Aufnehmen. Rechts wird eine Doppelmasche gestrickt (siehe Seite 37), die dann normal auf der Rückreihe abgestrickt wird. So kann man symmetrisch auf beiden Seiten der Arbeit zunehmen: einmal bevor die dritte Masche zu Beginn der Reihe gestrickt wird, und zum anderen nachdem die drittletzte Masche am Ende der Reihe gestrickt wird.

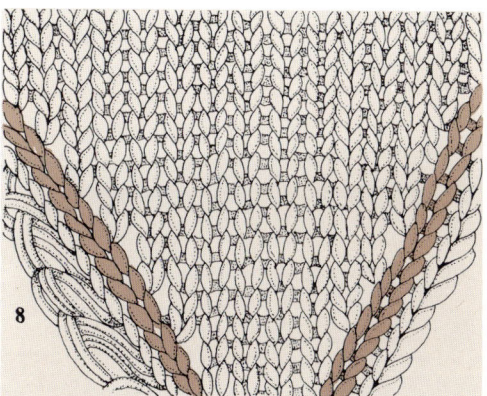

Zunehmen innerhalb der Reihe mit einfacher Zwischenmasche. Man hebt den waagrecht zwischen zwei Maschen verlaufenden Querfaden auf die Nadel und strickt ihn dann rechts verschränkt ab (siehe Seite 34).

Diese Art des Zunehmens kann symmetrisch auf beiden Seiten der Arbeit erfolgen: Man nimmt den waagrechten Faden hoch, der die dritte und die vierte Masche zu Beginn der Reihe verbindet, und den Faden, der die viertletzte mit der drittletzten Masche am Schluß der Reihe verbindet.

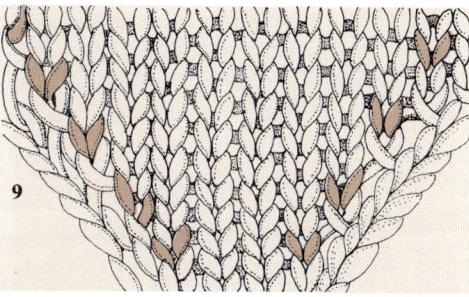

Innerhalb der Reihe mit einfacher Lochreihe. Auf der Hinreihe legt man den Faden um die Nadel, zurück den Umschlag links abstricken. Dieses Zunehmen kann symmetrisch auf beiden Seiten der Arbeit erfolgen, wobei der Umschlag nach der dritten Masche zu Beginn der Reihe und vor der drittletzten am Schluß der Reihe erfolgt.

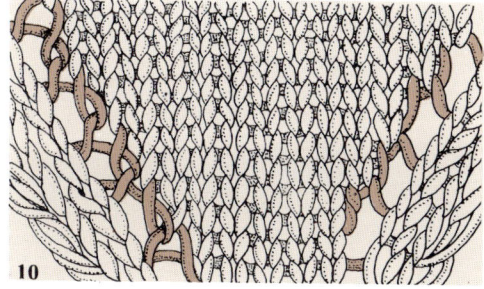

Doppeltes Zunehmen innerhalb der Reihe. Man nimmt nach Art des einfachen Zuneh-

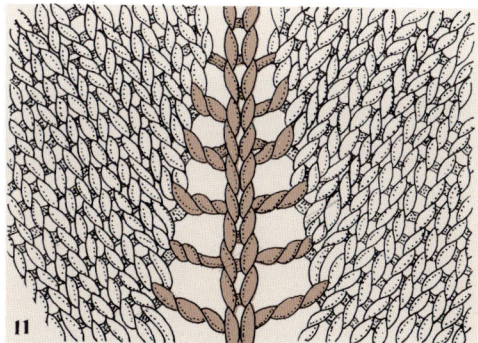

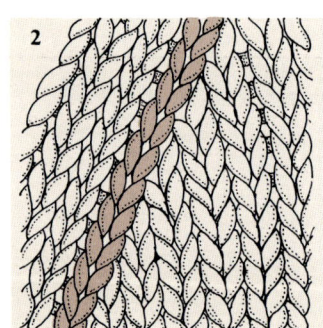

mens jeweils vor und nach der Mittelmasche zu, die auf diese Weise die Achse für die Zunahme bildet. Es entstehen **Falten** und andere symmetrisch verlaufende Schmuckmotive.

Zunehmen am Rande der Reihe. Man nimmt am Anfang oder am Ende einer jeden Reihe zu; dabei genügen einfache Schlingen (siehe Seite 28) für die gewünschte Maschenzahl.

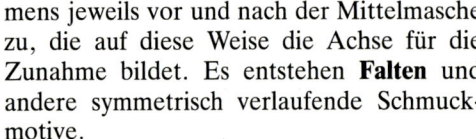

Abnehmen innerhalb der Reihe. Beim einfachen Abnehmen fällt eine Masche weg, beim doppelten Abnehmen fallen zwei Maschen weg. Man nimmt immer innerhalb einer Reihe ab. Für ein gutes Strickbild sollten Sie darauf achten, daß die zwei bzw. drei zu einer Masche zusammengefaßten Maschen in eine bestimmte Richtung verlaufen (z. B. bei Handschuhen, Strümpfen, bei der Raglanschrägung usw.).

Einfaches Abnehmen innerhalb der Reihe: Vorderseite der Arbeit, Neigung nach links. Die erste Masche rechts abheben, die zweite Masche stricken und die erste über die zweite ziehen. Auf diese Weise entsteht eine einfache Überkreuzung. Die gleiche Art des Abnehmens ergibt sich, wenn man zwei Maschen rechts verschränkt zusammenstrickt (siehe Seite 34).

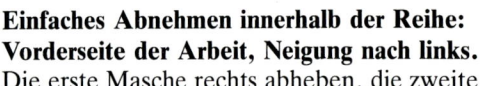

Vorderseite der Arbeit, Neigung nach rechts. Zwei Maschen rechts zusammenstricken, dabei jedoch mit der rechten Nadel zuerst in die zweite und dann in die erste Masche einstechen.

Rückseite der Arbeit, Neigung nach links. Die zuletzt gestrickte Masche von der rechten Nadel auf die linke abheben; die zweite Ma-

sche auf der linken Nadel über die erste ziehen, und die Masche auf die rechte Nadel zurück abheben. Wird auf der linken Seite der

Arbeit abgenommen, erscheint auf der rechten Seite die Neigung der Masche nach rechts.

Rückseite der Arbeit, Neigung nach rechts. Zwei Maschen links zusammenstricken.

Doppeltes Abnehmen innerhalb der Reihe:

Vorderseite der Arbeit, Neigung nach links. Auf der rechten Seite drei Maschen verschränkt zusammenstricken (siehe Seite 34), die gleichzeitig von der linken Nadel fallengelassen werden.

Vorderseite der Arbeit, Neigung nach rechts. Drei Maschen rechts zusammenstricken, die gleichzeitig von der linken Nadel fallengelassen werden.

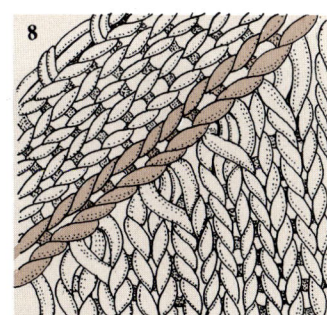

Verschränkt, Neigung nach links. Doppelt verschränkte Masche stricken (siehe Seite 38).

Verschränkt, Neigung nach rechts. Eine Masche rechts abheben, die zweite stricken und die abgehobene über die abgestrickte ziehen.

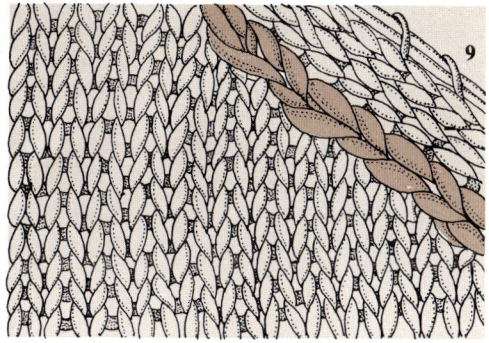

Die dabei entstandene Masche von der rechten Nadel auf die linke Nadel abheben, und die zweite Masche darüberziehen. Die dabei entstandene Masche wird auf die rechte Nadel abgehoben.

Verschränkt, in senkrechter Richtung. Zwei Maschen rechts abheben, und die dritte Masche rechts stricken. Danach die ersten beiden über die gestrickte Masche ziehen.

Rückseite der Arbeit, Neigung nach links. Die ersten beiden Maschen links stricken, die

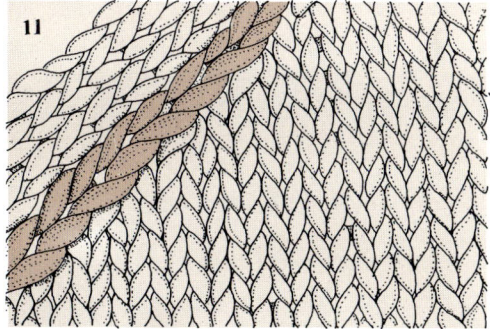

dabei entstandene Masche auf die linke Nadel zurückheben, und über diese die zweite Masche hinüberziehen. Die neu entstandene Masche auf die rechte Nadel heben. Auch wenn das Abnehmen auf der linken Seite des Strickstückes erfolgt, erscheint auf der rechten Seite die Neigung nach links.

Rückseite der Arbeit, Neigung nach rechts. Drei Maschen links zusammenstricken. Die Neigung nach rechts erscheint auf der rechten Seite der Arbeit.

Abnehmen am Rande der Reihe. Zu Beginn einer jeden Reihe eine oder mehrere Maschen über die darauffolgende Masche zie-

hen. Um einen unschönen Stufeneffekt zu vermeiden, arbeitet man folgendermaßen: Die letzte Masche der Reihe wird nicht gestrickt. Dann wird die Arbeit gedreht; die nicht gestrickte Masche wird nun gestrickt und dann wird die zweite Masche abgehoben und die erste über die zweite gezogen.

Randmaschen, Blenden und sonstige Feinarbeiten

In diesem Kapitel werden einige Techniken erklärt, die zwar nicht zur Grundtechnik des Strickens gehören, die jedoch erheblich zum guten Gelingen der Strickarbeit beitragen. Unter anderem werden die Randabschlüsse, Nähte und Blenden beschrieben.

Randabschluß. Die erste und die letzte Masche einer jeden Reihe bilden den sogenannten Randabschluß. Er muß immer mit äußerster Regelmäßigkeit und Genauigkeit gearbeitet werden. Dieser Randabschluß kann nach verschiedenen Methoden ausgeführt werden.

Kettenrand. Auf der Vorderseite der Arbeit wird die erste Masche nicht gestrickt, sondern abgehoben; die letzte Masche wird rechts gestrickt.
Auf der Rückreihe wird die erste Masche links abgehoben, ohne gestrickt zu werden; die letzte wird links gestrickt.

Die Ränder sind diejenigen Stellen, die am meisten sichtbar sind, und sie verleihen oft der Strickarbeit einen besonderen Charakter. Auf sie ist viel Sorgfalt zu verwenden.
1. *Kettenrand*
2. *Knötchenrand*
3. *Perlrand*
4. *Randabschluß für Nähte*
5. *Anstricken*

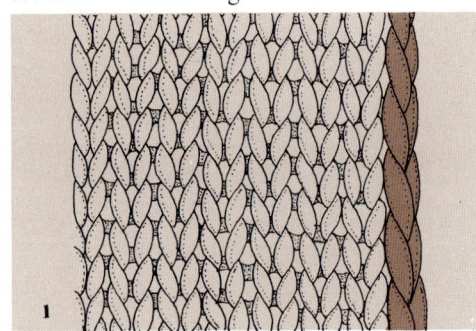

Knötchenrand. Die letzte Masche einer jeden Reihe wird rechts abgehoben (auch bei der Rückreihe), und die erste Masche einer jeden Reihe (auch der Rückreihe) wird rechts gestrickt.

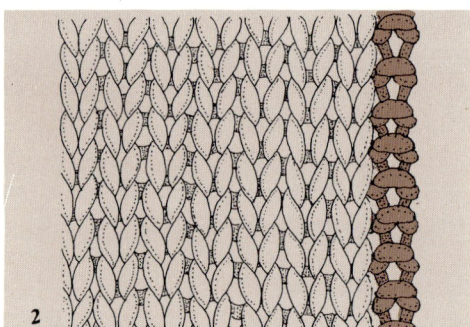

Perlrand. Die erste Masche einer jeden Reihe wird rechts verschränkt abgehoben (siehe Seite 34), auch in der Rückreihe, und die zweite Masche rechts gestrickt. Die zwei letzten Maschen einer jeden Reihe, auch der Rückreihe, werden rechts gestrickt.

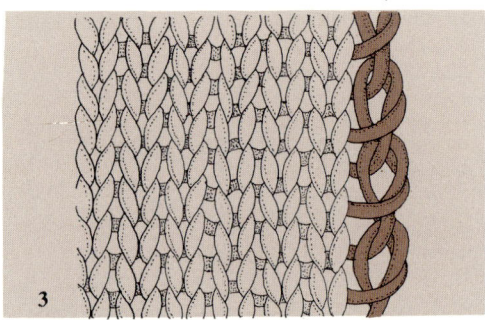

Randabschluß für Nähte. Diese Art des Randabschlusses wählt man bei einer Arbeit mit Mustern. Auf der Hinreihe wird immer die erste und die letzte Masche rechts gestrickt, auf der Rückreihe die erste und die letzte Masche links.

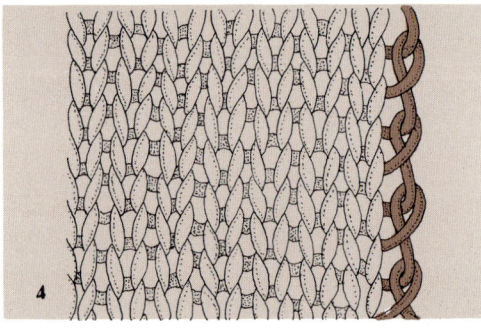

Anstricken. Sollen Blenden oder Bündchen direkt an das Strickstück angestrickt werden, nimmt man aus den Kanten des Strickstückes neue Maschen auf.
Man kann die Maschen direkt mit der Stricknadel aufnehmen. Besser und einfacher verfährt man jedoch mit einer Häkelnadel, wie hier beschrieben: Mit der Häkelnadel in die Masche am Rand einstechen, den Faden um die Häkelnadel legen und auf diese Weise eine Masche nach vorn ziehen, die man dann auf die rechte Stricknadel bringt.

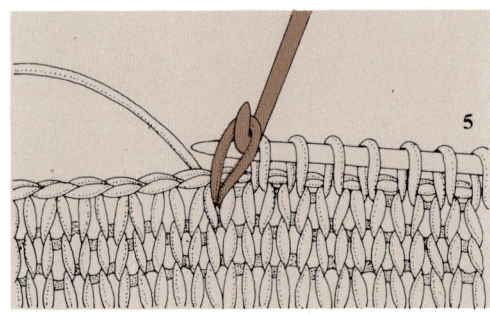

Blenden. Blenden können direkt mitgestrickt werden. Man kann sie jedoch auch getrennt stricken und dann annähen oder an die Arbeit anstricken.

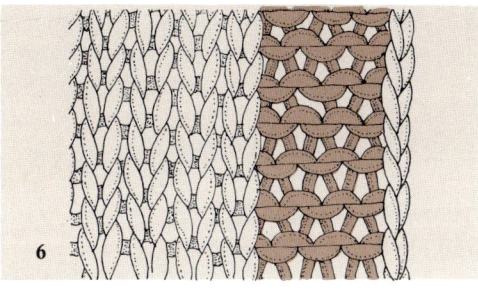

Mitgestrickte Blende kraus rechts. Für die Blende strickt man am Anfang oder am Ende der Reihe sechs oder mehr Maschen kraus rechts (siehe Seite 57). Die letzte Masche dagegen wird immer glatt gestrickt (siehe Seite 57).

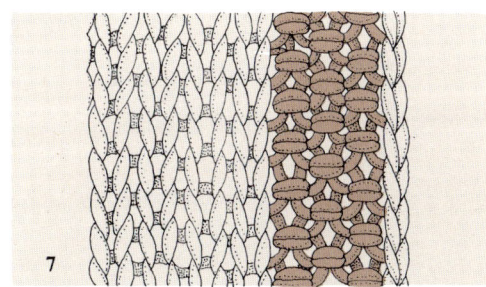

Mitgestrickte Blende im Perlmuster. Am Anfang oder am Ende der Reihe werden sechs oder mehr Maschen im Perlmuster gestrickt (siehe Seite 59). Die letzte Masche des Musters wird aber jeweils rechts gestrickt (siehe Seite 57).

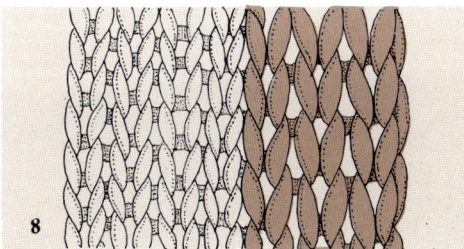

Mitgestrickte Blende im Rippenmuster. Am Anfang oder am Ende der Reihe werden sechs oder mehr Maschen in einem der beschriebenen Rippenmuster gestrickt (siehe Seiten 57–59). Die letzte Masche der Blende im Rippenmuster wird aber nicht gestrickt, sondern abgehoben.

Angestrickte Blende kraus rechts. Am Rand nimmt man Maschen auf und strickt so viele Reihen kraus rechts (siehe Seite 57), wie die Blende breit werden soll. Auf der Rückseite der Strickarbeit werden die Maschen so abge-

kettet: eine Masche rechts, ❋ Masche auf die linke Nadel abheben, zwei Maschen rechts zusammenstricken ❋. Von ❋ bis ❋ wiederholen, bis alle Maschen abgekettet sind.

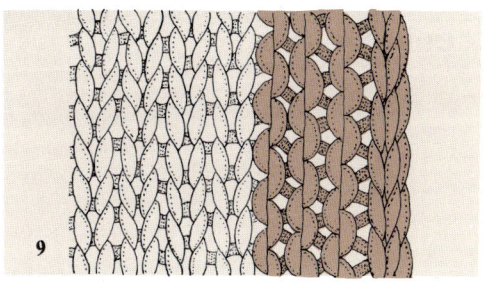

Angestrickte Blende im Rippenmuster. Man strickt an den Rand eines der beschriebenen Rippenmuster (siehe Seiten 57–59) bis zur gewünschten Breite der Blende. Beim einfachen Rippenmuster werden die letzten vier Reihen patent gestrickt (siehe Seite 30) und dann die Maschen nach der Beschreibung Seite 31 abgekettet.

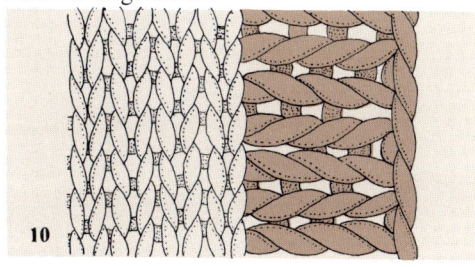

Angehäkelte Blenden. Oft werden Strickstücke mit gehäkelten Blenden versehen. Auf den folgenden Seiten sind die einfachsten dargestellt.

Angehäkelte Blende im Retourstich. Man häkelt von rechts nach links eine Reihe fester Maschen: Mit der Häkelnadel in die Masche einstechen; den Faden mit dem Häkchen erfassen und durch die Masche ziehen; den Faden nochmals erfassen und durch beide auf der Nadel liegenden Schlingen ziehen. Am Ende der Reihe die Arbeit nicht wenden, sondern von links nach rechts eine weitere Reihe fester Maschen arbeiten. Dazu wird die

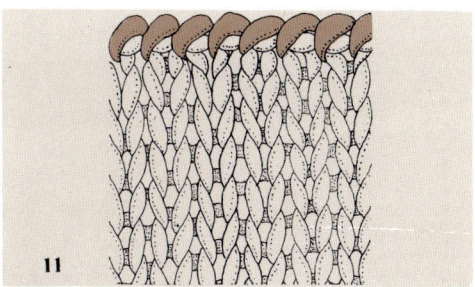

Häkelnadel nach rückwärts zwischen die zuvor ausgeführten festen Maschen eingestochen.

Angehäkelte Blende im Mausezähnchenmuster. Man häkelt eine Reihe feste Maschen (siehe gehäkelte Blende im Retourstich Seite 43), die nächste Reihe häkelt man folgendermaßen: ✽ drei feste Maschen, drei Luftma-

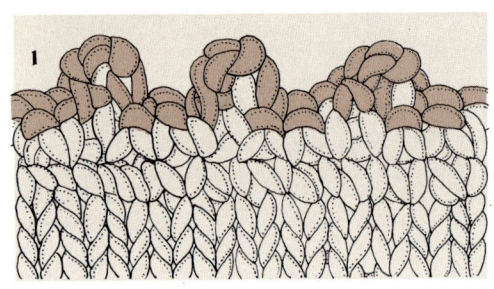

schen (dabei erfaßt das Häkchen der Häkelnadel den Faden und zieht ihn durch die Masche), dann eine feste Masche in die erste der drei Luftmaschen ✽. Von ✽ bis ✽ wiederholen.

Säume. Gut ausgearbeitete Säume tragen viel zum Gelingen der Strickarbeit bei. Es gibt davon zwei grundlegende Arten:

Einfacher Saum. Man nimmt die Maschen als einfache Schlingen auf (siehe Seite 28) und strickt glatt rechts über die gesamte Länge des Saumes (siehe Seite 57). An der Stelle, an der der Saum umgeschlagen wird, strickt man auf der Vorderseite der Arbeit eine linke Reihe, und entsprechend der Länge des Saumes wird nun glatt rechts weitergestrickt. Entlang der linken Reihe schlägt man den Saum um. In der nächsten Reihe wird dann jeweils die Masche der linken Nadel mit der entsprechenden als Schlinge aufgenommenen Masche zusammengestrickt.

Katzenzähnchen-Saum. Dieser sehr dekorative Saum wird zunächst glatt rechts gestrickt (siehe Seite 57). Ist die Länge des Saumes erreicht, strickt man auf der rechten Seite der Arbeit wie folgt: Eine Masche rechts, ✽ Umschlag, zwei Maschen rechts zusammenstricken ✽. Von ✽ bis ✽ bis zum Ende der Reihe wiederholen. Zurück wird links gestrickt und dann glatt rechts weiter. Nach Beendigung der Arbeit schlägt man den Rand längs der Lochreihe nach links um und näht ihn mit kleinen Stichen an der Rückseite fest.

Ecken. Sie können mitgestrickt, angestrickt oder auch angenäht werden. Im folgenden

werden einige der Möglichkeiten beschrieben, die es für das Stricken von Ecken gibt.
Mitgestrickte rechtwinklige Ecke. Dazu wird die Blende in einem zum Grundmuster unter-

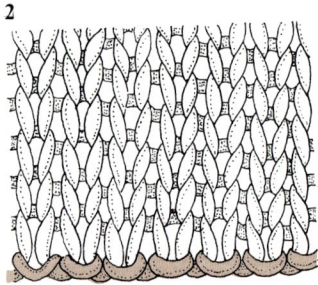

schiedlichen Muster in der gewünschten Breite gestrickt. Mit diesem Blendenmuster fährt man nur am äußeren Rand fort, um die gleiche Breite wie die des horizontalen Randes zu erreichen; die restlichen Maschen werden im Grundmuster gestrickt.

Ecke von außen nach innen gestrickt. Bei dieser Art Ecke kann die mittlere Masche von fünf Maschen die Ecke bilden.

Auf der Vorderseite der Arbeit geht man folgendermaßen vor: Zwei Maschen rechts zusammenstricken, eine Masche rechts (Mittelmasche), zwei Maschen rechts zusammenstricken.

Auf der Rückreihe wird die mittlere Masche links gestrickt und die zwei danebenliegenden

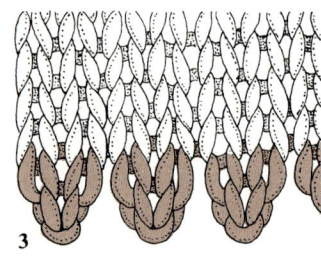

Maschen rechts. So entsteht eine rechtwinklige Ecke.

Für eine spitze Ecke müssen auch auf der Rückseite der Arbeit zwei Maschen zusammengestrickt werden. Für eine stumpfwinklige Ecke werden nur alle vier Reihen zwei Maschen zusammengestrickt.

Ecke mit Lochmuster. Eine solche Ecke arbeitet man auf der Vorderseite des Strickstückes von außen nach innen wie folgt: Zwei Maschen rechts zusammenstricken, Umschlag, eine Masche rechts (Mittelmasche), Umschlag, zwei Maschen rechts zusammenstricken.

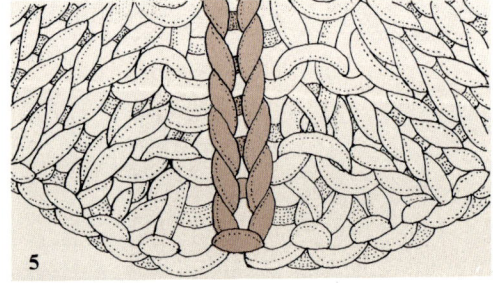

6

Auf der Rückreihe wird der Umschlag mit den jeweiligen seitlichen Maschen zusammengestrickt. Es entsteht eine rechtwinklige Ecke.

Für eine spitze Ecke werden alle Reihen in gleicher Weise gestrickt. Für eine stumpfwinklige Ecke strickt man nur alle vier Reihen einen Umschlag.

Ecke von innen nach außen gestrickt. Um eine solche Ecke zu arbeiten, markiert man sich am besten die Mittelmasche mit einem andersfarbigen Faden. Jeweils neben dieser Mittelmasche wird zugenommen wie folgt: Eine Masche wird vor der gekennzeichneten Masche nach einer der beschriebenen Methoden aufgenommen, dann die Mittelmasche

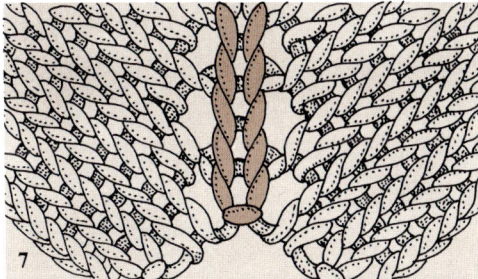

7

gestrickt und wiederum eine Masche aufgenommen. Auf der Rückreihe dann alle Maschen links stricken.

Für eine spitze Ecke nimmt man nur in jeder vierten Reihe auf diese Weise Maschen zu. Bei einer stumpfwinkligen Ecke dagegen in jeder Reihe.

Knopflöcher. Knopflöcher werden entweder waagrecht oder senkrecht gearbeitet; ihre Länge wählt man passend zum Strickstück und den Knöpfen, die man verwenden will. Bei Damenstricksachen kommt die Knopflochleiste auf die rechte Vorderseite, bei Herrenstricksachen auf die linke.

Waagrechtes Knopfloch. Man kettet auf der Vorderseite der Arbeit je nach Knopfgröße eine bestimmte Maschenzahl ab. In der da-

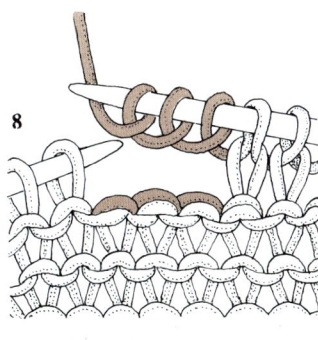

8

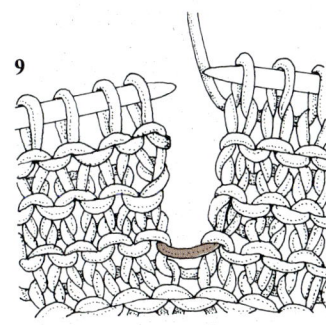

9

rauffolgenden Rückreihe nimmt man über den abgeketteten Maschen die gleiche Maschenzahl wieder auf (nach dem System der einfachen Schlingen, siehe Seite 28) und strickt normal weiter.

Senkrechtes Knopfloch. Man teilt die Arbeit in der Höhe des Knopfloches in zwei Teile und

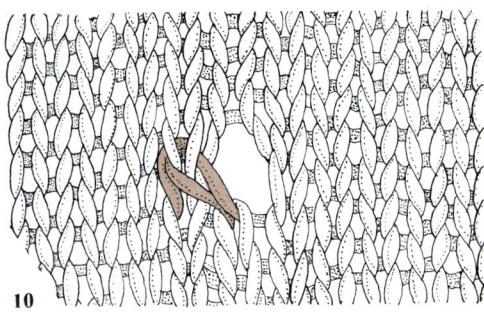

10

strickt beide Teile getrennt, bis die Knopflochhöhe erreicht ist. Dann werden beide Teile wieder zusammen weitergestrickt.

Knopflöcher für Babykleidung. Meistens braucht man für Babykleidung sehr kleine Knopflöcher, die folgendermaßen gearbeitet werden: An der Stelle, wo man das Knopfloch benötigt, auf der Vorderseite der Arbeit

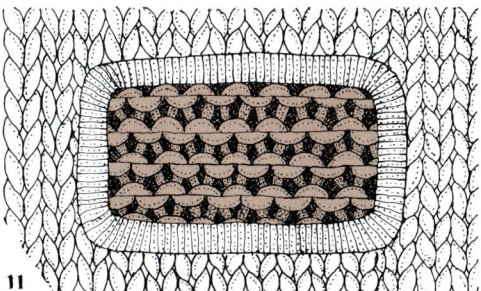

11

einen Umschlag stricken, die beiden nächsten Maschen zusammenstricken. In der Rückreihe auch den Umschlag als Masche stricken.

Taschen. Da Taschen bei einem Strickstück besonders auffallen, sollte man große Sorgfalt auf sie verwenden. Sie können waagrecht

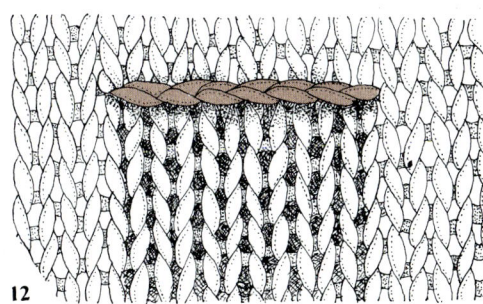

12

oder senkrecht gearbeitet sein, aufgesetzt oder mitgestrickt.

Aufgesetzte Tasche. Nach Beendigung der Strickarbeit fertigt man eine solche Tasche nach der gewünschten Größe und Form an und näht sie mit versteckten Stichen auf.

Waagrechte mitgestrickte Tasche. Man nennt sie auch Innentasche; sie wird folgendermaßen gearbeitet: An der Stelle, an der die Tasche erscheinen soll, die Arbeit unterbrechen. Die Blende der Tasche stricken (im allgemeinen im gleichen Strickmuster wie die anderen Blenden des Kleidungsstückes) und dann die Maschen abketten. Für die Innentasche die gleiche Maschenzahl wie bei der Blende plus vier Maschen aufnehmen und glatt stricken (siehe Seite 57). Bei der gewünschten Länge der Tasche an beiden Seiten zwei Maschen abnehmen und die restlichen Maschen anstelle der für die Blende abgeketteten Maschen in die Arbeit einfügen. Auf der Rückseite werden die losen Teile mit kleinen, versteckten Stichen angenäht.

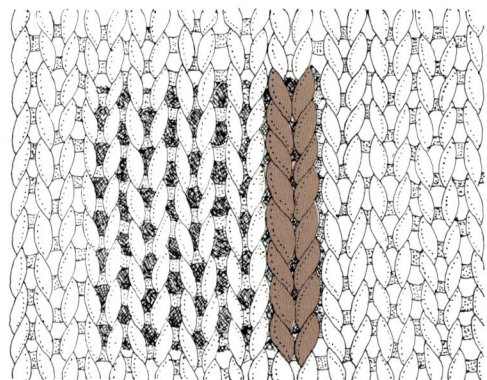

Senkrechte mitgestrickte Tasche. Sie entsteht folgendermaßen: Die Strickarbeit an der Stelle teilen, wo die Tasche beginnt; den Teil, wo die Tasche sich befinden wird, bis zu der Höhe

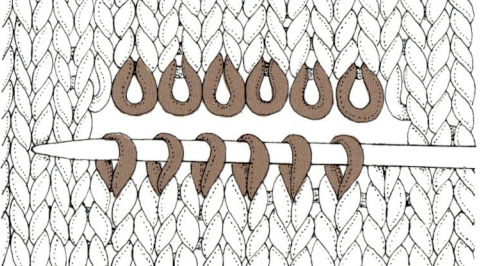

Linke Spalte, oben: Senkrechte mitgestrickte Tasche; unten: Nachträglich eingefügte Tasche. Rechte Spalte, von oben nach unten: Halsausschnitte: Runder Ausschnitt, V-Ausschnitt, Rollkragen, eckiger Ausschnitt.

der Taschenöffnung stricken, dabei sechs oder mehr Maschen im Blendenmuster. Faden abreißen, Maschen auf eine Hilfsnadel übertragen. Die nötige Maschenzahl für die

Tiefe der Masche aufnehmen, sie an das liegengebliebene Teil anfügen und glatt stricken; nun bis zur Höhe des gearbeiteten Teils weiterstricken; mit einer Nadel eines Nadelspiels (d. h. eine Nadel mit zwei Spitzen) die Maschen abstricken, indem sie mit den entsprechenden Maschen des bereits gestrickten Teils zusammengestrickt werden. Die offen gebliebene Seite wird auf der Rückseite mit kleinen, versteckten Stichen zusammengenäht.

Nachträglich eingefügte Tasche. Auch wenn die Strickarbeit schon beendet ist, läßt sich noch eine Tasche einfügen. An der gewünschten Stelle zieht man einen Faden (siehe Seite

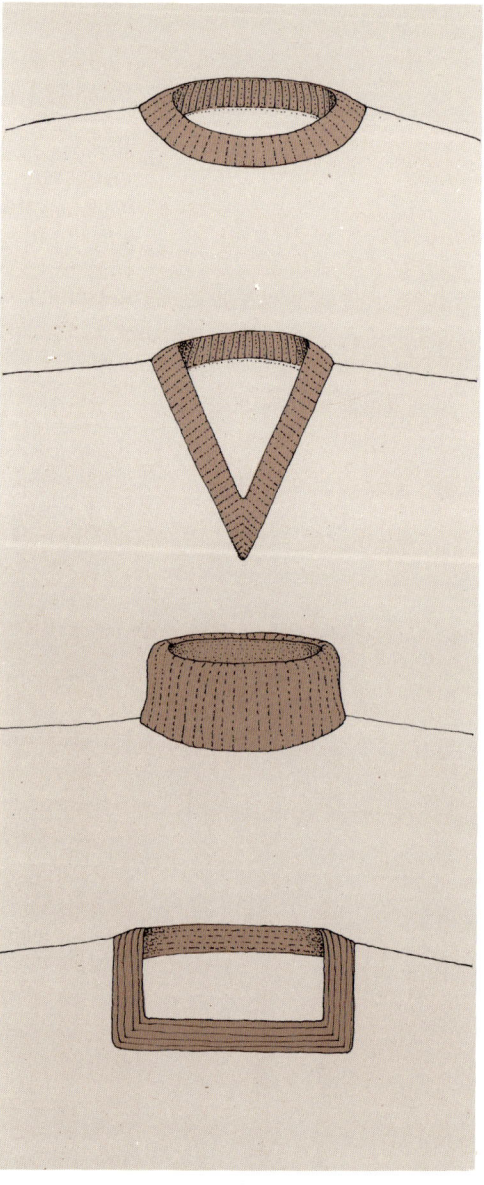

148) und teilt so die Arbeit über die für die Tasche gewünschte Breite in zwei Teile. Die unteren Maschen werden auf eine Nadel aufgenommen und die Blende gestrickt. Mit der gleichen Maschenzahl, die man neu aufnimmt, strickt man das Innenteil der Tasche und näht es am oberen Teil des Tascheneinschnittes an. Schließlich wird die Tasche noch auf der Rückseite mit kleinen, versteckten Stichen angenäht.

Halsausschnitt. Zu den klassischen Halsausschnitten zählen der runde Ausschnitt, der V-Ausschnitt und der eckige Ausschnitt. Beherrscht man diese einfachen Arten, wird man auch andere, phantasiereichere und schwierigere Varianten fertigstellen können, die dem Kleidungsstück seine besondere Originalität verleihen.

Runder Ausschnitt. Dieser Ausschnitt, der eigentlich zu allen Modellen paßt, sollte ca. 6–7 cm tief sein.
Er wird folgendermaßen gearbeitet: Von den Maschen, die in der Breite dem Ausschnitt entsprechen, ein Drittel in der Mitte abketten (bei einer Breite für den Ausschnitt von 21 Maschen beispielsweise werden die 7 mittleren Maschen abgekettet) und auf beiden Seiten getrennt weiterarbeiten. In jeder zweiten Reihe von den mittleren Maschen ausgehend 2 Maschen abnehmen, bis alle für den Ausschnitt berechneten Maschen abgekettet sind. Für den Abschluß des runden Ausschnittes

werden mit einem Nadelspiel die Maschen rings um den Ausschnitt vorn und hinten aufgenommen und bis auf die gewünschte Höhe des Bündchens gestrickt.

V-Ausschnitt. Ein klassischer Ausschnitt für Sportpullover: Von den Maschen, die der Breite des Ausschnittes entsprechen, die Mittelmasche abketten und auf beiden Seiten getrennt weiterarbeiten. In jeder vierten Reihe eine Masche, ausgehend von der Mitte, abnehmen, bis alle für den Ausschnitt berechneten Maschen abgekettet sind.
Auch bei einem V-Ausschnitt werden die Maschen hinten und vorne auf ein Nadelspiel aufgenommen und das Bündchen bis auf die gewünschte Höhe angestrickt. In jeder Reihe wird an den Seiten der vorderen Mittelmasche eine Masche abgenommen; diese Mittelmasche bildet die Spitze des Ausschnittes.

Eckiger Ausschnitt. Auf einmal alle Maschen, die der Breite des Ausschnittes entsprechen, abnehmen und auf beiden Seiten getrennt bis zur Schulterhöhe weiterarbeiten. Mit einem Nadelspiel werden alle Maschen des Ausschnittes vorne und hinten aufgenommen und rund bis auf die gewünschte Höhe gestrickt.

Rollkragen. Der Rollkragen ist eine Variante des runden Halsausschnittes und wird auf die gleiche Weise gearbeitet. Dann jedoch strickt man das Bündchen sehr viel höher, so daß es hinterher umgeschlagen werden kann.

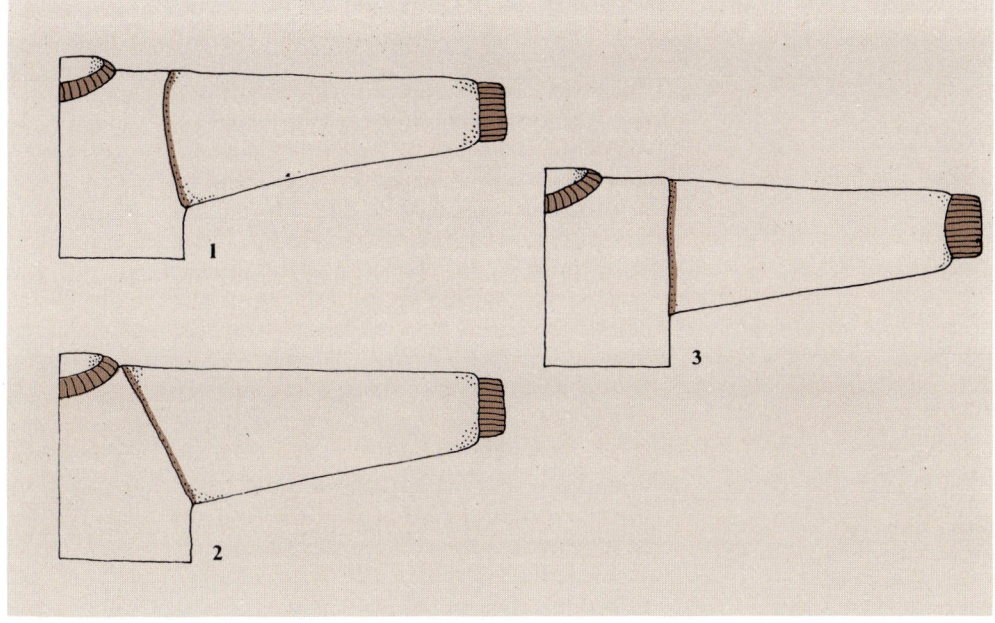

Verschiedene Ärmelformen
1. *Armausschnitt*
2. *Raglanschnitt*
3. *Armeinsatz mit hängender*
   Schulter

Ärmel. Bei den Ärmeln beginnt man im allgemeinen mit den Bündchen, für das Sie ein elastisches Muster verwenden sollten. Bis zum Armausschnitt nimmt man alle drei bis vier Zentimeter eine Masche zu.

Armausschnitt. Sowohl beim Vorder- als auch beim Rückenteil strickt man den Armausschnitt auf Achselhöhe, indem man auf beiden Seiten des jeweiligen Teiles auf der Vorderseite 3, 2 und 1 Masche nacheinander abnimmt. Bis zur Schulterhöhe arbeitet man dann ohne abzunehmen weiter.

Das entsprechende Teil am Ärmel wird folgendermaßen gearbeitet: Auf Achselhöhe auf beiden Seiten der Arbeit rechts 3 und dann 2 Maschen abnehmen; dann an jeder Seite alle vier Reihen jeweils eine Masche auf der rechten Seite der Arbeit abnehmen, bis ein Viertel der Anfangsmaschen übrigbleibt, die dann alle zusammen abgekettet werden. Verlangt das Schnittmuster einen tieferen Armausschnitt, erhöht man die Zahl der zu Beginn abgenommenen Maschen. Dabei muß die gleiche Zahl der Maschen am Rückenteil, am Vorderteil und an den Ärmeln abgenommen werden.

Raglanschnitt. Beim Raglanschnitt wird das Vorder- und Rückenteil für den Armausschnitt auf folgende Weise gearbeitet: Maschen zählen und jeweils auf der Vorderseite einmal 3 und einmal 2 Maschen abnehmen. Dann bis zum Beginn des Halsausschnittes jeweils auf der Vorderseite eine Masche pro Seite abnehmen. Den Halsausschnitt stricken, für den Raglanschnitt an den Seiten dabei weiter abnehmen, bis keine Maschen mehr übrigbleiben.

Die Ärmel werden folgendermaßen gearbeitet: Am Armausschnitt auf beiden Seiten auf der Vorderseite des Strickstückes einmal 3 und einmal 2 Maschen abnehmen. Dann jeweils auf der Vorderseite eine Masche auf jeder Seite abnehmen, bis die gleiche Länge der Schrägung des Vorder- und Rückenteils erreicht ist. Auf der Nadel sollten 6–8 Maschen verbleiben, die zusammen abgekettet werden.

Sehr dekorativ wirkt es, wenn das Abnehmen an der Raglanschrägung mit Lochmuster versehen wird.

Armeinsatz mit hängender Schulter. Das Vorder- und Rückenteil bis zur Schulter gerade hoch stricken, ohne für den Armausschnitt abzunehmen. An den Ärmeln auf Schulterhöhe alle Maschen auf einmal abketten.

Kimonoschnitt. Bei diesem Schnitt wird der Ärmel zusammen mit dem Vorder- und Rückenteil gearbeitet. Man kann dabei nach zwei

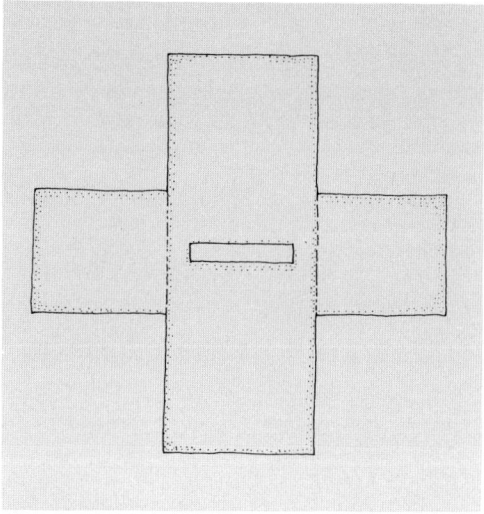

Methoden vorgehen: nach der waagrechten Arbeitsweise (man beginnt beim Vorder- oder Rückenteil) oder der senkrechten Arbeitsweise (man beginnt bei einem der Armbündchen).

Waagrechte Arbeitsweise: Beim Armausschnitt jeweils auf der Vorderseite der Arbeit einmal 2 und einmal 3 Maschen zunehmen. Nun nach Maschenanschlag mit einfacher Schlinge (siehe Seite 28) die Anzahl Maschen zunehmen, die der Länge der Ärmel entspricht. Bis zum Halsausschnitt weiterstricken, der in der Mitte liegen muß. Nach dem Halsausschnitt wiederum beim Armausschnitt die Anzahl der Maschen abnehmen, die man vorher für den Ärmel zugenommen hat. Dann jeweils auf der Vorderseite der Arbeit einmal 3 und einmal 2 Maschen abnehmen und das Vorder- bzw. Rückenteil weiterstricken bis zum unteren Bündchen.

Senkrechte Arbeitsweise: Man verfährt genauso wie bei der waagrechten Arbeitsweise, beginnt jedoch bei einem der Armbündchen anstatt beim Vorder- oder Rückenteil. Man nimmt dann beim Armausschnitt die Maschen des Vorder- und des Rückenteils auf. Muß man die neuen Maschen für die Ärmel bzw. für das Rücken- und Vorderteil aufnehmen, arbeitet es sich leichter (wie auf den Seiten 32–33 ausgeführt) mit Rundstricknadeln der entsprechenden Größe, wobei man trotzdem hin und her stricken kann. Dabei werden alle aufgenommenen Maschen auf die Rundstricknadel übertragen, und eine Reihe wird normal mit der rechten Spitze der Nadel abgestrickt. Dann wendet man die Arbeit, so daß man auf die Rückseite des Strickstücks

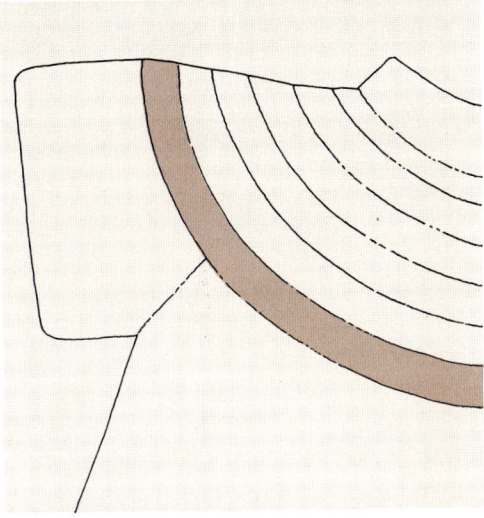

sieht, und die Rückreihe wird gestrickt. So fährt man bis zur gewünschten Höhe fort.

Schnitt mit eingesetzter runder Passe. Eine Passe ist leicht zu arbeiten und wirkt vor allem bei Babykleidung besonders hübsch.

Man geht folgendermaßen vor: Rückenteil, Vorderteil, Ärmel bis zum Armausschnitt werden getrennt gearbeitet und die Maschen auf Hilfsnadeln stillgelegt. Diese Maschen werden auf ein Nadelspiel übertragen und weiter rund zusammengestrickt. An den Berührungsstellen der einzelnen Teile dann bis zur gewünschten Höhe Maschen abnehmen. Man kann aber evtl. auch über die Reihen gleichmäßig verteilt Maschen abnehmen.

Abnäher. Abnäher können dem Strickstück eine bestimmte Form verleihen, z. B. in Brusthöhe oder an den Seiten. In Stricksachen werden sie durch Abnehmen oder Zu-

Abnäher werden bei Strickarbeiten stets durch Ab- bzw. Zunehmen eingefügt. Sie werden nie genäht. Beim Stricken von Falten besteht die einzige Schwierigkeit darin, die Zahl der aufzunehmenden Maschen zu berechnen; es ist stets am besten, eine Maschenprobe anzufertigen.
Nebenstehend: senkrechte Abnäher
Rechte Spalte: lose, nach links gerichtete Falten

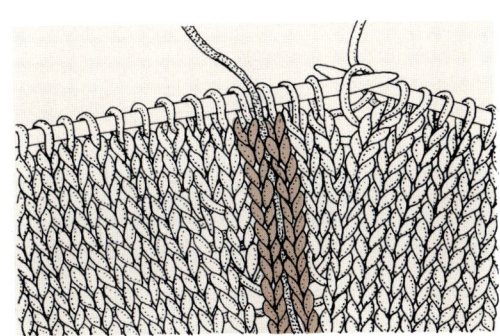

nehmen von Maschen gebildet. Sie verlaufen senkrecht oder waagrecht.

Einfache senkrechte Abnäher. Die senkrechten Abnäher verengen die Arbeit an bestimmten Stellen und werden wie folgt ausgeführt: Eine Mittelmasche mit einem bunten Faden kennzeichnen. Rechts und links der Mittelmasche abwechselnd jeweils eine Masche auf einfache Weise abnehmen (siehe Seite 40); dabei wird der Abnäher um so flacher, je mehr Reihen man zwischen den rechts und links der Mittelmasche abgenommenen Maschen strickt. Soll ein senkrechter Abnäher die Arbeit erweitern, nimmt man rechts und links der Mittelmasche abwechselnd zu (siehe Seiten 39–40).

Doppelte senkrechte Abnäher. Man arbeitet sie wie einfache Abnäher, jedoch wird in jeder dritten Reihe sowohl auf der Vorder- als auch auf der Rückseite der Arbeit abgenommen.

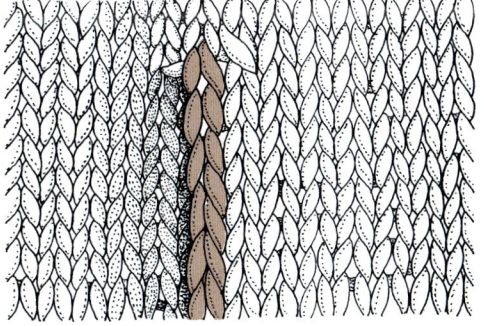

Waagrechte Abnäher. Sie verkürzen die äußeren Seiten eines Strickstückes, z. B. an den Schultern oder als Brustabnäher.

Man verkürzt dazu die Strickreihen um vier oder weniger Maschen am Rand; das hängt davon ab, wie tief der Abnäher werden soll.

Falten. Falten sind nicht leicht zu arbeiten, vor allem die Berechnung der aufzunehmenden Maschen bereitet oft Schwierigkeiten. Bevor Sie mit der eigentlichen Arbeit beginnen, müssen Sie unbedingt ein Muster anfertigen. Dabei stellen sich verschiedene Faltenarten zur Auswahl: lose Falten, Faltenblenden, vorgetäuschte Falten.

Lose Falten. Die losen Falten können nach links oder nach rechts gerichtet sein.

Sind sie *nach links gerichtet*, werden sie folgendermaßen gearbeitet: Zwischen 2 Maschen, die den inneren und äußeren Faltenbruch bilden, werden Maschengruppen gearbeitet, die die Faltenbreite bestimmen. Für den äußeren Faltenbruch hebt man 1 Masche rechts ab, und für den inneren Faltenbruch strickt man 1 Masche links.

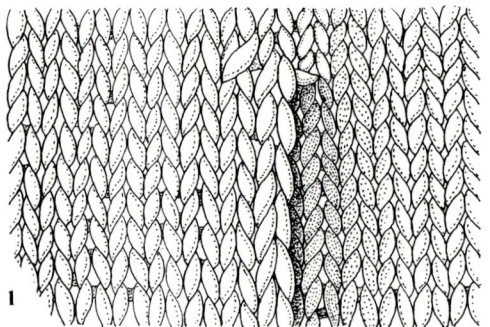

Um eine Falte von 5 Maschen Breite zu erhalten, geht man folgendermaßen vor:
1. Reihe: ✳ 1 Masche rechts abheben, 5 Maschen rechts, 1 Masche links, 11 Maschen rechts ✳.
2. Reihe: ✳ 11 Maschen links, 1 Masche rechts, 6 Maschen links ✳.
Die nächste Reihe entspricht wieder der ersten Reihe. So strickt man bis zur gewünschten Höhe.
Auf der Vorderseite der Arbeit werden die Falten wie folgt abgeschlossen:
✳ Die abzuhebende und 5 rechts zu strickende Maschen auf eine Hilfsnadel übertragen, die links zu strickende und 5 folgende Maschen auf eine weitere Hilfsnadel. Die drei Nadeln halten Sie dabei parallel in der linken Hand, 3 Maschen (je eine von jeder Nadel) werden nun zusammengestrickt ✳. Für jede abzuschließende Falte wird von ✳ bis ✳ gestrickt.
Sollen die Falten *nach rechts gerichtet* sein, so verfährt man genau entgegengesetzt wie oben beschrieben:

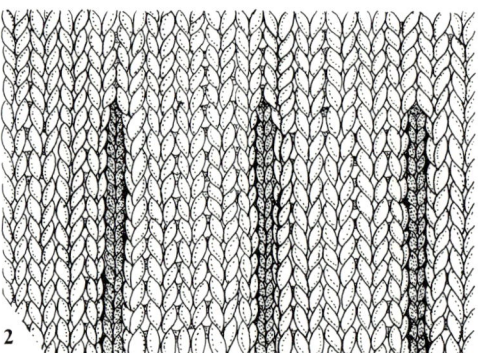

1. Reihe: ✳ 1 Masche links, 5 Maschen rechts, 1 Masche rechts abheben, 11 Maschen rechts ✳. 2. Reihe: ✳ 17 Maschen links, 1 Masche rechts ✳.
Die Arbeit mit nach rechts gerichteten Falten wird wie die mit nach links gerichteten Falten abgeschlossen.

Faltenblenden. Bei Faltenblenden verfährt man wie bei den losen Falten: Eine Falte wird nach links, eine nach rechts gerichtet; dabei entspricht der Abstand zwischen zwei Falten der Breite zweier einfacher Falten. Für eine Faltenblende von 5 Maschen verfährt man folgendermaßen:
1. Reihe: ✳ 5 Maschen rechts, 1 Masche

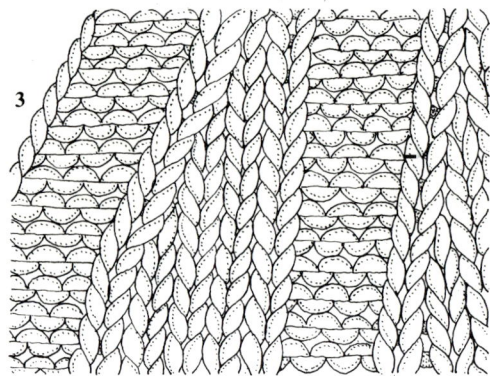

rechts abheben, 5 Maschen rechts, 1 Masche links, 12 Maschen rechts, 1 Masche links, 5 Maschen rechts, 1 Masche rechts abheben, 5 Maschen rechts ✳.
2. Reihe: ✳ 11 Maschen links, 1 Masche rechts, 12 Maschen links, 1 Masche rechts, 11 Maschen links ✳.
Auch diese Falten schließt man wie die losen Falten ab.

Vorgetäuschte Falten. Ein Kleidungsstück mit solchen Falten beginnt man unten und verfährt wie folgt:

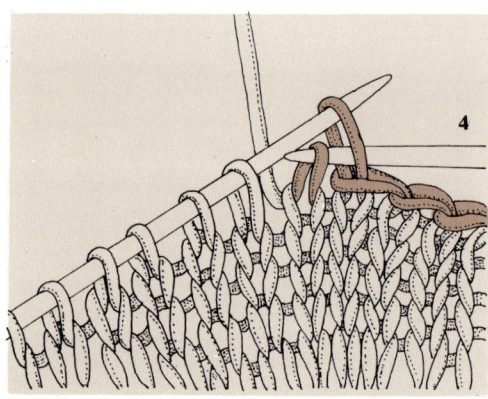

8 bis 10 Maschen rechts stricken und 3 Maschen links.
Alle 8 bis 10 Reihen strickt man auf der Vorderseite der Arbeit 2 Maschen vor den 3 linken Maschen zusammen. So fährt man fort, bis man die gewünschte Höhe erreicht hat.

Abketten

Durch das Abketten der letzten Maschenreihe wird eine Strickarbeit abgeschlossen. Das ist ein sehr wichtiger Vorgang, und es muß dabei darauf geachtet werden, daß der Faden nicht zu fest gezogen wird, damit der Abschluß elastisch bleibt.

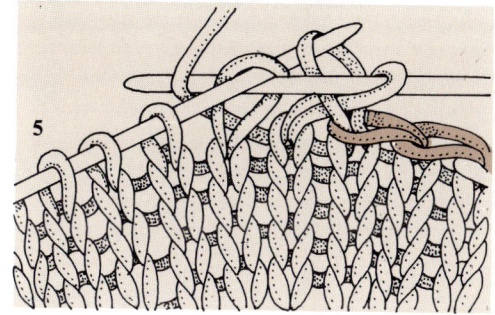

Es gibt verschiedene, mehr oder weniger komplizierte Möglichkeiten des Abkettens. Einige davon werden hier beschrieben:

Abketten durch Überziehen. 2 Maschen stricken, wie sie in der Vorreihe gestrickt waren: die rechten Maschen rechts und die linken Maschen links. Die erste Masche über die zweite ziehen, die nächste Masche stricken, und die vorhergehende wiederum über die gerade gestrickte Masche ziehen. Auf diese Weise fortfahren, bis keine Maschen mehr auf der Nadel sind.

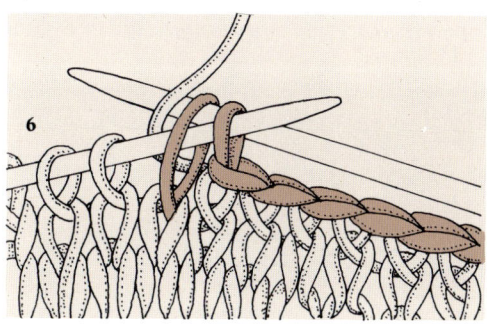

Elastisches Abketten. Arbeitet man mit besonders straff gezogenem Faden, oder sollen die Maschen besonders locker sein, so wendet man eine Art des Abkettens an, bei der der Rand besonders elastisch wird.
Man geht dabei folgendermaßen vor: 2 Maschen stricken, und die erste über die zweite ziehen, ohne sie von der linken Nadel fallen zu lassen. Mit der rechten Nadel in die folgende Masche stechen und stricken, dann die zuvor übergezogene Masche auf die linke

Nadel überziehen. So fortfahren, bis keine Maschen mehr auf der Nadel sind.

Abketten durch Zusammenstricken. Bei der dritten Möglichkeit des Abkettens verfährt man folgendermaßen: 2 Maschen verschränkt zusammenstricken (siehe Seite 34); die dabei entstehende Masche auf die linke Nadel nehmen und mit der nächsten Masche wieder verschränkt zusammenstricken. Auf diese Weise weiterstricken, bis keine Maschen mehr auf der Nadel sind.

Abketten mit Nadelspiel. Beim Abketten mit einem Nadelspiel verfährt man wie folgt: Mit

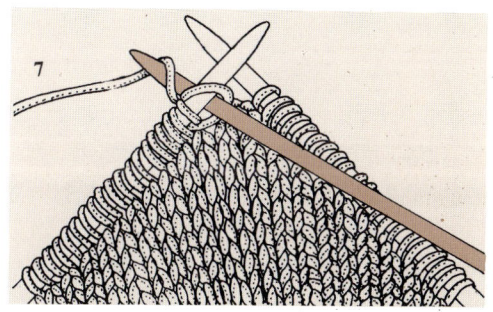

der freien Nadel 2 Maschen stricken, die erste über die zweite ziehen, indem man die Spitze der linken Nadel zu Hilfe nimmt. Eine weitere Masche stricken, und die vorhergehende über diese ziehen. So fortfahren, bis alle Maschen der linken Nadel abgekettet sind und nur eine Masche auf der rechten Nadel verbleibt; mit dieser Nadel das Abketten der darauffolgenden Nadel beginnen usw., bis keine Maschen mehr auf der Nadel sind.

Abketten mit Rundstricknadel. Man beginnt mit dem Abketten am Anfang einer Reihe. Zunächst entfernt man den andersfarbigen Faden, der den Anfang einer jeden Reihe gekennzeichnet hat, und verfährt folgendermaßen: 2 Maschen stricken, und die erste über die zweite ziehen; dann die dritte Masche stricken, und anschließend die zweite über die dritte Masche ziehen. So lange fortfahren, bis keine Maschen mehr auf der Nadel sind.

Besondere Strickarten

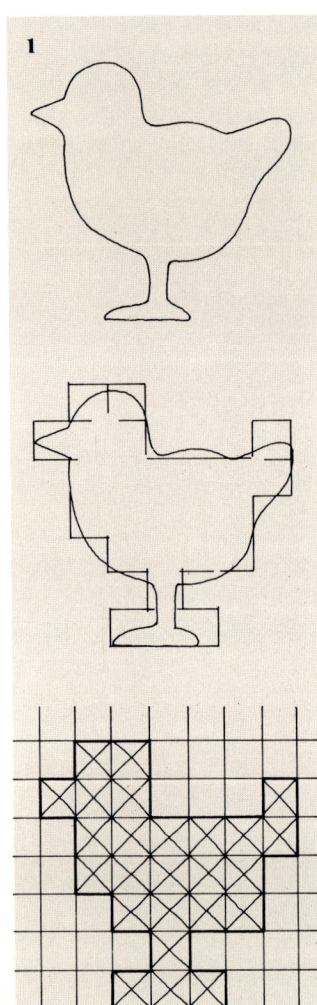

Jacquardmuster

1. *Erarbeiten einer Vorlage*
2. *Richtige Spannung der mitlaufenden Fäden*
3. *Übernehmen der Fäden auf die rechte Seite*
4. *Übernehmen der Fäden auf die Rückseite*
5. *und 6.: Kreuzen der Fäden auf der Vorderseite der Arbeit während des Strickens*

Jacquardmuster. Bei diesem glatt gestrickten Muster werden verschiedenfarbige Garne verwendet, die bei richtiger Anwendung sehr wirkungsvolle Motive entstehen lassen. Allerdings erfordert diese Strickart eine gewisse Übung. Die Vorlage der Muster kann man selbst entwerfen. Die Schwierigkeiten liegen beim Jacquardmuster darin, die Vorlage auf die Strickarbeit umzusetzen, die Farben jeweils abzuwechseln und vor allem, den Faden nicht zu stramm zu ziehen.

Man zeichnet sich eine Vorlage auf kariertes Papier: Jedes Quadrat entspricht einer Masche; jede waagrechte Reihe von Quadraten entspricht einer gestrickten Reihe; verschiedene Symbole zeigen verschiedene Farben an; die Grundfarbe wird im allgemeinen nicht mitgezeichnet.

Strickt man in Reihen hin und zurück, beginnt man beim Übertragen der Vorlage mit der ersten Reihe unten von rechts nach links; die zweite Reihe arbeitet man von links nach rechts in linken Maschen. So überträgt man die gesamte Vorlage auf die Strickarbeit. Die ungeraden Reihen werden von rechts nach links gestrickt (rechte Maschen) und die geraden Reihen von links nach rechts (linke Maschen).

Mit Rundstricknadeln oder einem Nadelspiel folgt man der Vorlage immer von rechts nach links, und alle Reihen werden mit rechten Maschen gearbeitet.

Je einfacher das Muster gehalten ist, desto weniger Farben müssen natürlich verwendet werden; bei komplizierten Mustern treten mehr Farben auf.

Bei nur zwei Farben, und wenn eine Farbform nicht länger als 4–5 Maschen reicht, werden die nicht benutzten Fäden auf der Rückseite bis zur nächsten Musterform mitgeführt. Da-

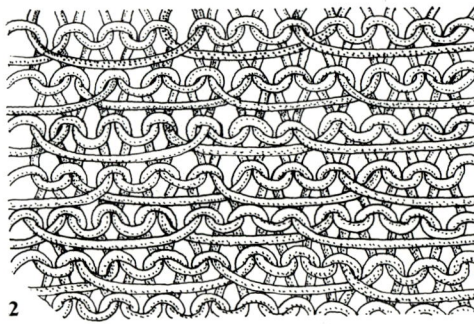

bei muß darauf geachtet werden, daß die Fäden nicht zu lose und nicht zu stramm gehalten werden, um das Muster auf der rechten Seite nicht zu verziehen. Mit etwas weniger Übung ist es besser, den Faden eher zu locker als zu fest mitlaufen zu lassen.

Strickt man mit zwei Farben, so hält man mit

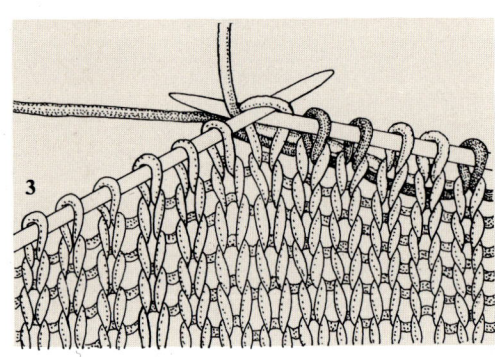

der einen Hand den Hauptfaden, mit der anderen den andersfarbigen Faden.

Strickt man auf der Rückseite die linken Maschen, hält man die beiden Fäden stets vor der Arbeit und verfährt ansonsten wie oben.

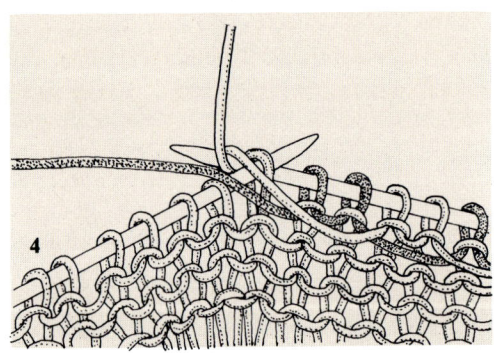

Für kompliziertere Muster verwendet man auch mehr als zwei Farben, und die Farbformen können mehr als vier Maschen voneinander entfernt sein. In diesem Fall ist es nicht empfehlenswert, die nicht benutzten Fäden auf der Rückseite einfach lose mitzuführen, sondern man verbindet die einzelnen Fäden auf der Rückseite mit dem Neugestrickten. Dabei verfährt man folgendermaßen:

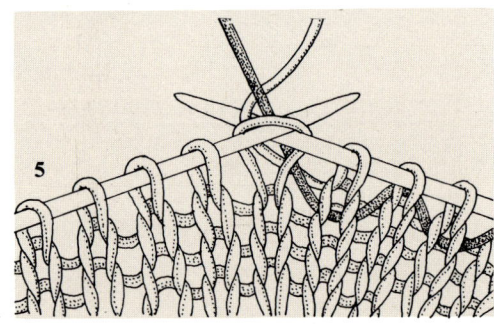

Man strickt die erste Masche, indem man die Fäden lose miteinander verdreht wie einen normalen Strickfaden über den linken Zeigefinger legt.

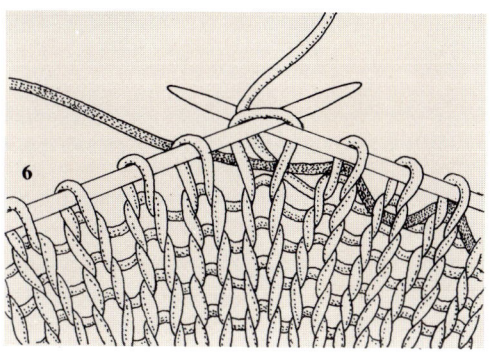

Hinreihe, rechte Maschen: Die beiden Fäden, die nicht gestrickt werden, über den Arbeitsfaden legen, wie aus Zeichnung 5 ersichtlich ist. Die zweite Masche stricken, die nicht gestrickten Farben unter die erste Ma-

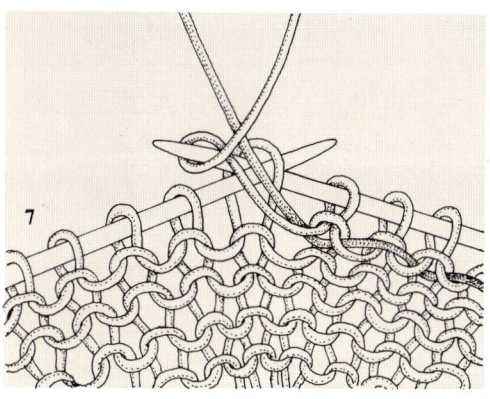

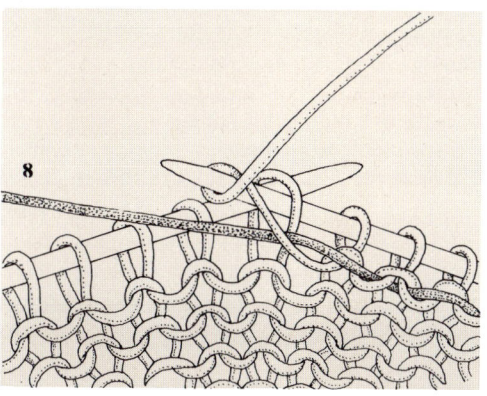

7. und 8.: Kreuzen der Fäden auf der Rückseite der Arbeit während des Strickens

9. Richtige Spannung der gekreuzten Fäden

10. Falsche Spannung der gekreuzten Fäden

sche heben (siehe Zeichnung 6); auf diese Weise fortfahren bis zum Ende der Reihe. Rückreihe, linke Maschen: Auf die gleiche Weise verfahren, die Fäden jedoch vor der Arbeit halten, wobei die nicht gestrickten

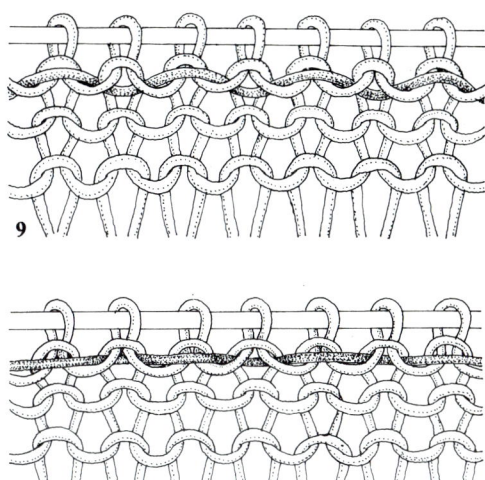

Fäden zuerst über und dann unter dem jeweiligen Arbeitsfaden hindurchgeführt werden, wie aus den beiden Zeichnungen 7 und 8 zu sehen ist.

Auch bei diesem System ist es sehr wichtig, daß die Fäden nicht zu straff gezogen werden. Die Illustrationen 9 und 10 zeigen die richtige und die falsche Spannung des mitgeführten Fadens.

Double-face-Stricken. Diese Art zu stricken verlangt große Genauigkeit und Vertrautheit mit den Nadeln, daher ist es ratsam, einige Musterproben anzufertigen, bevor man mit der eigentlichen Arbeit beginnt. Das doppelt gestrickte Strickstück zeigt auf beiden Außenseiten rechte Maschen, die linken Maschen liegen dagegen innen.

Es ergibt sich ein Strickstück, das unten und an den Seiten geschlossen und oben offen ist. Nach dem Abketten ist die Arbeit auch oben geschlossen; kettet man jedoch die beiden Farben getrennt ab, entsteht eine Tasche. Die fertiggestellte Strickarbeit ist sehr dick und warm und eignet sich vor allem für Mäntel, Jacken, aber auch für Schals, Kinderdecken usw. Man darf dazu nur kein zu dickes Garn verwenden.

Zum Stricken im Double-face benötigt man zwei Nadeln mit doppelter Spitze und zwei verschiedenfarbige Garne.

Man verfährt folgendermaßen:
1. Auf einer der beiden Nadeln wird in einer der beiden Farben (die im folgenden mit Nr. 1 bezeichnet wird) die doppelte Anzahl Maschen aufgenommen, die für die Strickarbeit benötigt wird.

Double-face-Stricken
1. *Maschen aufnehmen*
2. *Kreuzen der Fäden am Rand*
3. *Geschlossenes Kreuzen*
4. *Offenes Kreuzen*
5. *Fertiggestellte Strickarbeit*

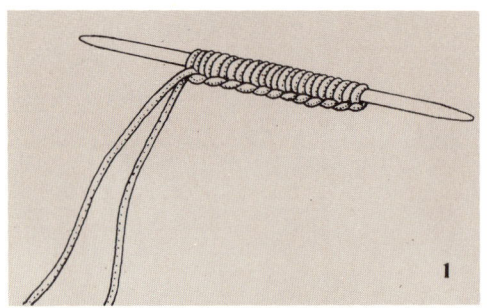

Arbeit, eine Masche links abheben, Faden vor die Arbeit, eine Masche links ✳. Von ✳ bis ✳ bis Ende der Reihe wiederholen.

6. Ohne die Strickarbeit umzudrehen wird auf der anderen Seite der Nadel mit der Farbe 1 die vierte Reihe wie die erste gestrickt.

7. Diese vier Reihen werden bis zur gewünschten Höhe wiederholt und mit der vierten Reihe abgeschlossen.

Wichtig dabei ist, nicht zu vergessen, am Rand der Arbeit immer die eine Farbe unter der anderen hindurchzuführen, damit dort keine Löcher entstehen.

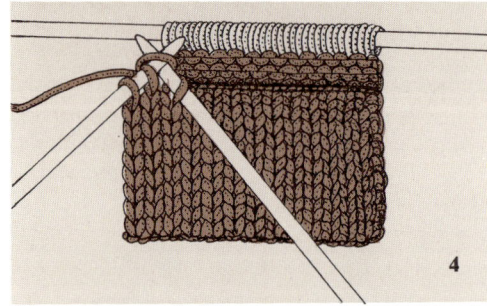

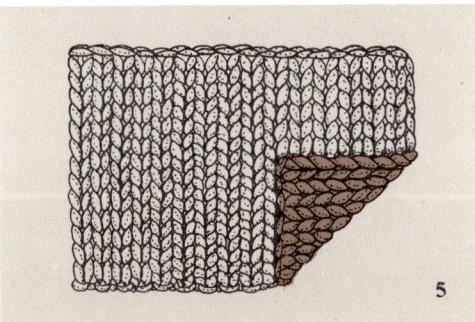

2. Mit der zweiten Farbe (hier mit Nr. 2 bezeichnet) wird die erste Reihe gestrickt: 1 Masche rechts, ✳ Faden vor die Arbeit, 1 Masche links abheben, Faden hinter die Arbeit, eine Masche rechts ✳. Von ✳ bis ✳ bis Ende der Reihe wiederholen.

3. Ohne die Strickarbeit umzudrehen wird auf der anderen Seite der Nadel mit Farbe 1 die zweite Reihe begonnen: ✳ Faden hinter die Arbeit, 1 Masche links abheben, Faden vor die Arbeit, 1 Masche links ✳. Von ✳ bis ✳ bis Ende der Reihe wiederholen.

4. Die Strickarbeit wird wie üblich gedreht, die Farben 1 und 2 befinden sich beide am rechten Rand.

5. Die Farbe 2 wird unter der Farbe 1 hindurchgeführt und die dritte Reihe mit der Farbe 2 gearbeitet: ✳ Faden hinter die

Möchte man die Strickarbeit mit der Farbe 2 abschließen, so kettet man alle Maschen, wie sie auf der Nadel sind, ab: Rechts die rechten Maschen mit der Farbe 2 stricken, und links die Maschen mit der Farbe 1. Möchte man hingegen einen offenen Beutel, so werden die beiden Farben getrennt abgekettet: Die Maschen der Farbe 1 wird auf eine getrennte Nadel aufgenommen und links mit der gleichen Farbe abgekettet; dann die Maschen rechts mit der Farbe 2 abketten.

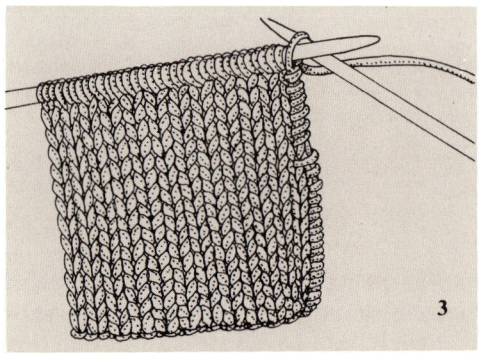

Muster für alle Gelegenheiten

Strickmuster

Kraus rechts

Diese Strickart stellt das einfachste Strickmuster dar. Es eignet sich ausgezeichnet sowohl für die Verarbeitung von Sportwolle oder anderer dicker Wolle zur Herstellung sportlicher Kleidungsstücke als auch für dünne, weiche Wolle wie Mohair, Wolle, die für elegante Pullover, die leicht und weich wirken sollen, verwendet wird.

Alle Reihen bei diesem Strickmuster werden rechts gearbeitet.

Soll das Stück besonders fest werden wie z. B. bei Bündchen und Blenden von Pullovern, sticht man von oben nach hinten in die Masche ein und strickt praktisch jede Reihe mit verschränkten Maschen. So läßt sich vermeiden, daß das kraus rechts gestrickte Stück sich

Kraus rechts

verzieht. Das Maschenbild ist auf beiden Seiten gleich.

Glatt rechts

Diese Strickart, die man als die klassische bezeichnen kann, läßt sich gut variieren und eignet sich für die unterschiedlichsten Strickarbeiten und Materialien.

Die Hinreihen strickt man rechts, die Rückreihen links.

Bei der Bezeichnung glatt links handelt es sich um die gleiche Strickart, nur ist damit die Rückseite gemeint.

Glatt rechts verschränkt

1. Reihe: Die Maschen rechts verschränkt stricken, d. h. mit der Nadel von oben in den hinteren Teil jeder Masche einstechen. 2.

Reihe: Alle Maschen links stricken. 3. Reihe: Wie die erste Reihe ausführen.

Oben: Glatt rechts

Unten: Glatt rechts verschränkt

Einfaches Rippenmuster

1. Reihe: ✽ Eine Masche rechts, eine Masche links ✽. 2. und folgende Reihen: ✽ Eine Masche rechts auf der als rechte Masche der Vorreihe erscheinenden Masche, eine Ma-

sche links auf der als linke Masche der Vorreihe erscheinenden Masche ✽.

Einfaches Rippenmuster

Zweifaches Rippenmuster

1. Reihe: ✽ 2 Maschen rechts, 2 Maschen links ✽. 2. Reihe: Alle Maschen so arbeiten, wie sie nach dem Umdrehen auf der Nadel erscheinen: rechte Maschen über die rechten Maschen, linke Maschen über die linken Maschen der Vorreihe.

Zweifaches Rippenmuster

Englisches Rippenmuster

Dazu benötigt man eine gerade Maschenzahl.

1. Reihe: Alle Maschen rechts. 2. Reihe: ✽ 1 Masche rechts, 1 Doppelmasche rechts ✽. Die Reihe mit 2 Maschen rechts abschließen. Immer die zweite Reihe wiederholen.

Englisches Rippenmuster

Verschränktes Rippenmuster.

Alle Maschen werden wie bei dem einfachen Rippenmuster gestrickt (siehe Seite 57), die rechten Maschen jedoch verschränkt.

Verschränktes Rippenmuster

Schräglaufendes Rippenmuster

1. Reihe: ✳ 2 Maschen rechts, 2 Maschen links ✳. 2. Reihe: Alle Maschen so arbeiten, wie sie auf der Nadel erscheinen. 3. Reihe: ✳ 1 Masche rechts, 2 Maschen links, 1 Masche rechts ·✳. 4. Reihe: Wie die 2. Reihe. 5. Reihe: ✳ 2 Maschen links, 2 Maschen rechts ✳. 6. Reihe: Wie die 2. Reihe. 7. Reihe: ✳ 1 Masche links, 2 Maschen rechts, 1 Masche links ✳. 8. Reihe: Wie die 2. Reihe. 9. Reihe: Bei der 1. Reihe wieder beginnen.

Schachbrettmuster

Die Maschenzahl muß durch vier teilbar sein.

Schräglaufendes Rippenmuster

1. Reihe und alle ungeraden Reihen bis zur 5. Reihe: ✳ 4 Maschen rechts, 4 Maschen links ✳. 2. Reihe und alle geraden Reihen bis zur 6. Reihe: Alle Maschen so arbeiten, wie sie auf der Nadel erscheinen: rechte Maschen über rechts erscheinenden Maschen und linke Maschen über links erscheinenden Maschen der Vorreihe. 7. Reihe und alle ungeraden Reihen bis zur 11. Reihe: 4 linke Maschen über die 4 rechts erscheinenden Maschen der Vorreihe und 4 rechte Maschen über die 4 links erscheinenden Maschen der Vorreihe. 8. Reihe und alle geraden Reihen bis zur 12. Reihe: Alle Maschen so stricken, wie sie auf der Nadel erscheinen. 13. Reihe: Bei der ersten Reihe wieder beginnen.

Perlmuster

1. Reihe: ✳ 1 Masche rechts, 1 Masche links

Oben: Schachbrettmuster
Unten: Perlmuster

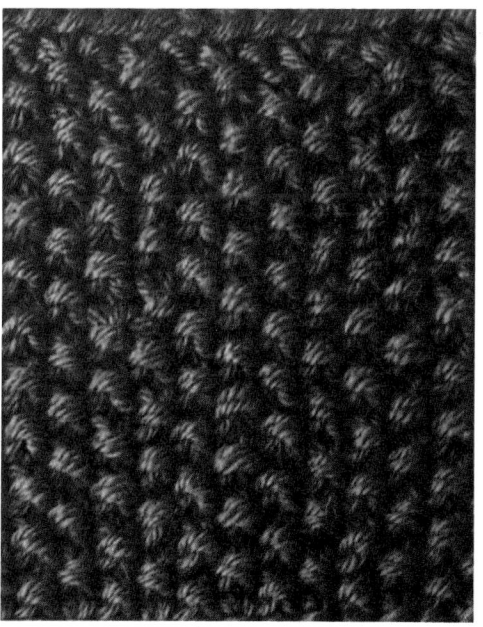

✳. 2. Reihe: ✳ 1 Masche links über die als rechte Masche erscheinende Masche der Vorreihe stricken, 1 Masche rechts über die als links erscheinende Masche der Vorreihe stricken ✳. 3. Reihe: Bei der 1. Reihe beginnen.

Doppeltes Perlmuster

1. Reihe: ✳ 1 Masche rechts, 1 Masche links ✳. 2. Reihe und alle geraden Reihen: Alle

Maschen so arbeiten, wie sie auf der Nadel erscheinen. 3. Reihe: ❋ 1 Masche links, 1 Masche rechts ❋. 5. Reihe: Wieder bei der 1. Reihe beginnen.

Doppeltes Perlmuster

Mattenmuster

Es muß sich um eine ungerade Maschenzahl handeln.

1. Reihe: Alle Maschen links. 2. Reihe und alle geraden Reihen (Vorderseite der Ar-

Mattenmuster

beit): 1 Masche rechts, ❋ 1 Masche rechts abheben, 1 Masche rechts, 1 Umschlag, die abgehobene Masche über die rechts gestrickte Masche und über den Umschlag ziehen ❋, 2 Maschen rechts. 3. Reihe und alle ungeraden Reihen: 1 Masche links, ❋ 1 Masche links abheben, 1 Masche links, 1 Umschlag, die abgehobene Masche über die links gestrickte Masche und über den Umschlag ziehen ❋. 4. Reihe: Bei der zweiten Reihe beginnen.

Wabenmuster (Netzpatent)

1. Reihe: Alle Maschen rechts stricken. 2. Reihe: Alle Maschen rechts. 3. Reihe: ❋ 1 Masche rechts, 1 Doppelmasche rechts ❋. 4. Reihe: ❋ Mit der rechten Nadel den Faden der Masche der Vorreihe aufnehmen und rechts mit der darüberstehenden Masche stricken, dann 1 Masche rechts ❋. 5. Reihe: ❋ 1 Doppelmasche rechts, 1 Masche rechts ❋. 6. Reihe: ❋ 1 Masche rechts, dann mit der rechten Nadel den Faden der Masche der Vorreihe aufnehmen und rechts mit der darüberstehenden Masche stricken ❋. Danach immer die 3.–6. Reihe wiederholen.

Wabenmuster

Stoffmuster

Für dieses Strickmuster benötigt man eine gerade Maschenzahl.

1. Reihe: ❋ 1 Masche rechts, den Faden vor die Arbeit legen, 1 Masche links abheben, den Faden hinter die Arbeit legen ❋. 2. Reihe: ❋ 1 Masche links, den Faden hinter die

Arbeit legen, 1 Masche links abheben, den Faden vor die Arbeit legen *. 3. Reihe: Wieder bei der ersten Reihe beginnen.

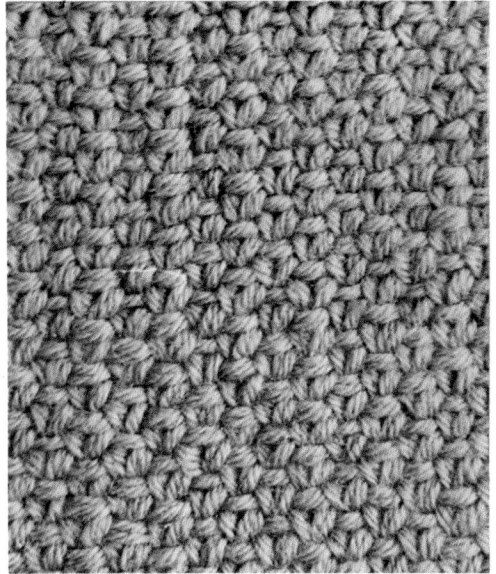

Stoffmuster

Korbmuster
Die Maschenzahl muß bei diesem Strickmuster durch 8 teilbar sein.
1. Reihe: Alle Maschen rechts stricken. 2. Reihe und alle geraden Reihen: Alle Maschen links stricken. 3. Reihe: 2 Maschen

Korbmuster

rechts, * 2 Maschen auf eine Hilfsnadel hinter die Arbeit legen, 2 Maschen rechts, die Maschen auf der Hilfsnadel rechts abstricken *, die Reihe mit zwei rechten Maschen abschließen. 5. Reihe: * 2 Maschen auf eine Hilfsnadel vor die Arbeit legen, 2 Maschen rechts, die Maschen auf der Hilfsnadel rechts *. 7. Reihe: Wie die 3. Reihe. 9. Reihe: Wie die 5. Reihe. 11. Reihe: Wie die 3. Reihe. 13. Reihe: Wie die 5. Reihe. Die 3. und 5. Reihe dann immer abwechselnd wiederholen.

Gedrehter Zopf
Die Maschenzahl muß durch 9 teilbar sein, zusätzlich 3 Maschen.
1. Reihe: * 3 Maschen links, 6 Maschen

Gedrehter Zopf

rechts *, 3 Maschen links. 2., 3. und 4. Reihe: Alle Maschen stricken, wie sie auf der Nadel erscheinen. 5. Reihe: * 3 Maschen links, 3 Maschen auf eine Hilfsnadel hinter die Arbeit legen, 3 Maschen rechts, die Maschen auf der Hilfsnadel rechts abstricken *, 3 Maschen links. 6. Reihe: Bei der 2. Reihe wieder beginnen.

Versetzter Zopf
Die Maschenzahl muß durch 4 teilbar sein, zusätzlich 2 Maschen.
1. und 3. Reihe: * 2 Maschen rechts, 2 Maschen links *, 2 Maschen rechts. 2. und

4. Reihe: 2 Maschen links, ✳ 2 Maschen rechts, 2 Maschen links ✳. 5. Reihe: ✳ 2 rechte Maschen links gekreuzt, 2 Maschen links ✳, 2 rechte Maschen links gekreuzt. 6., 8. und 10. Reihe: Alle Maschen so arbeiten, wie sie auf der Nadel erscheinen. 7. und 9. Reihe: ✳ 2 Maschen links, 2 Maschen rechts ✳, 2 Maschen links. 11. Reihe: ✳ 2 Maschen links, 2 rechte Maschen links gekreuzt ✳, 2 Maschen links. 12. Reihe: Wieder bei der 2. Reihe beginnen.

Einfacher Zopf

Versetzter Zopf

Einfacher Zopf

Die Maschenzahl muß durch 7 teilbar sein, zusätzlich 3 Maschen.
1. Reihe: ✳ 3 Maschen links, 4 Maschen rechts ✳, 3 Maschen links. 2., 3. und 4. Reihe: Alle Maschen so arbeiten, wie sie auf der Nadel erscheinen. 5. Reihe: ✳ 3 Maschen links, 2 Maschen auf eine Hilfsnadel vor die Arbeit legen, 2 Maschen rechts, die Maschen auf der Hilfsnadel rechts abstricken ✳, 3 Maschen links. 6., 8. und 10. Reihe: Wie die 2. Reihe. 7. und 9. Reihe: Wie die 1. Reihe. 11. Reihe: Wieder bei der 5. Reihe beginnen.

Doppelter Zopf

Die Maschenzahl dieses Strickmusters muß durch 11 teilbar sein, zusätzlich 3 Maschen. 1. Reihe: ✳ 3 Maschen links, 8 Maschen rechts ✳, 3 Maschen links. 2., 3. und 4. Reihe: Alle Maschen so stricken, wie sie auf der Nadel erscheinen. 5. Reihe: ✳ 3 Maschen links, 2

Doppelter Zopf

Maschen auf eine Hilfsnadel hinter die Arbeit legen, 2 Maschen rechts, die Maschen auf der Hilfsnadel rechts abstricken, 2 Maschen auf eine Hilfsnadel vor die Arbeit legen, 2 Maschen rechts, die Maschen auf der Hilfsnadel rechts abstricken ✳, 3 Maschen links. Von der 6. bis einschließlich 10. Reihe: Alle Maschen so arbeiten, wie sie auf der Nadel erscheinen.

11. Reihe: Wie die 5. Reihe. 12. Reihe: Wieder bei der ersten Reihe beginnen.

Unendlicher Zopf
Die Maschenzahl für dieses Strickmuster muß durch 23 teilbar sein, zusätzlich 5 Maschen. 1., 5. und 9. Reihe: ✱ 5 Maschen links, 18 Maschen rechts ✱, 5 Maschen links. 2. und alle geraden Reihen: Alle Maschen so stricken, wie sie auf der Nadel erscheinen. 3. Reihe: ✱ 5 Maschen links, ✱✱ 3 Maschen auf eine Hilfsnadel vor die Strickarbeit legen, 3 Maschen rechts, die Maschen auf der Hilfsnadel rechts abstricken ✱✱ (3mal) ✱, dann 5 Maschen links stricken. 7. Reihe: ✱ 5 Maschen links, 3 Maschen rechts, ✱✱ 3 Maschen auf eine Hilfsnadel vor die Arbeit legen, 3 Maschen rechts, die Maschen auf der Hilfsnadel rechts ✱✱ (2mal), 3 Maschen rechts ✱, 5 Maschen links. 11. Reihe: Wieder bei der 3. Reihe beginnen.

Unendlicher Zopf

Rautenmuster rechts
Die Maschenzahl dieses Strickmusters muß durch 14 teilbar sein.
1. Reihe: ✱, ✱✱ 1 Masche links, 1 Masche rechts ✱✱ (4mal), 6 Maschen rechts ✱. 2. und alle geraden Reihen: Alle Maschen so stricken, wie sie auf der Nadel erscheinen. 3. Reihe: ✱, ✱✱ 1 Masche rechts, 1 Masche links ✱✱ (3 mal), 4 Maschen rechts, 1 Masche

links, 3 Maschen rechts ✱. 5. Reihe: ✱ 2 Maschen rechts, 1 Masche links, 1 Masche rechts, 1 Masche links, 4 Maschen rechts, 1 Masche links, 1 Masche rechts, 1 Masche links, 2 Maschen rechts ✱. 7. Reihe: ✱ 3 Maschen rechts, 1 Masche links, 4 Maschen rechts, ✱✱ 1 Masche links, 1 Masche rechts ✱✱ (3mal) ✱. 9. Reihe: ✱ 6 Maschen rechts, ✱✱ 1 Masche rechts, 1 Masche links ✱✱ (4mal) ✱. 11. Reihe: Wie die 7. Reihe. 13. Reihe: Wie die 5. Reihe. 15. Reihe: Wie die 3. Reihe. 17. Reihe: Wieder bei der ersten Reihe beginnen.

Rautenmuster rechts

Rhombenmuster
Die Maschenzahl dieses Strickmusters muß durch 8 teilbar sein.
1. Reihe: ✱ 1 Masche links, 6 Maschen rechts, 1 Masche links ✱. 2. Reihe und alle geraden Reihen: Alle Maschen so arbeiten, wie sie auf der Nadel erscheinen. 3. Reihe: ✱ 1 Masche rechts, 1 Masche links, 4 Maschen rechts, 1 Masche links, 1 Masche rechts ✱. 5. Reihe: ✱, ✱✱ 2 Maschen rechts, 1 Masche links ✱✱ (2mal), 2 Maschen rechts ✱. 7. und 9. Reihe: ✱ 3 Maschen rechts, 2 Maschen links, 3 Maschen rechts ✱. 11. Reihe: Wie die 5. Reihe. 13. Reihe: Wie die 3. Reihe. 15. Reihe:

Wie die erste Reihe. 17. Reihe: Bei der ersten Reihe beginnen.

Rhombenmuster

Schräges Streifenmuster
Die Maschenzahl muß durch 8 teilbar sein.
1. Reihe: ✻ 2 Maschen links, 6 Maschen rechts ✻. 2. Reihe und alle geraden Reihen: Alle Maschen so stricken, wie sie auf der Nadel erscheinen. 3. Reihe: 2 Maschen rechts, ✻ 2 Maschen links, 6 Maschen rechts ✻, 2 Maschen links, 4 Maschen rechts. 5. Reihe: 4 Maschen rechts, ✻ 2 Maschen links, 6 Maschen rechts ✻, 2 Maschen links, 2

Schräges Streifenmuster

Maschen rechts. 7. Reihe: ✻ 6 Maschen rechts, 2 Maschen links ✻. 9. Reihe: Bei der ersten Reihe beginnen.

Raupenmuster
Die Maschenzahl muß durch 10 teilbar sein.
1. Reihe: ✻ 4 Maschen rechts, 6 Maschen links ✻. 2. und 4. Reihe: Alle Maschen links arbeiten. 3. Reihe: Alle Maschen rechts. 5. Reihe: ✻ 5 Maschen links, 4 Maschen rechts, 1 Masche links ✻. 6. und 8. Reihe: Wie die 2. Reihe. 7. Reihe: Wie die 3. Reihe. 9. Reihe: Wieder bei der ersten Reihe beginnen.

Fischgrätmuster
Die Maschenzahl dieses Strickmusters muß durch 28 teilbar sein.
1. Reihe: ✻ 6 Maschen rechts, 2 rechte Ma-

Raupenmuster

schen rechts gekreuzt (die zweite Masche vor der Arbeit zuerst rechts stricken, dann die erste rechts stricken), 2 rechte Maschen links gekreuzt (die zweite Masche hinter der Arbeit zuerst rechts stricken, dann die erste rechts stricken), 6 Maschen rechts, 2 Maschen links gekreuzt, 8 Maschen rechts, 2 Maschen rechts gekreuzt ✻. 2. Reihe und alle geraden Reihen: Alle Maschen links stricken. 3. Reihe: ✻ 5 Maschen rechts, 2 Maschen rechts gekreuzt, 2 Maschen rechts, 2 Maschen links gekreuzt, 6 Maschen rechts, 2 Maschen links gekreuzt, 6 Maschen rechts, 2 Maschen rechts gekreuzt, 1 Masche rechts ✻. 5. Reihe: ✻ 4 Maschen rechts, 2 Maschen rechts gekreuzt, 4 Maschen rechts, 2 Maschen links gekreuzt, 6 Maschen

Fischgrätmuster

rechts, 2 Maschen links gekreuzt, 4 Maschen rechts, 2 Maschen rechts gekreuzt, 2 Maschen rechts ✼. 7. Reihe: ✼ 3 Maschen rechts, 2 Maschen rechts gekreuzt, 6 Maschen rechts, 2 Maschen links gekreuzt, 6 Maschen rechts, 2 Maschen links gekreuzt, 2 Maschen rechts, 2 Maschen rechts gekreuzt, 3 Maschen rechts ✼. 9. Reihe: ✼ 2 Maschen rechts, 2 Maschen rechts gekreuzt, 8 Maschen rechts, 2 Maschen links gekreuzt, 6 Maschen rechts, 2 Maschen links gekreuzt, 2 Maschen rechts gekreuzt, 4 Maschen rechts ✼. 11. Reihe: Bei der ersten Reihe das Muster wieder beginnen.

Großes Netz
Die Maschenzahl dieses Strickmusters muß durch 16 teilbar sein.
1. Reihe: ✼ 2 Maschen links gekreuzt (zuerst die zweite Masche hinter der Arbeit stricken, dann die erste rechts stricken), 12 Maschen rechts, 2 Maschen rechts gekreuzt ✼. 2. Reihe und alle geraden Reihen: Alle Maschen links stricken. 3. Reihe: ✼ 1 Masche rechts, 2 Maschen links gekreuzt, 10 Maschen rechts, 2 Maschen rechts gekreuzt, 1 Masche rechts ✼. 5. Reihe: ✼ 2 Maschen rechts, 2 Maschen links gekreuzt, 8 Maschen rechts, 2 Maschen rechts gekreuzt, 2 Maschen rechts ✼. 7. Reihe: ✼ 3 Maschen rechts, 2 Maschen links gekreuzt, 6 Maschen rechts, 2 Maschen rechts gekreuzt, 3 Maschen rechts ✼. 9. Reihe: ✼ 4 Maschen rechts, 2 Maschen links gekreuzt, 4 Maschen rechts, 2 Maschen rechts gekreuzt, 4

Maschen rechts ✼. 11. Reihe: ✼ 5 Maschen rechts, 2 Maschen links gekreuzt, 2 Maschen rechts, 2 Maschen rechts gekreuzt, 5 Maschen rechts ✼. 13. Reihe: ✼ 6 Maschen rechts, 2 Maschen links gekreuzt, 2 Maschen rechts gekreuzt, 6 Maschen rechts ✼. 15. Reihe: ✼ 6 Maschen rechts, 2 Maschen rechts gekreuzt, 2 Maschen links gekreuzt, 6 Maschen rechts ✼. 17. Reihe: ✼ 5 Maschen rechts, 2 Maschen rechts gekreuzt, 2 Maschen rechts, 2 Maschen links gekreuzt, 5 Maschen rechts ✼. 19. Reihe: ✼ 4 Maschen rechts, 2 Maschen rechts gekreuzt, 4 Maschen rechts, 2 Maschen links gekreuzt, 4 Maschen rechts ✼. 21. Reihe: ✼ 3 Maschen rechts, 2 Maschen rechts gekreuzt, 6 Maschen rechts, 2 Maschen links gekreuzt, 3 Maschen rechts ✼. 23. Reihe: ✼ 2 Maschen rechts, 2 Maschen rechts gekreuzt, 8 Maschen rechts, 2 Maschen links gekreuzt, 2 Maschen rechts ✼. 25. Reihe: ✼ 1 Masche rechts, 2 Maschen rechts gekreuzt, 10 Maschen rechts, 2 Maschen links gekreuzt, 1 Masche rechts ✼. 27. Reihe: ✼ 2 Maschen rechts gekreuzt, 12 Maschen rechts, 2 Maschen links gekreuzt ✼. 29. Reihe: Wieder bei der ersten Reihe beginnen.

Kugelmuster
Die Maschenzahl dieses Strickmusters muß durch 6 teilbar sein, zusätzlich 2 Maschen.
1. Reihe: 2 Maschen links, ✼ 4 Maschen rechts in eine Masche stricken (abwechselnd

Großes Netz

von vorn und von hinten einstechen), 2 Maschen links, 1 Masche rechts, 2 Maschen links ✻. 2. und 4. Reihe: ✻ 2 Maschen rechts, 1 Masche links, 2 Maschen rechts, 4 Maschen rechts, dabei den Faden bei jeder Masche zweimal um die Nadel wickeln ✻, 2 Maschen rechts. 3. und 5. Reihe: 2 Maschen links, ✻ 4 Maschen rechts, dabei bei jeder Masche den Umschlag der Vorreihe fallenlassen, 2 Maschen links, 1 Masche rechts, 2 Maschen links ✻. 6. Reihe: ✻ 2 Maschen rechts, 1 Masche links, 2 Maschen rechts, 4 Maschen links zusammenstricken ✻, 2 Maschen rechts. 7. Reihe: 2 Maschen links, ✻ 1 Masche rechts, 2 Maschen links, 4 Maschen rechts in eine

Kugelmuster

Masche stricken, 2 Maschen links ✻. 8. und 10. Reihe: ✻ 2 Maschen rechts, 4 Maschen rechts, dabei den Faden bei jeder Masche zweimal um die Nadel wickeln, 2 Maschen rechts, 1 Masche links ✻, 2 Maschen rechts. 9. und 11. Reihe: 2 Maschen links, ✻ 1 Masche rechts, 2 Maschen links, 4 Maschen rechts, dabei bei jeder Masche den Umschlag der Vorreihe fallenlassen, 2 Maschen links ✻. 12. Reihe: ✻ 2 Maschen rechts, 4 Maschen links zusammenstricken, 2 Maschen rechts, 1 Masche links ✻, 2 Maschen rechts. 13. Reihe: Wieder bei der ersten Reihe beginnen.

Blumenmuster

Für dieses Muster ist eine Häkelnadel notwendig.

Die Maschenzahl muß durch 10 teilbar sein. 1. Reihe: ✻ 5 Maschen links, den Faden hinter die Arbeit legen, 1 Masche links abheben, den Faden vor die Arbeit führen, 4 Maschen links ✻. 2. Reihe: ✻ 4 Maschen rechts, den Faden vor die Arbeit, 1 Masche links abheben, den Faden hinter die Arbeit, 5 Maschen rechts ✻. 3. Reihe: Wie die 1. Reihe. 4. Reihe: Wie die 2. Reihe. 5. Reihe: ✻ 3 Maschen links, 5 Maschen rechts, 2 Maschen links ✻. 6. Reihe: ✻ 2 Maschen rechts, 5 Maschen links, 3 Maschen rechts ✻. 7. Reihe: ✻ 3 Maschen links, ✻✻ mit der Häkelnadel den rechten Faden der in der 4. Reihe abgehobenen Masche aufnehmen, den Faden durchziehen, 1 Luftmasche häkeln, noch einmal in die abgehobene Masche einstechen, Faden durchziehen, Luftmasche. Die beiden auf diese Weise entstandenen Maschen zu einer Masche schließen und sie auf die rechte Nadel legen ✻✻, 5 Maschen rechts, von ✻✻ bis ✻✻, wobei der linke Faden der gleichen abgehobenen Masche aufgenommen wird, 2 Maschen links ✻. 8. Reihe: ✻ 2 Maschen rechts, 2 Maschen links zusammenstricken, 3 Maschen links, 2 Maschen links zusammenstricken, 3 Maschen rechts ✻. 9. Reihe: ✻ 5 Maschen links, 1 Masche rechts, 4 Maschen links ✻. 10. Reihe: Alle Maschen rechts. 11. Reihe: ✻ den Faden hinter die Arbeit führen, 1 Masche links abheben, 9 Maschen links ✻. 12. Reihe: ✻ 9 Maschen rechts, den Faden vor die Arbeit

Blumenmuster

führen, 1 Masche links abheben ✻. 13. Reihe: Wie die 11. Reihe. 14. Reihe: Wie die 12. Reihe. 15. Reihe: ✻ 3 Maschen rechts, 5 Maschen links, 2 Maschen rechts ✻. 16. Reihe: ✻ 2 Maschen links, 5 Maschen rechts, 3 Maschen links ✻. 17. Reihe: 3 Maschen rechts, mit der Häkelnadel den linken Faden der in der 14. Reihe abgehobenen Masche aufnehmen und eine Masche wie in der 7. Reihe bilden, ✻ 5 Maschen links, mit der Häkelnadel den rechten Faden der in der 14. Reihe abgehobenen Masche aufnehmen, 5 Maschen rechts, den linken Faden der gleichen in der 14. Reihe abgehobenen Masche aufnehmen ✻, 2 Maschen rechts. 18. Reihe: 2 Maschen links, ✻ 5 Maschen rechts, 2 Maschen links zusammenstricken, 3 Maschen links, 2 Maschen links zusammenstricken ✻, 3 Maschen links. 19. Reihe: ✻ 1 Masche rechts, 9 Maschen links ✻. 20. Reihe: Alle Maschen rechts. 21. Reihe: Wieder bei der ersten Reihe beginnen.

Fensterchen

Die Maschenzahl dieses Strickmusters muß durch 10 teilbar sein.

1., 3. und 5. Reihe: ✻ 6 Maschen rechts, ✻✻ 2 Maschen links, diese beiden Maschen auf die linke Nadel zurücknehmen, den Faden hinter die Arbeit führen, die Maschen erneut auf die rechte Nadel nehmen ✻✻ (3mal) ✻. 2. und alle geraden Reihen: Alle Maschen links stricken. 7., 9. und 11. Reihe: ✻, ✻✻ 2 Maschen links, diese beiden Maschen auf die linke Nadel zurücknehmen, den Faden hinter die Arbeit führen, die Maschen erneut auf die rechte Nadel nehmen ✻✻ (3 mal), 6 Maschen rechts ✻. 13. Reihe: Wieder bei der ersten Reihe beginnen.

Blümchen

Die Maschenzahl muß durch 8 teilbar sein, zusätzlich 3 Maschen.

1., 3., 7., 9. und 11. Reihe: Alle Maschen rechts stricken.

2. und alle geraden Reihen: Alle Maschen links stricken. 5. Reihe: ✻ 5 Maschen rechts, 3 Maschen links zusammenstricken, diese Masche auf der linken Nadel behalten und rechts, anschließend links stricken, sie dann auf die rechte Nadel nehmen ✻, 3 Maschen rechts. 13. Reihe: ✻ 3 Maschen links zusammenstricken, diese Masche auf der linken Nadel behalten, erneut rechts und dann links stricken, 5 Maschen rechts, 3 Maschen links zusammenstricken, diese auf der linken Nadel behalten, erneut rechts und dann links

△ *Fensterchen*　　　　　　*Blümchen* ▽

stricken, sie dann auf die rechte Nadel nehmen ✻. 15. Reihe: Wieder bei der 3. Reihe beginnen.

Blattmuster I

Die Maschenzahl muß durch 24 teilbar sein, zusätzlich 2 Maschen.

1. Reihe: ✻ 2 Maschen links, 6 Maschen rechts, 3 Maschen rechts zusammenstricken, 1 Umschlag, 1 Masche rechts, 1 Umschlag, 2 Maschen links, 1 Umschlag, 1 Masche rechts,

1 Umschlag, 3 Maschen rechts verschränkt zusammenstricken, 6 Maschen rechts ✻, 2 Maschen links. 2. und alle geraden Reihen: ✻ 2 Maschen rechts, 10 Maschen links ✻, 2 Maschen rechts. 3. Reihe: ✻ 2 Maschen links, 4 Maschen rechts, 3 Maschen rechts zusammenstricken, 1 Masche rechts, 1 Umschlag, 1 Masche rechts, 1 Umschlag, 1 Masche rechts, 2 Maschen links, 1 Masche rechts, 1 Umschlag, 1 Masche rechts, 1 Umschlag, 1 Masche rechts, 3 Maschen rechts verschränkt zusammenstricken, 4 Maschen rechts ✻, 2 Maschen links. 5. Reihe: ✻ 2 Maschen links, 2 Maschen rechts, 3 Maschen rechts zusammenstricken, 2 Maschen rechts, 1 Umschlag, 1 Masche rechts, 1 Umschlag, 2 Maschen rechts, 2 Maschen links, 2 Maschen rechts, 1 Umschlag, 1 Masche rechts, 1 Umschlag, 2 Maschen rechts, 3 Maschen rechts verschränkt zusammenstricken, 2 Maschen rechts ✻, 2 Maschen links. 7. Reihe: ✻ 2

Blattmuster I

Maschen links, 3 Maschen rechts zusammenstricken, 3 Maschen rechts, 1 Umschlag, 1 Masche rechts, 1 Umschlag, 3 Maschen rechts, 2 Maschen links, 3 Maschen rechts, 1 Umschlag, 1 Masche rechts, 1 Umschlag, 3 Maschen rechts, 3 Maschen rechts verschränkt zusammenstricken ✻, 2 Maschen links. 9. Reihe und alle ungeraden Reihen bis einschließlich 15. Reihe: ✻ 2 Maschen links, 10 Maschen rechts ✻, 2 Maschen links. 17. Reihe: Wieder bei der ersten Reihe beginnen.

Blattmuster II

Die Maschenzahl muß durch 12 teilbar sein, zusätzlich 6 Maschen und Rand.

1. Reihe: ✻ 1 Masche rechts, 1 Umschlag, 2 Maschen einfach übergehoben zusammenstricken (1 Masche abheben, 1 Masche stricken, abgehobene Masche über gestrickte heben), 7 Maschen rechts, 2 Maschen rechts zusammenstricken, 1 Umschlag ✻, 1 Masche rechts, 1 Umschlag, 2 Maschen einfach übergehoben zusammenstricken, 3 Maschen rechts. 2. Reihe und alle geraden Reihen: Alle Maschen links stricken. 3. Reihe: ✻ 1 Masche rechts, 1 Umschlag, 1 Masche rechts, 2 Maschen einfach übergehoben zusammenstricken, 5 Maschen rechts, 2 Maschen rechts zusammenstricken, 1 Masche rechts, 1 Umschlag ✻, 1 Masche rechts, 1 Umschlag, 1 Masche rechts, 2 Maschen einfach übergehoben zusammenstricken, 2 Maschen rechts. 5. Reihe: ✻ 1 Masche rechts, 1 Umschlag, 2 Maschen rechts, 2 Maschen einfach übergehoben zusammenstricken, 3 Maschen rechts, 2 Maschen rechts zusammenstricken, 2 Maschen rechts, 1 Umschlag ✻, 1 Masche rechts, 1 Umschlag, 2 Maschen rechts, 2 Maschen einfach übergehoben zusammenstricken, 1 Masche rechts. 7. Reihe: ✻ 1 Masche rechts, 1 Umschlag, 3 Maschen rechts, 2 Maschen einfach übergehoben zusammenstricken, 1 Masche rechts, 2 Maschen rechts zusammenstrikken, 3 Maschen rechts, 1 Umschlag ✻, 1

Blattmuster II

Masche rechts, 1 Umschlag, 3 Maschen rechts, 2 Maschen einfach übergehoben zusammenstricken. 9. Reihe: ❋ 1 Masche rechts, 1 Umschlag, 4 Maschen rechts, 3 Maschen doppelt übergehoben zusammenstricken (1 Masche abheben, die 2 nächsten Maschen zusammenstricken, die abgehobene Masche über die zusammengestrickte Masche heben), 4 Maschen rechts, 1 Umschlag ❋, 1 Masche rechts, 1 Umschlag, 5 Maschen rechts. 11. Reihe: ❋ 4 Maschen rechts, 2 Maschen rechts zusammenstricken, 1 Umschlag, 1 Masche rechts, 1 Umschlag, 2 Maschen einfach übergehoben zusammenstricken, 3 Maschen rechts ❋, 4 Maschen rechts, 2 Maschen rechts zusammenstricken, 1 Umschlag, 1 Masche rechts. 13. Reihe: ❋ 3 Maschen rechts, 2 Maschen rechts zusammenstricken, 1 Masche rechts, 1 Umschlag, 1 Masche rechts, 1 Umschlag, 1 Masche rechts, 2 Maschen einfach übergehoben zusammenstricken, 2 Maschen rechts ❋, 3 Maschen rechts, 2 Maschen rechts zusammenstricken, 1 Masche rechts, 1 Umschlag, 1 Masche rechts. 15. Reihe: ❋ 2 Maschen rechts, 2 Maschen rechts zusammenstricken, 2 Maschen rechts, 1 Umschlag, 1 Masche rechts, 1 Umschlag, 2 Maschen rechts, 2 Maschen einfach übergehoben zusammenstricken, 1 Masche rechts ❋, 1 Masche rechts, 2 Maschen rechts zusammenstricken, 3 Maschen rechts, 1 Umschlag, 1 Masche rechts. 17. Reihe: ❋ 1 Masche rechts, 2 Maschen rechts zusammenstricken, 3 Maschen rechts, 1 Umschlag, 1 Masche rechts, 1 Umschlag, 3 Maschen rechts, 2 Maschen einfach übergehoben zusammenstricken ❋, 1 Masche rechts, 2 Maschen rechts zusammenstricken, 3 Maschen rechts, 1 Umschlag, 1 Masche rechts. 19. Reihe: 2 Maschen rechts zusammenstricken, ❋ 4 Maschen rechts, 1 Umschlag, 1 Masche rechts, 1 Umschlag, 4 Maschen rechts, 3 Maschen doppelt übergehoben zusammenstricken ❋, 4 Maschen rechts. 21. Reihe: Wieder bei der ersten Reihe beginnen.

Blattmuster III

Die Maschenzahl muß durch 10 teilbar sein, zusätzlich 6 Maschen.
1. Reihe: 1 Masche rechts, 1 Umschlag, ❋ 3 Maschen rechts, 3 Maschen doppelt übergehoben zusammenstricken (1 Masche abheben, die 2 nächsten Maschen zusammenstricken, die abgehobene Masche über die zusammengestrickte Masche heben), 3 Maschen rechts, 1 Umschlag, 1 Masche rechts, 1 Um-

schlag ❋, 3 Maschen rechts, 2 Maschen einfach übergehoben zusammenstricken (1 Masche abheben, 1 Masche stricken, die abgehobene Masche über die gestrickte Masche heben). 2. Reihe und alle geraden Reihen: Alle Maschen links stricken. 3. Reihe: 2 Maschen rechts, 1 Umschlag, ❋ 2 Maschen rechts, 3 Maschen doppelt übergehoben zusammenstricken, 2 Maschen rechts, 1 Umschlag, 3 Maschen rechts, 1 Umschlag ❋, 2 Maschen rechts, 2 Maschen einfach übergehoben zusammenstricken. 5. Reihe: 3 Maschen rechts, 1 Umschlag, ❋ 1 Masche rechts, 3 Maschen doppelt übergehoben zusammenstricken, 1 Masche rechts, 1 Umschlag, 5 Maschen

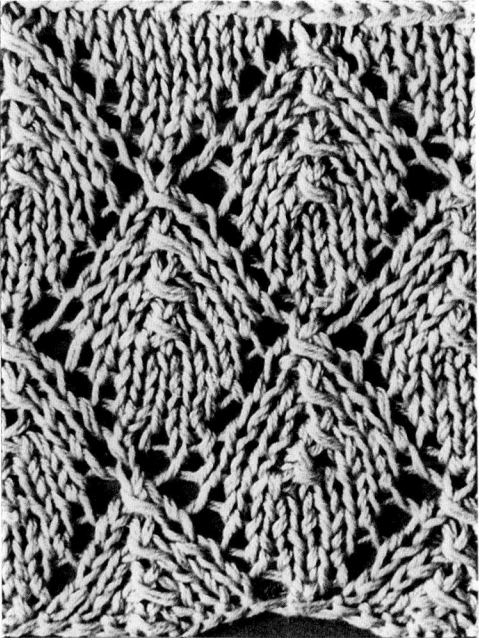

Blattmuster III

rechts, 1 Umschlag ❋, 1 Masche rechts, 2 Maschen einfach übergehoben zusammenstricken. 7. Reihe: 4 Maschen rechts, 1 Umschlag, ❋ 3 Maschen doppelt übergehoben zusammenstricken, 1 Umschlag, 7 Maschen rechts, 1 Umschlag ❋, 2 Maschen einfach übergehoben zusammenstricken. 9. Reihe: 2 Maschen einfach übergehoben zusammenstricken, 3 Maschen rechts, 1 Umschlag, ❋ 1 Masche rechts, 1 Umschlag, 3 Maschen rechts, 3 Maschen doppelt übergehoben zusammenstricken, 3 Maschen rechts, 1 Umschlag ❋, 1 Masche rechts. 11. Reihe: 2 Maschen einfach übergehoben zusammenstricken, 2 Maschen rechts, 1 Umschlag, 1 Masche rechts, ❋ 2 Maschen rechts, 1 Umschlag, 2 Maschen rechts, 3 Maschen doppelt übergehoben zusammenstricken, 2 Maschen rechts, 1 Umschlag, 1 Masche rechts ✱, 1 Masche rechts. 13. Reihe: 2 Maschen einfach übergehoben zusammenstricken, 1 Masche rechts, 1 Umschlag, 2 Maschen rechts, ✱ 3 Maschen rechts, 1 Umschlag, 1 Masche rechts, 3 Maschen doppelt übergehoben zusammenstrikken, 1 Masche rechts, 1 Umschlag, 2 Maschen rechts ✱, 1 Masche rechts. 15. Reihe: 2 Maschen einfach übergehoben zusammenstricken, 1 Umschlag, 3 Maschen rechts, ✱ 4 Maschen rechts, 1 Umschlag, 3 Maschen doppelt übergehoben zusammenstricken, 1 Umschlag, 3 Maschen rechts ✱, 1 Masche rechts. 17. Reihe: Wieder bei der ersten Reihe beginnen.

Rautenförmiges Lochmuster

Die Maschenzahl muß durch 16 teilbar sein, zusätzlich Rand.

△ *Rautenförmiges Lochmuster*

1. Reihe: ✱ 6 Maschen rechts, 2 Maschen rechts zusammenstricken, 1 Umschlag, 1 Masche rechts, 1 Umschlag, 2 Maschen rechts zusammenstricken, 5 Maschen rechts ✱. 2. Reihe und alle geraden Reihen: alle Maschen rechts. 3. Reihe: ✱ 5 Maschen rechts, 2 Maschen rechts zusammenstricken, 1 Umschlag, 3 Maschen rechts, 1 Umschlag, 2 Maschen rechts zusammenstricken, 4 Maschen rechts ✱. 5. Reihe: ✱ 4 Maschen rechts, 2 Maschen rechts zusammenstricken, 1 Umschlag, 5 Maschen rechts, 1 Umschlag, 2 Maschen rechts zusammenstricken, 3 Maschen rechts ✱. 7. Reihe: ✱ 3 Maschen rechts,

2 Maschen rechts zusammenstricken, 1 Umschlag, 7 Maschen rechts, 1 Umschlag, 2 Maschen rechts zusammenstricken, 2 Maschen rechts ✱. 9. Reihe: ✱ 2 Maschen rechts, 2 Maschen rechts zusammenstricken, 1 Umschlag, 9 Maschen rechts, 1 Umschlag, 2 Maschen rechts zusammenstricken, 1 Masche rechts ✱. 11. Reihe: ✱ 1 Masche rechts, 2 Maschen rechts zusammenstricken, 1 Umschlag, 11 Maschen rechts, 1 Umschlag, 2 Maschen rechts zusammenstricken ✱. 13. Reihe: ✱ 2 Maschen rechts, 1 Umschlag, 2 Maschen rechts zusammenstricken, 9 Maschen rechts, 2 Maschen rechts zusammenstricken, 1 Umschlag, 1 Masche rechts ✱. 15. Reihe: ✱ 3 Maschen rechts, 1 Umschlag, 2 Maschen rechts zusammenstricken, 7 Maschen rechts, 2 Maschen rechts zusammenstricken, 1 Umschlag, 2 Maschen rechts ✱. 17. Reihe: ✱ 4 Maschen rechts, 1 Umschlag, 2 Maschen rechts zusammenstricken, 5 Maschen rechts, 2 Maschen rechts zusammenstricken, 1 Umschlag, 3 Maschen rechts ✱. 19. Reihe: ✱ 5 Maschen rechts, 1 Umschlag, 2 Maschen rechts zusammenstricken, 3 Ma-

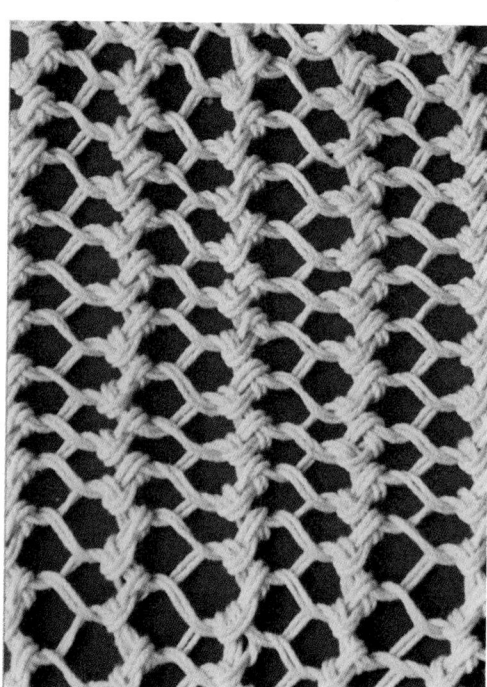

Netzmuster I ▷

schen rechts, 2 Maschen rechts zusammenstricken, 1 Umschlag, 4 Maschen rechts ✱. 21. Reihe: ✱ 6 Maschen rechts, 1 Umschlag, 2 Maschen rechts zusammenstricken, 1 Masche rechts, 2 Maschen rechts zusammenstricken, 1 Umschlag, 5 Maschen rechts ✱. 23. Reihe: Wieder bei der ersten Reihe beginnen.

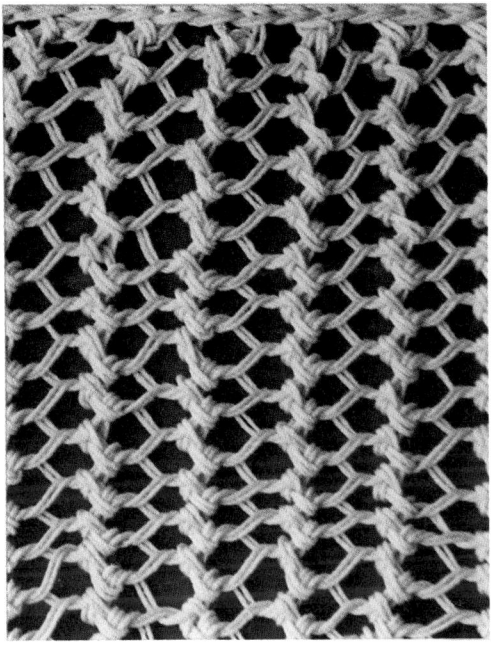

Alle Reihen werden folgendermaßen gestrickt: ✱ 1 Umschlag, 2 Maschen einfach übergehoben zusammenstricken (siehe Blattmuster II Seite 68) ✱.

Senkrechtes Ajourmuster I
Die Maschenzahl muß durch 6 teilbar sein, zusätzlich 3 Maschen.

△ Netzmuster II   *Senkrechtes Ajourmuster I ▷*

Netzmuster I
Es muß eine gerade Maschenzahl bestehen zuzüglich Rand. Alle Reihen werden folgen-

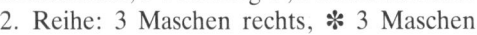

1. Reihe: ✱ 3 Maschen links, 1 Umschlag, 3 Maschen doppelt übergehoben links zusammenstricken, 1 Umschlag ✱, 3 Maschen links.
2. Reihe: 3 Maschen rechts, ✱ 3 Maschen

Senkrechtes Ajourmuster II

dermaßen gestrickt: ✱ 1 Umschlag, 2 Maschen links zusammenstricken ✱.
Netzmuster II
Es wird eine gerade Maschenzahl benötigt zuzüglich Rand.

Spitzenmuster

links, 3 Maschen rechts ✻. 3. Reihe: Wieder bei der ersten Reihe beginnen.

Senkrechtes Ajourmuster II

Die Maschenzahl muß durch 4 teilbar sein.
1. Reihe: ✻ 2 Maschen rechts, 1 Umschlag, 2 Maschen einfach übergehoben zusammenstricken ✻. 2. Reihe: ✻ 2 Maschen links, 1 Umschlag, 2 Maschen links zusammenstrikken ✻. 3. Reihe: Wieder bei der ersten Reihe beginnen.

Spitzenmuster

Die Maschenzahl muß durch 4 teilbar sein.
1. Reihe: 2 Maschen links, ✻ 1 Umschlag, 4 Maschen links zusammenstricken ✻, 2 Maschen links. 2. Reihe: 2 Maschen rechts, ✻ 1 Masche rechts, in den Umschlag der Vorreihe eine rechte Masche, eine linke Masche und eine rechte Masche stricken ✻, 2 Maschen rechts. 3. Reihe: Alle Maschen rechts strikken. 4. Reihe: Wieder bei der ersten Reihe beginnen.

Pikee

Die Maschenzahl muß durch 7 teilbar sein, zusätzlich Rand.
1. Reihe: ✻ 2 Maschen rechts, 2 Maschen

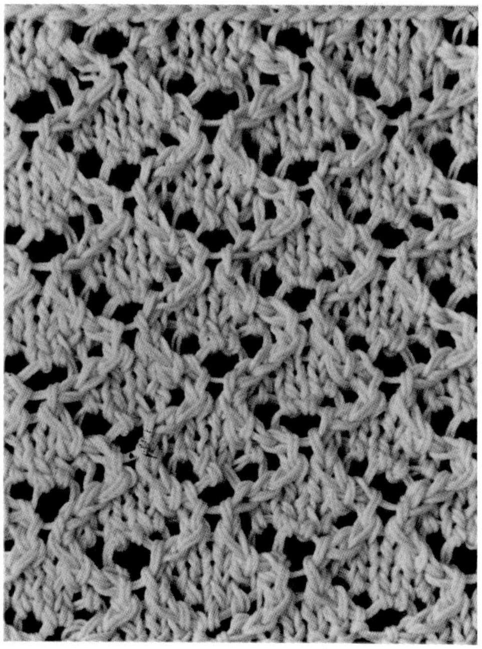

rechts zusammenstricken, 1 Umschlag, 3 Maschen rechts ✻. 2. Reihe: ✻ 1 Masche links, 2 Maschen von der Vorderseite der Arbeit einstechen und links zusammenstricken, 1 Umschlag, 1 Masche links, 1 Umschlag, 2 Maschen links zusammenstricken, 1 Masche links ✻. 3. Reihe: ✻ 2 Maschen rechts zusammenstricken, 1 Umschlag, 3 Maschen rechts, 1 Umschlag, 2 Maschen einfach übergehoben zusammenstricken ✻. 4. Reihe: Alle Maschen links stricken. 5. Reihe: ✻ 1 Umschlag, 2 Maschen einfach übergehoben zusammenstricken, 5 Maschen rechts ✻. 6. Reihe: ✻ 1 Umschlag, 2 Maschen links zusammenstrikken, 2 Maschen links, 2 Maschen von der Vorderseite der Arbeit einstechen und links zusammenstricken, 1 Umschlag, 1 Masche links ✻. 7. Reihe: ✻ 2 Maschen rechts, 1 Umschlag, 2 Maschen einfach übergehoben zusammenstricken, 2 Maschen rechts zusammenstricken, 1 Umschlag, 1 Masche rechts ✻. 8. Reihe: Alle Maschen links stricken. 9. Reihe: Wieder bei der ersten Reihe beginnen.

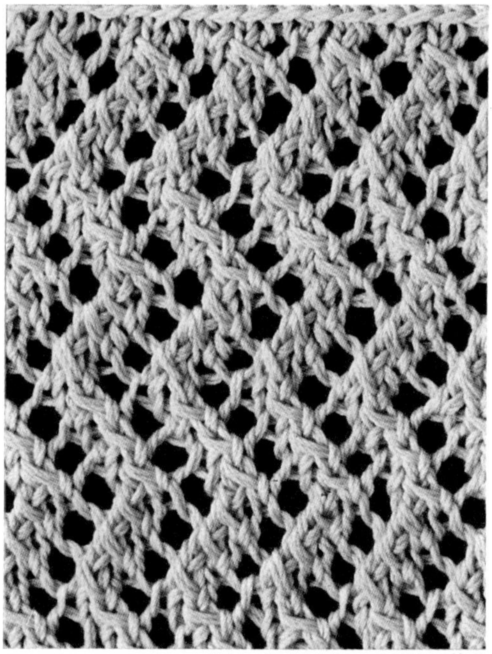

◁ *Pikee* *Senkrechtes Zickzackmuster* △

Senkrechtes Zickzackmuster

Die Maschenzahl muß durch 3 teilbar sein, zusätzlich 3 Maschen.
1. Reihe: 1 Masche rechts, ✻ 1 Umschlag, 2 Maschen von der Rückseite der Arbeit einstechen und links zusammenstricken, Faden hinter die Arbeit führen, 1 Masche rechts ✻, 2 Maschen rechts. 2. und alle geraden Reihen: Alle Maschen links stricken. 3. Reihe: 2 Maschen rechts, ✻ 1 Umschlag, 2 Maschen von der Rückseite der Arbeit einstechen und links zusammenstricken, Faden hinter die Arbeit führen, 1 Masche rechts ✻, 1 Masche rechts. 5. Reihe: 3 Maschen rechts, ✻ 1 Umschlag, 2 Maschen von der Rückseite der Arbeit einste-

chen und links zusammenstricken, Faden hinter die Arbeit führen, 1 Masche rechts ✲. 7. Reihe: 1 Masche rechts, ✲ Faden vor die Arbeit, 2 Maschen von der Rückseite der Arbeit einstechen und links zusammenstrikken, 1 Umschlag, 1 Masche rechts ✲, 2 Maschen rechts. 9. Reihe: ✲ 2 Maschen wie oben zusammenstricken, 1 Umschlag, 1 Masche rechts ✲, 3 Maschen rechts. 11. Reihe: 1 Masche rechts, ✲ 1 Umschlag, 1 Masche rechts, 2 Maschen wie oben zusammenstrikken ✲, 2 Maschen rechts. 13. Reihe: 2 Maschen rechts zusammenstricken, ✲ 1 Masche rechts, 1 Umschlag, 2 Maschen wie oben zusammenstricken ✲, 1 Masche rechts. 15. Rei-

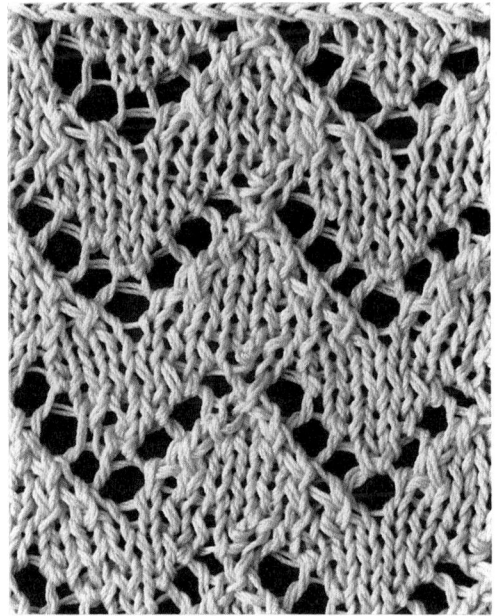

he: 3 Maschen rechts, ✲ 1 Masche rechts, 1 Umschlag, 2 Maschen wie oben zusammenstricken ✲. 17. Reihe: 2 Maschen rechts, ✲ 2 Maschen wie oben zusammenstricken, 1 Masche rechts ✲, 1 Masche rechts. 19. Reihe: Wieder bei der 7. Reihe beginnen.

Waagrechtes Zickzackmuster
Die Maschenzahl für dieses Muster muß durch 8 teilbar sein, zusätzlich 1 Masche und Rand.
1. Reihe: ✲ 5 Maschen rechts, 1 Umschlag, 2 Maschen rechts zusammenstricken, 1 Masche rechts ✲, 1 Masche rechts. 2. und alle geraden Reihen: Alle Maschen links stricken. 3. Reihe: ✲ 3 Maschen rechts, 2 Maschen von der Rückseite der Arbeit einstechen und rechts zusammenstricken, 1 Umschlag, 1 Masche rechts, 1 Umschlag, 2 Maschen rechts zusam-

menstricken ✲, 1 Masche rechts. 5. Reihe: 1 Masche rechts, ✲ 1 Masche rechts, 2 Maschen von der Rückseite der Arbeit einstechen und zusammenstricken, 1 Umschlag, 3 Maschen rechts, 1 Umschlag, 2 Maschen rechts zusammenstricken ✲. 7. Reihe: ✲ 1 Umschlag, 2 Maschen von der Rückseite der Arbeit einstechen und zusammenstricken; diese Masche auf die linke Nadel zurückbringen und die zweite Masche darüberziehen, dann die Masche wieder auf die rechte Nadel bringen; 1 Umschlag, 5 Maschen rechts ✲, 1 Masche rechts. 9. Reihe: ✲ 1 Masche rechts, in eine Masche eine rechte und eine linke Masche stricken, 6 Maschen rechts ✲, 1 Masche rechts. 11. Reihe: 2 Maschen rechts zusammenstricken, 4 Maschen rechts, 1 Umschlag, 2 Maschen rechts zusammenstricken, ✲ 2 Maschen rechts zusammenstricken, 5 Maschen rechts, 1 Umschlag, 2 Maschen rechts zusammenstricken ✲, 2 Maschen rechts. 13. Reihe: Wieder bei der 3. Reihe beginnen.

Phantasiemuster
Die Maschenzahl muß durch 10 teilbar sein zuzüglich Rand.

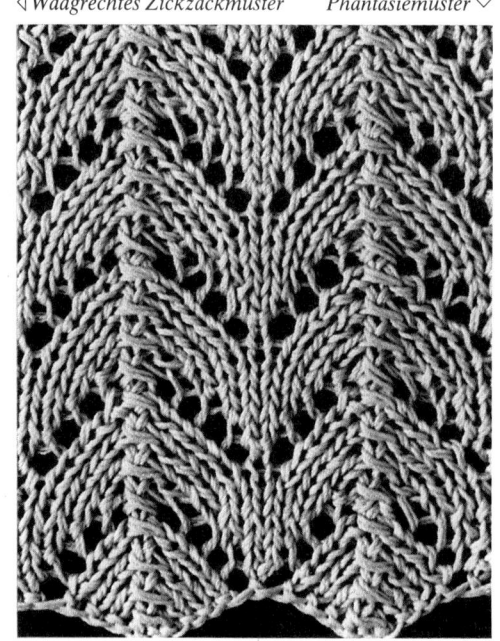

◁ *Waagrechtes Zickzackmuster*   *Phantasiemuster* ▽

1. Reihe: ✲ 1 Umschlag, 3 Maschen rechts, 3 Maschen doppelt übergehoben zusammenstricken, 3 Maschen rechts, 1 Umschlag, 1 Masche rechts ✲. 2. und alle geraden Reihen: Alle Maschen links stricken. 3. Reihe: ✲ 1 Masche rechts, 1 Umschlag, 2 Maschen

rechts, 3 Maschen doppelt übergehoben zusammenstricken, 2 Maschen rechts, 1 Umschlag, 2 Maschen rechts ✽. 5. Reihe: ✽ 2 Maschen rechts, 1 Umschlag, 1 Masche rechts, 3 Maschen doppelt übergehoben zusammenstricken, 1 Masche rechts, 1 Umschlag, 3 Maschen rechts ✽. 7. Reihe: ✽ 3 Maschen rechts, 1 Umschlag, 3 Maschen doppelt übergehoben zusammenstricken, 1 Umschlag, 4 Maschen rechts ✽. 9. Reihe: Wieder bei der ersten Reihe beginnen.

Wabenmuster

Die Maschenzahl muß durch 8 teilbar sein, zusätzlich 6 Maschen.

1., 3. und 11. Reihe: Alle Maschen links stricken. 2., 10. und 12. Reihe: Alle Maschen

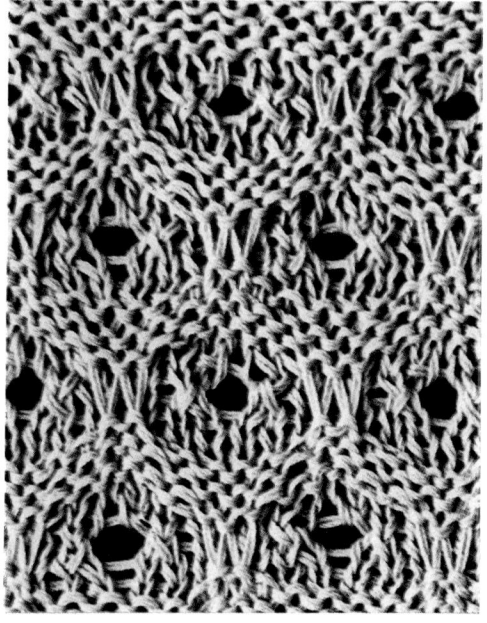

Wabenmuster

rechts stricken. 4. Reihe: 5 Maschen links, ✽ 1 Masche links, den Faden vor die Arbeit führen, 2 Maschen links abheben, 5 Maschen links ✽, 1 Masche links. 5. Reihe: 1 Masche rechts, ✽ 5 Maschen rechts, den Faden hinter die Arbeit führen, 2 Maschen links abheben, 1 Masche rechts ✽, 5 Maschen rechts. 6. Reihe: 5 Maschen links, ✽ 1 Masche links, den Faden vor die Arbeit führen, 2 Maschen links abheben, 5 Maschen links ✽, 1 Masche links. 7. Reihe: 1 Masche rechts, ✽ 2 Maschen einfach übergehoben zusammenstricken, 1 Umschlag, 2 Maschen rechts zusammenstricken, 1 Masche rechts, den Faden vor die Arbeit, 2 Maschen links abheben, 1 Masche rechts ✽, 2 Maschen einfach übergehoben

zusammenstricken, 1 Umschlag, 2 Maschen rechts zusammenstricken, 1 Masche rechts. 8. Reihe: 2 Maschen links, 1 Masche links und 1 Masche links verschränkt im Umschlag der Vorreihe stricken, 1 Masche links, ✽ 1 Masche links, den Faden vor die Arbeit führen, 2 Maschen links abheben, 2 Maschen links, 2 Maschen links im Umschlag der Vorreihe, 1 Masche links ✽, 1 Masche links. 9. Reihe: 1 Masche rechts, ✽ 5 Maschen rechts, den Faden hinter die Arbeit führen, 2 Maschen links abheben, 1 Masche rechts ✽, 5 Maschen rechts. 13. Reihe: 1 Masche rechts, ✽ 1 Masche rechts, den Faden hinter die Arbeit führen, 2 Maschen links abheben, 5 Maschen rechts ✽, 1 Masche rechts, den Faden hinter die Arbeit führen, 2 Maschen links abheben, 2 Maschen rechts. 14. Reihe: 2 Maschen links, den Faden vor die Arbeit führen, 2 Maschen links abheben, 1 Masche links, ✽ 5 Maschen links, den Faden vor die Arbeit führen, 2 Maschen links abheben, 1 Masche links ✽, 1 Masche links. 15. Reihe: 1 Masche rechts, ✽ 1 Masche rechts, den Faden hinter die Arbeit führen, 2 Maschen links abheben, 5 Maschen rechts ✽, 1 Masche rechts, den Faden hinter die Arbeit führen, 2 Maschen links abheben, 2 Maschen rechts. 16. Reihe: 2 Maschen links, den Faden vor die Arbeit führen, 2 Maschen links abheben, 1 Masche links, ✽ 2 Maschen links zusammenstricken, 1 Umschlag, 1 Masche links; diese auf die linke Nadel zurückbringen und mit der rechten Nadel die folgende Masche darüberziehen, dann die Masche wieder auf die rechte Nadel bringen; 1 Masche links, den Faden vor die Arbeit führen, 2 Maschen links abheben, 1 Masche links ✽, 1 Masche links. 17. Reihe: 1 Masche rechts, ✽ 1 Masche rechts, den Faden hinter die Arbeit führen, 2 Maschen links abheben, 2 Maschen rechts, 1 Masche rechts und 1 Masche rechts verschränkt im Umschlag der Vorreihe, 1 Masche rechts ✽, 1 Masche rechts, den Faden hinter die Arbeit führen, 2 Maschen links abheben, 2 Maschen rechts. 18. Reihe: 2 Maschen links, den Faden vor die Arbeit führen, 2 Maschen links abheben, 1 Masche links, ✽ 5 Maschen links, den Faden vor die Arbeit führen, 2 Maschen links abheben, 1 Masche links ✽, 1 Masche links. 19. Reihe: Wieder bei der ersten Reihe beginnen.

Flügelmuster

Die Maschenzahl muß durch 8 teilbar sein zuzüglich Rand.

1. Reihe: ✽ 7 Maschen links, 1 Masche rechts,

1 Umschlag ✸. 2. Reihe: ✸ 2 Maschen links, 7 Maschen rechts ✸. 3. Reihe: ✸ 7 Maschen links, 2 Maschen rechts, 1 Umschlag ✸. 4. Reihe: ✸ 3 Maschen links, 7 Maschen rechts ✸. 5. Reihe: ✸ 7 Maschen links, 3 Maschen rechts, 1 Umschlag ✸. 6. Reihe: ✸ 4 Maschen links, 7 Maschen rechts ✸. 7. Reihe: ✸ 7 Maschen links, 4 Maschen rechts, 1 Umschlag

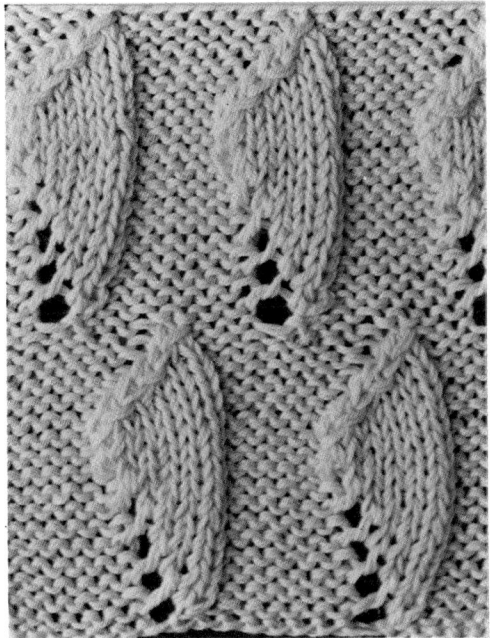

Flügelmuster

✸. 8. Reihe: ✸ 5 Maschen links, 7 Maschen rechts ✸. 9. Reihe: ✸ 7 Maschen links, 5 Maschen rechts, 1 Umschlag ✸. 10. Reihe: ✸ 6 Maschen links, 7 Maschen rechts ✸. 11. Reihe: ✸ 7 Maschen links, 6 Maschen rechts, 1 Umschlag ✸. 12. Reihe: ✸ 7 Maschen links, 7 Maschen rechts ✸. 13. Reihe: ✸ 7 Maschen links, 5 Maschen rechts, 2 Maschen rechts zusammenstricken ✸. 14. Reihe: ✸ 2 Maschen links zusammenstricken, 4 Maschen links, 7 Maschen rechts ✸. 15. Reihe: ✸ 7 Maschen links, 3 Maschen rechts, 2 Maschen rechts zusammenstricken ✸. 16. Reihe: ✸ 2 Maschen links zusammenstricken, 2 Maschen links, 7 Maschen rechts ✸. 17. Reihe: ✸ 7 Maschen links, 1 Masche rechts, 2 Maschen rechts zusammenstricken ✸.

18. Reihe: ✸ 2 Maschen links zusammenstrik-ken, 7 Maschen rechts ✸. 19. Reihe: ✸ 3 Maschen links, 1 Masche rechts, 1 Umschlag, 4 Maschen links ✸. 20. Reihe: ✸ 4 Maschen rechts, 2 Maschen links, 3 Maschen rechts ✸. 21. Reihe: ✸ 3 Maschen links, 2 Maschen rechts, 1 Umschlag, 4 Maschen links ✸. 22. Reihe: ✸ 4 Maschen rechts, 3 Maschen links, 3 Maschen rechts ✸. 23. Reihe: ✸ 3 Maschen links, 3 Maschen rechts, 1 Umschlag, 4 Maschen links ✸. 24. Reihe: ✸ 4 Maschen rechts, 4 Maschen links, 3 Maschen rechts ✸. 25. Reihe: ✸ 3 Maschen links, 4 Maschen rechts, 1 Umschlag, 4 Maschen links ✸. 26. Reihe: ✸ 4 Maschen rechts, 5 Maschen links, 3 Maschen rechts ✸. 27. Reihe: ✸ 3 Maschen links, 5 Maschen rechts, 1 Umschlag, 4 Maschen links ✸. 28. Reihe: ✸ 4 Maschen rechts, 6 Maschen links, 3 Maschen rechts ✸. 29. Reihe: ✸ 3 Maschen links, 6 Maschen rechts, 1 Umschlag, 4 Maschen links ✸. 30. Reihe: ✸ 4 Maschen rechts, 7 Maschen links, 3 Maschen rechts ✸. 31. Reihe: ✸ 3 Maschen links, 5 Maschen rechts, 2 Maschen rechts zusammenstricken, 4 Maschen links ✸. 32. Reihe: ✸ 4 Maschen rechts, 2 Maschen links zusammenstricken, 4 Maschen links, 3 Maschen rechts ✸. 33. Reihe: ✸ 3 Maschen links, 3 Maschen rechts, 2 Maschen rechts zusammenstricken, 4 Maschen links ✸. 34. Reihe: ✸ 4 Maschen rechts, 2 Maschen links zusammenstricken, 2 Maschen links, 3 Maschen rechts ✸. 35. Reihe: ✸ 3 Maschen links, 1 Masche rechts, 2 Maschen rechts zusammenstricken, 4 Maschen links ✸. 36. Reihe: ✸ 4 Maschen rechts, 2 Maschen links zusammenstricken, 3 Maschen rechts ✸. 37. Reihe: Wieder bei der ersten Reihe beginnen.

Schmetterling

Die Maschenzahl muß durch 10 teilbar sein.
1. und 3. Reihe: ✸ 2 Maschen rechts zusammenstricken, 1 Umschlag, 1 Masche rechts, 1 Umschlag, 2 Maschen einfach übergehoben zusammenstricken, 5 Maschen rechts ✸. 2. und 4. Reihe: ✸ 7 Maschen links, 1 Masche links abheben, 2 Maschen links ✸. 5. und 11. Reihe: Alle Maschen rechts stricken. 6. und 12. Reihe: Alle Maschen links stricken 7. und 9. Reihe: ✸ 5 Maschen rechts, 2 Maschen rechts zusammenstricken, 1 Umschlag, 1 Masche rechts, 1 Umschlag, 2 Maschen einfach übergehoben zusammenstricken ✸. 8. und 10. Reihe: ✸ 2 Maschen links, 1 Masche links abheben, 7 Maschen links ✸. 11. Reihe: Wieder bei der ersten Reihe beginnen.

Zapfenmuster

Die Maschenzahl muß durch 8 teilbar sein, zusätzlich 3 Maschen und Rand.

1. Reihe: 2 Maschen rechts, ✸ 1 Umschlag, 2 Maschen rechts, 3 Maschen doppelt überge-hoben zusammenstricken, 2 Maschen rechts,

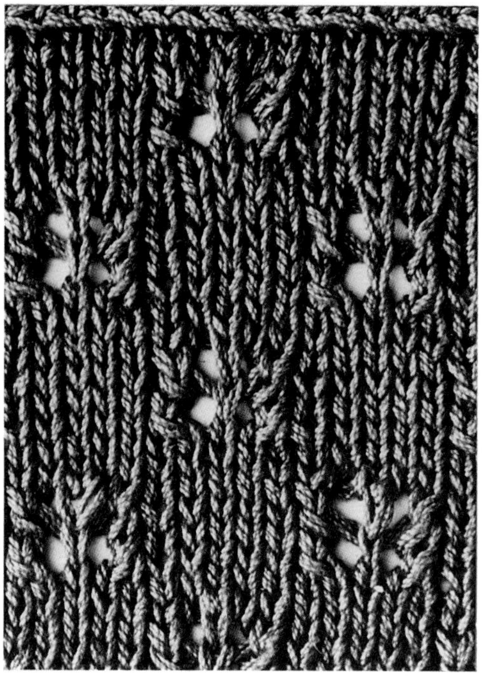

Schmetterling

1 Umschlag, 1 Masche rechts ✻, 1 Masche rechts. 2. und alle geraden Reihen: Alle Maschen links stricken. 3. Reihe: 2 Maschen rechts, ✻ 1 Umschlag, 2 Maschen rechts, 3 Maschen doppelt übergehoben zusammenstricken, 2 Maschen rechts, 1 Umschlag, 1

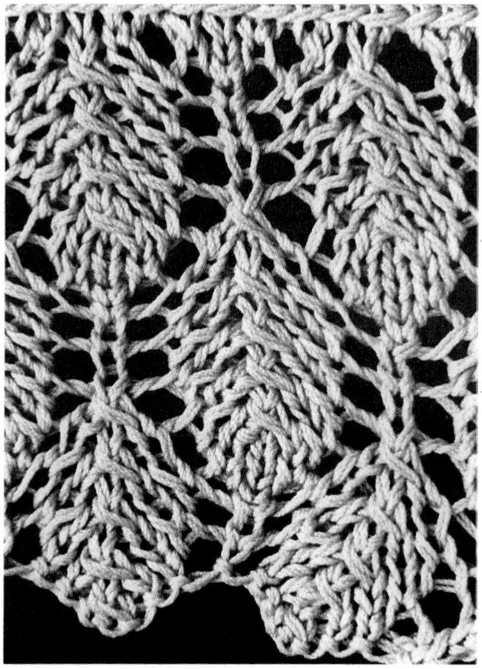

Zapfenmuster

Masche rechts ✻, 1 Masche rechts. 5. Reihe: 2 Maschen rechts, ✻ 1 Umschlag, 2 Maschen rechts, 3 Maschen doppelt übergehoben zusammenstricken, 2 Maschen rechts, 1 Umschlag, 1 Masche rechts ✻, 1 Masche rechts. 7. Reihe: 2 Maschen rechts, ✻ 1 Masche rechts, 1 Umschlag, 1 Masche rechts, 3 Maschen doppelt übergehoben zusammenstricken, 1 Masche rechts, 1 Umschlag, 2 Maschen rechts ✻, 1 Masche rechts. 9. Reihe: 2 Maschen rechts, ✻ 2 Maschen rechts, 1 Umschlag, 3 Maschen doppelt übergehoben zusammenstricken, 1 Umschlag, 3 Maschen rechts ✻, 1 Masche rechts. 11. Reihe: 1 Masche rechts, 2 Maschen zusammenstricken, ✻ 2 Maschen rechts, 1 Umschlag, 1 Masche rechts, 1 Umschlag, 2 Maschen rechts, 3 Maschen doppelt übergehoben zusammenstricken ✻, 1 Umschlag. 13. Reihe: 1 Masche rechts, 2 Maschen zusammenstricken, ✻ 2 Maschen rechts, 1 Umschlag, 1 Masche rechts, 1 Umschlag, 2 Maschen rechts, 3 Maschen doppelt übergehoben zusammenstricken ✻, 1 Umschlag. 15. Reihe: 1 Masche rechts, 2 Maschen zusammenstricken, ✻ 2 Maschen rechts, 1 Umschlag, 1 Masche rechts, 1 Umschlag, 2 Maschen rechts, 3 Maschen doppelt übergehoben zusammenstricken ✻, 1 Umschlag. 17. Reihe: 1 Masche rechts, 2 Maschen zusammenstricken, ✻ 1 Masche rechts, 1 Umschlag, 3 Maschen rechts, 1 Umschlag, 1 Masche rechts, 3 Maschen doppelt übergehoben zusammenstricken ✻, 1 Umschlag. 19. Reihe: 1 Masche rechts, 2 Maschen zusammenstricken, ✻ 1 Umschlag, 5 Maschen rechts, 1 Umschlag, 3 Maschen doppelt übergehoben zusammenstricken ✻. 21. Reihe: Wieder bei der ersten Reihe beginnen.

Durchbrochener Zopf

Die Maschenzahl muß durch 16 teilbar sein. 1. Reihe: ✻ 3 Maschen rechts, 2 Maschen rechts zusammenstricken, 2 Maschen rechts, 1 Umschlag, 5 Maschen rechts, 1 Umschlag, 2 Maschen rechts, 2 Maschen einfach übergehoben zusammenstricken ✻. 2. und alle geraden Reihen: Alle Maschen links stricken. 3. Reihe: ✻ 2 Maschen rechts, 2 Maschen rechts zusammenstricken, 2 Maschen rechts, 1 Umschlag, 1 Masche rechts, 1 Umschlag, 2 Maschen rechts, 2 Maschen einfach übergehoben zusammenstricken, 5 Maschen rechts ✻. 5. Reihe: ✻ 1 Masche rechts, 2 Maschen rechts zusammenstricken, 2 Maschen rechts, 1 Umschlag, 3 Maschen rechts, 1 Umschlag, 2 Maschen rechts, 2 Maschen einfach übergehoben zusammenstricken, 4 Maschen rechts ✽. 7. Reihe: ✽ 2 Maschen rechts zusammenstricken, 2 Maschen rechts, 1 Umschlag, 5 Maschen rechts, 1 Umschlag, 2 Maschen rechts, 2 Maschen einfach übergehoben zusammenstricken, 3 Maschen rechts ✽. 9. Reihe: ✽ 5 Maschen rechts, 2 Maschen rechts zusammenstricken, 2 Maschen rechts, 1 Umschlag, 1 Masche rechts, 1 Umschlag, 2 Maschen

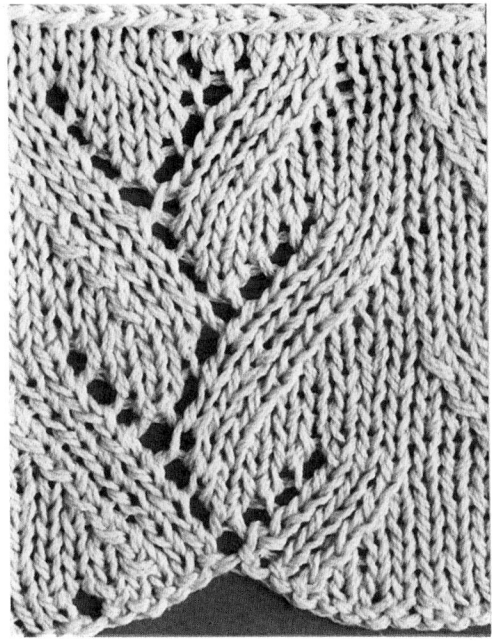

1. Reihe: ✽ 2 Maschen rechts, 2 Umschläge, 2 Maschen rechts ✽. 2. Reihe: ✽ 2 Maschen links zusammenstricken, 1 Masche rechts, 1 Masche links, 2 Maschen links zusammen-

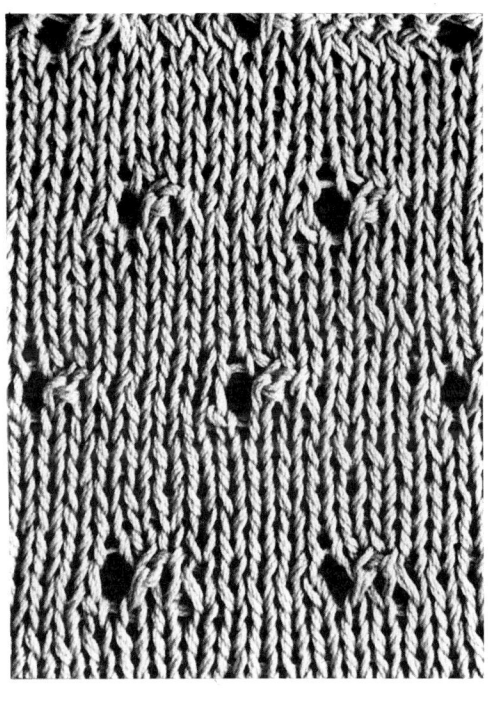

◁ *Durchbrochener Zopf*   *Vorgetäuschte Tupfen* △

rechts, 2 Maschen einfach übergehoben zusammenstricken, 2 Maschen rechts ✽. 11. Reihe: ✽ 4 Maschen rechts, 2 Maschen rechts zusammenstricken, 2 Maschen rechts, 1 Umschlag, 3 Maschen rechts, 1 Umschlag, 2 Maschen rechts, 2 Maschen einfach übergehoben zusammenstricken, 1 Masche rechts ✽. 13. Reihe: Wieder bei der ersten Reihe beginnen.

Vorgetäuschte Tupfen
Die Maschenzahl muß durch 7 teilbar sein, zusätzlich 1 Masche.
1. Reihe: ✽ 5 Maschen rechts, 1 Umschlag, 2 Maschen links zusammenstricken ✽, 1 Masche rechts. Von der 2. bis zur 8. Reihe: Glatt rechts stricken. 9. Reihe: 1 Masche rechts, ✽ 1 Umschlag, 2 Maschen links zusammenstricken, 5 Maschen rechts ✽. Von der 10. bis zur 16. Reihe: Glatt rechts stricken. 17. Reihe: Wieder bei der ersten Reihe beginnen.

Durchbrochenes Muster
Die Maschenzahl muß durch 4 teilbar sein zuzüglich Rand.

Durchbrochenes Muster

stricken ✳. 3. Reihe: ✳ 1 Umschlag, 4 Maschen rechts, 1 Umschlag ✳. 4. Reihe: ✳ 1 Masche links, 2 Maschen links zusammenstricken (2mal), 1 Masche rechts ✳. 5. Reihe: Wieder bei der ersten Reihe beginnen.

Schrägstreifen

Die Maschenzahl muß durch 5 teilbar sein. 1. und alle ungeraden Reihen: Alle Maschen rechts stricken. 2. Reihe: ✳ 3 Maschen links, 1 Umschlag 2 Maschen links zusammenstrikken ✳. 4. Reihe: 4 Maschen links, ✳ 1 Umschlag, 2 Maschen links zusammenstricken, 3 Maschen links ✳, 1 Masche links. 6. Reihe: 5 Maschen links, ✳ 1 Umschlag, 2 Maschen links zusammenstricken, 3 Maschen links ✳. 8. Reihe: 1 Masche links, ✳ 1 Umschlag, 2 Maschen links zusammenstricken, 3 Maschen links ✳, 1 Umschlag, 2 Maschen links zusammenstricken, 2 Maschen links. 10. Reihe: 2 Maschen links, ✳ 1 Umschlag, 2 Maschen

einstechen, mit dem Faden um die Nadel eine Schlinge bilden, 2 Maschen rechts, eine zweite Schlinge aus der gleichen Masche der ersten bilden, 3 Maschen rechts, eine dritte Schlinge aus der gleichen Masche der beiden vorhergehenden bilden, 5 Maschen rechts ✳. 6. Reihe: ✳ 5 Maschen links, die dritte Schlinge der Vorreihe mit der darauffolgenden Masche links zusammenstricken, 1 Masche links, die zweite Schlinge der Vorreihe mit der darauffolgenden Masche links zusammenstricken, 1 Masche links, die erste Schlinge der Vorreihe mit der darauffolgenden Masche links zusammenstricken ✳. 11. Reihe: ✳ 5 Maschen rechts, mit der rechten Nadel in die 8. Masche der 8. Reihe einstechen, mit dem Faden um die Nadel eine Schlinge bilden, 2 Maschen rechts, eine zweite Schlinge aus der gleichen Masche der ersten bilden, 3 Maschen rechts, eine dritte Schlinge aus der gleichen Masche der beiden vorhergehenden bilden ✳. 12. Reihe: ✳ die dritte Schlinge der Vorreihe mit der darauffolgenden Masche links zusammenstricken, 1 Masche links, die zweite Schlinge der Vorreihe mit der darauffolgenden Masche links zusammenstricken, 1 Masche links, die erste Schlinge der Vorreihe mit

△ *Schrägstreifen*   *Sträußchen* ▷

links zusammenstricken, 3 Maschen links ✳, 1 Umschlag, 2 Maschen links zusammenstrikken, 1 Masche links. 12. Reihe: Wieder bei der zweiten Reihe beginnen.

Sträußchen

Die Maschenzahl muß durch 10 teilbar sein. 1., 3., 7. und 9. Reihe: Alle Maschen rechts stricken. 2., 4., 8. und 10. Reihe: Alle Maschen links stricken. 5. Reihe: ✳ mit der rechten Nadel in die 3. Masche der ersten Reihe

der darauffolgenden Masche links zusammenstricken, 5 Maschen links ✳. 13. Reihe: Alle Maschen rechts stricken. 14. Reihe: Alle Maschen links stricken. 15. Reihe: Wieder bei der 5. Reihe beginnen.

Pullover, Jacken, Mützen . . . 42 Modelle zum Selbermachen

Die folgenden Seiten bieten eine Auswahl von Strickmodellen für Herren, Damen und Kinder. Den Arbeitsanleitungen gehen immer Hinweise über den Schwierigkeitsgrad voran – von einem bis drei Sternchen. Die in Klammern angegebenen Zahlen beziehen sich jeweils auf ein oder zwei zusätzliche Größen. Bis auf wenige Ausnahmen werden nur die üblichsten Strickarten verwendet; natürlich lassen diese sich je nach Ihrem persönlichen Geschmack durch andere Muster ersetzen. Es ist nur darauf zu achten, dann auch die Maschenprobe entsprechend zu verändern.

Arbeits- anleitungen

Mütze im Jacquardmuster (1)
Farbabbildung Seite 85

Schwierigkeitsgrad: xxx

Maschenprobe: 16 Maschen × 20 Reihen = 10 cm x 10 cm.

Größe: Für Kinder von 8 bis 13 Jahren.

Material: 40 g dunkelbraune Naturwolle; 20 g hellbraune Naturwolle; 20 g weiße Naturwolle; Stricknadeln Nr. 4.

Muster: Jacquardmuster (siehe Seiten 52–53); einfaches Rippenmuster (siehe Seite 57); glatt rechts (siehe Seite 57).

Ausführung
● Mit der dunkelbraunen Wolle 75 Maschen aufnehmen (im Patent, siehe Seiten 30–31), 3 Reihen im Patent stricken. Danach mit den verschiedenen Farben glatt rechts im Jacquardmuster das erste Muster der Vorlage einmal stricken.
Dann 4 Reihen einfaches Rippenmuster in dunkelbrauner Wolle, 3 Reihen glatt links in dunkelbrauner Wolle. Im Jacquardmuster glatt rechts weiterstricken, dabei das erste Muster wiederholen.
2 Reihen glatt rechts mit dunkelbrauner Wolle, dann im Jacquardmuster wie auf der zweiten Vorlage weiterstricken. Anschließend 2 Reihen glatt rechts mit dunkelbrauner Wolle, 2 Reihen mit hellbrauner Wolle, dabei alle 5 Maschen 1 Masche abnehmen.
Mit dunkelbrauner Wolle weiterstricken, dabei übereinanderliegend so lange Maschen

abnehmen, bis nur noch 6 Maschen auf der Nadel verbleiben, die auf einmal abgekettet werden.

● *Fertigstellung:* Die Kanten auf der Rückseite der Arbeit zusammennähen, die Mütze umdrehen und den Rand umschlagen.

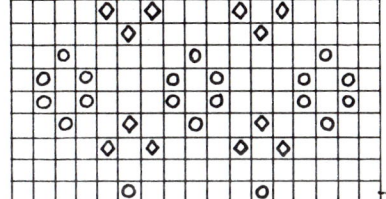

Vorlage der beiden Bordüren
☐ dunkelbraune Grundfarbe
○ weiß
◇ hellbraun

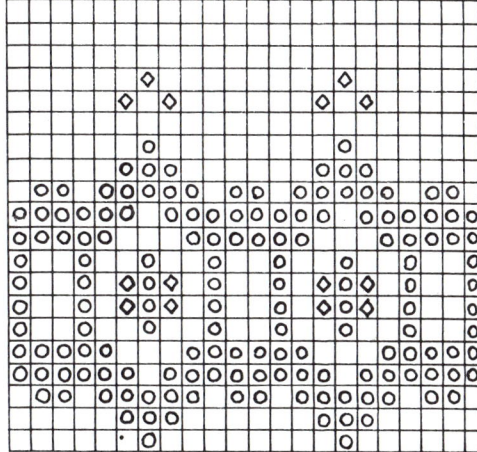

Vorlage des Musters der Mütze
☐ weiße Grundfarbe
◇ hellbraun
○ dunkelbraun

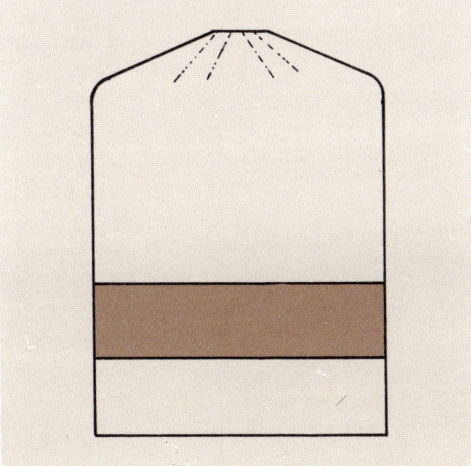

Schema der Farbabbildung auf Seite 85

Melierter Schal (2)
Farbabbildung Seite 85

Schwierigkeitsgrad: x

Maschenprobe: 16 Maschen × 15 Reihen = 10 cm x 10 cm.

Material: 240 g grün-beige melierte Wolle aus 3 Fäden; Stricknadeln Nr. 6; Häkelnadel Nr. 6.

Muster: zweifaches Rippenmuster (siehe Seite 58).

Ausführung

● 40 Maschen aufnehmen, dabei den Faden doppelt nehmen, einen Meter im zweifachen Rippenmuster stricken.

● *Fertigstellung:* mit 4fach gelegter Wolle an beiden Enden des Schals 13 cm lange Fransen anbringen (siehe Seite 138).

Jacke im Jacquardmuster (3)
Farbabbildung Seite 85

Schwierigkeitsgrad: xxx

Maschenprobe: 16 Maschen × 20 Reihen = 10 cm x 10 cm.

Größe: für 10–11jährige Kinder. In Klammern sind jeweils die Angaben für Kinder im Alter von 8–9 bzw. von 12–13 Jahren aufgeführt.

Material: 350 (300; 400) g dunkelbraune Naturwolle; 150 (100; 200) g weiße Naturwolle; 80 (50; 100) g hellbraune Naturwolle; Stricknadeln Nr. 4; 6 Metallknöpfe.

Muster: einfaches Rippenmuster (siehe Seite 57); Jacquardmuster (siehe Seiten 52–53).

Ausführung

● *Rückenteil:* Mit der dunkelbraunen Wolle 64 (60; 70) Maschen aufnehmen (im Patent, siehe Seiten 30–31), 3 Reihen im einfachen Rippenmuster im Patent stricken, dann im einfachen Rippenmuster 6 cm weiterarbeiten. Im abgebildeten Jacquardmuster glatt rechts 43 (40; 46) cm stricken. Alle Maschen abketten.

● *Vordere Hälfte:* Mit der dunkelbraunen Wolle 30 (26; 34) Maschen aufnehmen (im Patent, siehe Seiten 30–31), 3 Reihen im einfachen Rippenmuster im Patent stricken, dann im einfachen Rippenmuster 6 cm weiterarbeiten.
Im abgebildeten Jacquardmuster glatt rechts 38 (36; 40) cm stricken.
Auf der Vorderseite der Arbeit mit dem Halsausschnitt beginnen, dafür auf einer Seite einmal 4 Maschen, einmal 2 Maschen und einmal 1 Masche abnehmen. Weiterstricken, bis die Länge des Rückenteils erreicht ist, und dann die Maschen für die Schulter abnehmen. Die andere Hälfte des Vorderteils wird spie-

Schema der Farbabbildung auf Seite 85

Vorlage des Jacquardmusters der Jacke
□ dunkelbraune Grundfarbe
◇ hellbraun
○ weiß

gelbildlich dazu auf die gleiche Weise gearbeitet.

● *Ärmel:* Mit der dunkelbraunen Wolle 36 (34; 38) Maschen aufnehmen (wie auf den Seiten 30–31 aufgeführt), 3 Reihen im einfachen Rippenmuster im Patent stricken, dann im einfachen Rippenmuster 12 cm weiterarbeiten.

Im oben abgebildeten Jacquardmuster glatt rechts 30 (28; 32) cm stricken; dabei auf jeder Seite alle 4 Reihen eine Masche aufnehmen. Alle Maschen abketten.

● *Fertigstellung:* Die Schultern und die Seiten zusammennähen, dabei eine genügend große Öffnung für die Ärmel lassen, die Ärmel zusammennähen und einfügen.
An den Rändern der beiden Vorderteile mit Hilfe der Häkelnadel mit brauner Wolle Maschen aufnehmen (siehe Seite 42) und 5 cm einfaches Rippenmuster im Patent stricken. Maschen abketten, wie auf Seite 31 beschrie-

ben wird. Auf eine der beiden Seiten 6 waagrecht verlaufende Knopflöcher über 2 Maschen anbringen (siehe Seite 45), die 7 cm voneinander entfernt liegen.

Auch am Halsausschnitt mit dunkelbrauner Wolle Maschen aufnehmen, dabei vorne rechts beginnen. 7 cm in einfachem Rippenmuster stricken, dann an den beiden Seiten alle 2 Reihen jeweils eine Masche aufnehmen. 2 Reihen in einfachem Rippenmuster im Patent stricken und die Maschen entsprechend abketten.

Die Knöpfe in Knopflochhöhe annähen. Das Armbündchen zur Hälfte umschlagen.

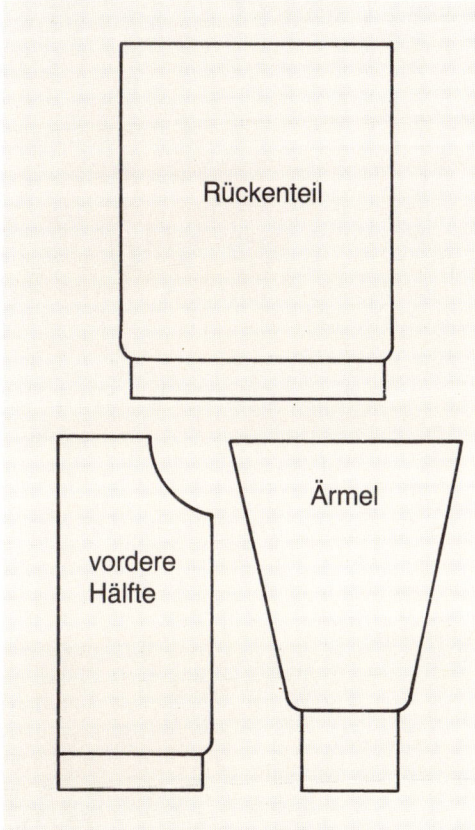

Melierte Kniestrümpfe (4)
Farbabbildung Seite 85

Schwierigkeitsgrad: xxx

Maschenprobe: 26 Maschen × 34 Reihen = 10 cm x 10 cm.

Größe: Für Kinder von 10–11 Jahren (Schuhgröße 36–37). In Klammern sind jeweils die Maße für Kinder im Alter von 8–9 Jahren (Schuhgröße 33–35) bzw. 6–7 Jahren (Schuhgröße 31–33) angegeben.

Material: 100 (80; 60) g grün-beige melierte Wolle aus drei Fäden; ein Nadelspiel Nr. 2,5 und ein Nadelspiel Nr. 3.

Muster: Einfaches Rippenmuster (siehe Seite 57); glatt rechts (siehe Seite 57); zweifaches Rippenmuster (siehe Seite 58).

Ausführung

● Mit dem Nr.-2,5-Nadelspiel 44 (40; 36) Maschen aufnehmen (im Patent, siehe Seiten 30–31), 5 Reihen im einfachen Rippenmuster im Patent stricken, mit dem Nadelspiel Nr. 3 im zweifachen Rippenmuster 28 (24; 22) cm weiterarbeiten.

Ferse: Nur die 14 (12; 10) mittleren Maschen glatt stricken und nach einer der auf den Seiten 133–134 erklärten Methoden weiterarbeiten. Den Fuß glatt rechts stricken.

Nach 17 (15; 13) cm mit der *Spitze* beginnen, wobei wieder eine der auf Seite 134 erklärten Methoden zu wählen ist.

● *Fertigstellung:* Auf der Rückseite mit kleinen Stichen die Spitze zunähen und den Faden vernähen.

Evtl. in den oberen im Patent gestrickten Rand einen Gummi einziehen.

Hellblauer Angorapullunder (5)
Farbabbildung Seite 85

Schwierigkeitsgrad: xx

Maschenprobe: 26 Maschen × 32 Reihen = 10 cm x 10 cm.

Größe: Für Kinder von 12–13 Jahren. In Klammern sind jeweils die Angaben für Kinder im Alter von 10–11 bzw. 8–9 Jahren aufgeführt.

Material: 100 (80; 60) g hellblaue Angorawolle; wenige Gramm weiße Angorawolle; Stricknadeln Nr. 2,5 und 3.

Muster: Zweifaches Rippenmuster (siehe Seite 58) und glatt rechts (siehe Seite 57).

Ausführung

● Der Pullunder wird in einem Stück gestrickt, indem man beim Rückenteil beginnt und mit dem vorderen Bündchen abschließt. Mit den Nadeln Nr. 2,5 mit weißer Wolle 105 (98; 90) Maschen aufnehmen und 4 Reihen im zweifachen Rippenmuster stricken. Mit der hellblauen Wolle im zweifachen Rippenmuster 3 cm weiterstricken. Danach mit den Nadeln Nr. 3 mit der hellblauen Wolle 26 (23; 20) cm glatt rechts stricken.

Schema der Farbabbildung auf Seite 85

*Schema der
Farbabbildung
auf Seite 86*

Für die Armausschnitte an beiden Seiten einmal 3 Maschen und einmal 2 Maschen abnehmen, dann glatt rechts weitere 16 (15; 14) cm arbeiten.

Die mittleren 55 (52; 48) Maschen abketten und getrennt 20 (18; 16) Maschen pro Seite 2 cm hochstricken. Die mittleren Maschen erneut aufnehmen und mit allen Maschen 16 (15; 14) cm weiterarbeiten. Auf beiden Seiten

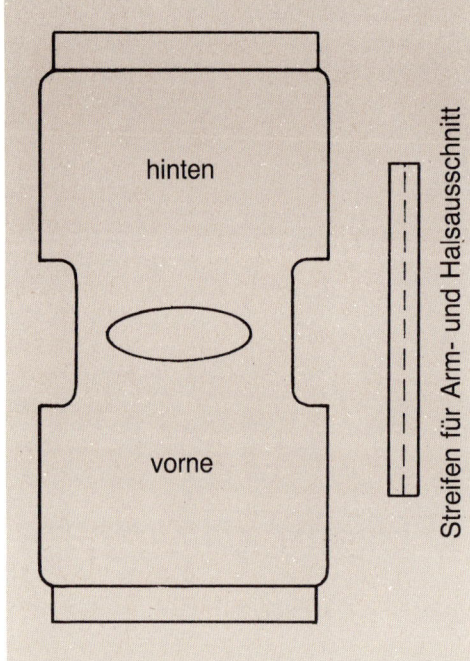

hinten

vorne

Streifen für Arm- und Halsausschnitt

einmal 2 Maschen und einmal 3 Maschen aufnehmen, dann glatt rechts bis zum Beginn des Bündchens stricken.

Mit den Nadeln Nr. 2,5 das Bündchen im zweifachen Rippenmuster ebenso wie beim Rückenteil stricken und mit 4 Reihen weißer Wolle abschließen. Alle Maschen auf einmal abketten.

● *Fertigstellung:* Die Seiten zusammennähen und an den Armausschnitten und dem Halsausschnitt den Saum 0,5 cm nach innen umschlagen und mit kleinen Stichen vernähen. Für die Armlöcher und den Halsausschnitt mit 2,5er Nadeln 8 Maschen aufnehmen und glatt rechts drei Streifen in der nötigen Länge stricken. Diese in der waagrechten Richtung umschlagen und mit kleinen Stichen an der Innenseite der Armlöcher und des Halsausschnittes so annähen, daß sie einige mm hervorschauen.

Dunkelblaue Strickjacke (1)
Farbabbildung Seite 86

Schwierigkeitsgrad: xx

Maschenprobe: 30 Maschen × 32 Reihen = 10 cm x 10 cm.

Größe: Für Kinder von 8–9 Jahren. In Klammern sind die Angaben für Kinder im Alter von 10–11 bzw. 12–13 Jahren.

Material: 350 (400; 450) g dunkelblaue zweifädige Wolle; Stricknadeln Nr. 3; Häkelnadel Nr. 3; 5 dunkelblaue Knöpfe.

Muster: glatt rechts (siehe Seite 57); zweifaches Rippenmuster (siehe Seite 58); die Blende wird im Retourstich gearbeitet (siehe Seite 43).

Ausführung

● *Rücken:* 108 (116; 124) Maschen aufnehmen und glatt rechts 40 (42; 44) cm stricken. Alle Maschen auf einmal abketten.

● *Vordere Hälfte:* 50 (58; 66) Maschen aufnehmen und glatt rechts 32 (34; 36) cm stricken (siehe Seite 57). Dann mit dem Abnehmen für den Halsausschnitt beginnen: Einmal 4 Maschen, einmal 3 Maschen und einmal 2 Maschen abketten. Danach glatt rechts bis zur Schulterhöhe weiterstricken.

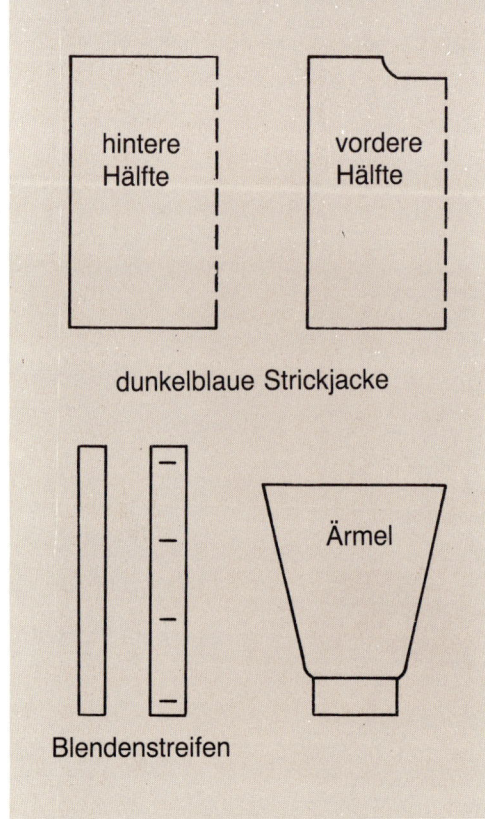

hintere
Hälfte

vordere
Hälfte

dunkelblaue Strickjacke

Ärmel

Blendenstreifen

Die zweite vordere Hälfte gegengleich stricken.

● *Ärmel:* 44 (50; 54) Maschen aufnehmen und 5 cm im zweifachen Rippenmuster stricken (siehe Seite 58). 22 (26; 30) Reihen glatt rechts stricken, dabei alle 6 Reihen an jeder Seite 1 Masche zunehmen. Alle Maschen auf einmal abketten.

● *Fertigstellung:* Die Schultern und die Seiten zusammennähen, eine genügend große Öffnung für die Ärmel freilassen. Die Ärmel zunähen und einfügen.

● *Blende an den Vorderteilen:* 140 (150; 160) Maschen aufnehmen und 5 (6; 7) cm im zweifachen Rippenmuster stricken. Den gleichen Streifen, jedoch mit 4 waagrechten Knopflöchern über 3 Maschen (siehe Seite 45) anfertigen; die Knopflöcher sollen 9 cm voneinander entfernt sein.

Mit kleinen Stichen oder mit Steppstich (siehe Seite 142) diese Streifen an die beiden Vorderseiten annähen. Für Mädchen kommt der Streifen mit den Knopflöchern an die rechte Seite, für Jungen an die linke.

● *Blende für den Halsausschnitt:* Die Maschen des Halsausschnittes aufnehmen (siehe Seite 42), dabei auf der rechten Seite beginnen. Die Maschen auf die Nadel übernehmen und 5 cm im zweifachen Rippenmuster stricken. Die Blende umschlagen und innen am Rand des Halsausschnittes annähen.

● *Unteres Bündchen:* Mit der Häkelnadel die Maschen des Vorder- und des Rückenteils aufnehmen (siehe Seite 42), bei der rechten Seite beginnen und alle 2 Maschen eine Masche überspringen; die Jacke wird so unten angekraust. Die Maschen auf die Stricknadel übernehmen und im zweifachen Rippenmuster 12 (14; 16) cm stricken, dabei werden Knopflöcher in 3 (3,5; 4) cm Entfernung vom Anfang und in gleicher Entfernung vom Ende gestrickt. Die Blende zur Hälfte umschlagen, so daß die beiden Knopflöcher übereinander zu liegen kommen. Die Knopflöcher mit dem Knopflochstich umnähen (siehe Seite 145) und die Blenden der beiden Vorderteile mit dem Retourstich abschließen. Knöpfe annähen und die Bündchen der Ärmel umschlagen.

Kniestrümpfe im Jacquardmuster (2)
Farbabbildung Seite 86

Schwierigkeitsgrad: xxx

Schema der Farbabbildung auf Seite 86

Maschenprobe: 35 Maschen × 46 Reihen = 10 cm x 10 cm.

Größe: Für Kinder von 13–14 Jahren (Schuhgröße 38–39), in Klammern für Kinder im Alter von 11–12 Jahren (Schuhgröße 37–38) bzw. 15–16 Jahren (Schuhgröße 39–40).

Material: 60 g blaues Leinen; 30 g grünes Leinen; 30 g graues Leinen; Nadelspiel Nr. 2; ein 1 cm breites Gummiband.

Muster: glatt rechts (siehe Seite 57); Jacquardmuster (siehe Seiten 52–53).

Ausführung

● Mit dem Nadelspiel mit dem blauen Leinen 74 (70; 78) Maschen aufnehmen und einen Katzenzähnchensaum (siehe Seite 44) von 2 cm Höhe stricken.

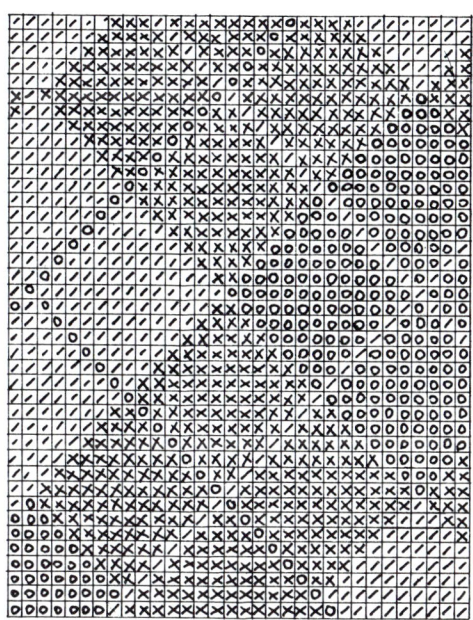

Vorlage des Jacquardmusters für die Kniestrümpfe
□ grün × blau ○ grau

Der Vorlage folgend 31 (29; 33) cm glatt rechts im Jacquardmuster stricken. Mit blauem Leinen die *Ferse* glatt rechts auf den mittleren 38 (34; 42) Maschen nach einer der auf den Seiten 133–134 beschriebenen Methoden stricken. Den *Fuß* glatt rechts mit blauem Leinen 22 (20; 24) cm lang einschließlich der Spitze arbeiten; die *Spitze* nach einer der auf Seite 134 beschriebenen Methoden stricken.

Fertigstellung: Mit kleinen Stichen die Spitze auf der Rückseite schließen und einen Gummi in den Katzenzähnchensaum einziehen.

*Schema der
Farbabbildung
auf Seite 86*

Weißer Pullover mit hellblauen und dunkelblauen Streifen (3)
Farbabbildung Seite 86

Schwierigkeitsgrad: xx

Maschenprobe: 19 Maschen × 21 Reihen = 10 cm x 10 cm.

Größe: Für Kinder von 10–11 Jahren. In Klammern sind jeweils die Angaben für Kinder im Alter von 8–9 bzw. 6–7 Jahren aufgeführt.

Material: 400 g weiße Shetlandwolle, zweifädig; wenige Gramm hellblaue und dunkelblaue Shetlandwolle, zweifädig; Stricknadeln Nr. 4, Häkelnadel Nr. 4.

Muster: glatt rechts (siehe Seite 57); einfaches Rippenmuster (siehe Seite 57); Blende im Retourstich (siehe Seite 42).

Ausführung

● *Rückenteil:* 72 (67; 62) Maschen aufnehmen (im Patent, siehe Seiten 30–31), 3 Reihen im einfachen Rippenmuster im Patent stricken, im einfachen Rippenmuster 4,5 cm weiterarbeiten; damit ist das Bündchen abgeschlossen.

2 Reihen mit dunkelblauer Wolle glatt rechts stricken, dann 2 Reihen mit weißer Wolle glatt rechts, und 2 Reihen mit hellblauer Wolle glatt rechts. Mit der weißen Wolle glatt rechts 35 (32; 29) cm weiterarbeiten, dann 2 Reihen mit dunkelblauer Wolle, 2 Reihen mit weißer Wolle und 2 Reihen mit hellblauer Wolle stricken.

Die mittleren 22 (19; 16) Maschen für den hinteren Halsausschnitt abketten, und getrennt 25 (24; 23) Maschen für jede Schulter zwei Reihen mit weißer Wolle stricken. Alle Maschen abketten.

● *Vorderteil:* 72 (67, 62) Maschen aufnehmen (im Patent, siehe Seiten 30–31), 3 Reihen im einfachen Rippenmuster im Patent stricken, dann im einfachen Rippenmuster 4,5 cm weiterarbeiten. 2 Reihen mit dunkelblauer Wolle, 2 Reihen mit weißer Wolle und 2 Reihen mit hellblauer Wolle glatt rechts stricken; mit der weißen Wolle 28 (25; 22) cm glatt rechts weiterarbeiten. Die beiden mittleren Maschen abketten, getrennt die beiden Teile bis auf eine Höhe von 6 (5; 4) cm weiterstricken.

Für den Halsausschnitt 10mal in jeder Reihe eine Masche abnehmen; die 6 letzten Reihen werden folgendermaßen gestrickt: 2 Reihen mit dunkelblauer Wolle. Alle Maschen an der Schulter abketten.

● *Ärmel:* 32 (30; 28) Maschen aufnehmen (im Patent, siehe Seiten 30–31), 3 Reihen im einfachen Rippenmuster im Patent stricken, dann im einfachen Rippenmuster 5,5 cm weiterarbeiten. 2 Reihen mit dunkelblauer, 2 Reihen mit weißer, 2 Reihen mit hellblauer Wolle glatt rechts stricken. Mit weißer Wolle glatt rechts 35 (32; 29) cm weiterarbeiten und alle 6 Reihen auf jeder Seite eine Masche zunehmen. 2 Reihen mit dunkelblauer, 2 Reihen mit weißer, 2 Reihen mit hellblauer Wolle und zum Schluß 2 Reihen mit weißer Wolle stricken. Alle Maschen abketten.

● *Fertigstellung:* Die Seiten zusammennähen (eine genügend große Öffnung für die Ärmel freilassen), die Schultern und die Ärmel zusammennähen. Die Ärmel einsetzen.

● *Halsausschnitt:* 70 (68; 66) Maschen aufnehmen (im Patent, siehe Seiten 30–31), 3 Reihen im einfachen Rippenmuster im Patent stricken, im einfachen Rippenmuster 5 Reihen weiterarbeiten. Alle Maschen abketten.

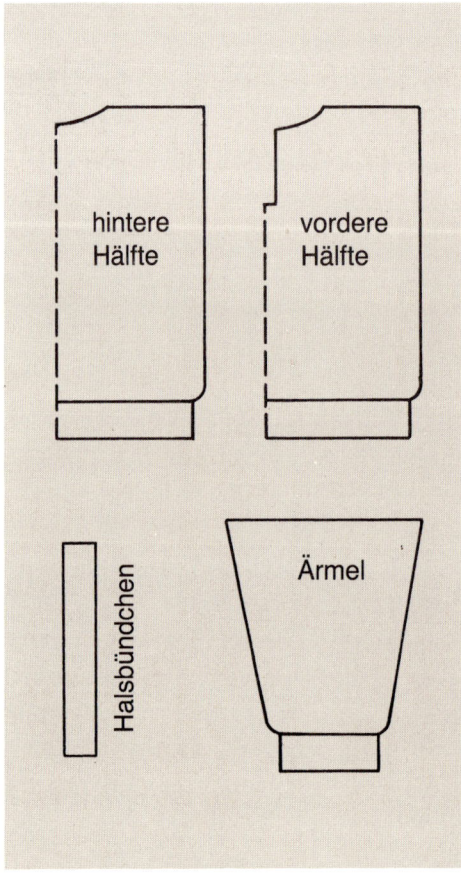

hintere Hälfte

vordere Hälfte

Halsbündchen

Ärmel

*Schema der
Farbabbildung
auf Seite 86*

Mit kleinen Stichen den Kragen an den Halsausschnitt annähen.

An die vorderen Ränder eine Blende im Retourstich anhäkeln.

Weiße Leinenstrümpfe (4)
Farbabbildung Seite 96

Schwierigkeitsgrad: xxx

Maschenprobe: 37 Maschen × 56 Reihen = 10 cm x 10 cm.

Größe: Für Kinder von 9–10 Jahren (Schuhgröße 35–36). In Klammern sind jeweils die Angaben für Kinder im Alter von 11–12 Jahren (Schuhgröße 37–38) und 13–14 Jahren (Schuhgröße 38–39) aufgeführt.

Material: Ungefähr 50 (60; 70) g weißes gedrehtes Leinen; Nadelspiel Nr. 1,5; Gummiband.

Muster: Einfaches Rippenmuster (siehe Seite 57); zweifaches Rippenmuster (siehe Seite 58) und glatt rechts (siehe Seite 57).

Ausführung

● Mit dem Nadelspiel 74 Maschen aufnehmen (im Patent, siehe Seiten 30–31) und 3,5 cm im einfachen Rippenmuster im Patent stricken. 24 (28; 30) cm im zweifachen Rippenmuster weiterarbeiten. Die *Ferse* auf den mittleren 40 (42; 44) Maschen nach einem der auf den Seiten 133–134 beschriebenen Methoden stricken. Den *Fuß* glatt rechts 18 (20; 24) cm stricken. Die *Spitze* glatt rechts nach einer auf Seite 134 beschriebenen Methoden arbeiten.

● *Fertigstellung:* Die Spitze von der linken Seite zunähen. Das Gummiband einziehen und festnähen.

*Schema der
Farbabbildung
auf Seite 87*

Pullunder im Jacquardmuster (1)
Farbabbildung Seite 87

Schwierigkeitsgrad: xxx

Maschenprobe: 20 Maschen × 30 Reihen = 10 cm x 10 cm.

Größe: Für Größe 48, in Klammern jeweils für Größe 46 bzw. 44.

Material: 250 (200; 150) g dunkelgrüne Sportwolle; 70 (60; 50) hellbeige Sportwolle; 70 (60; 50) g dunkelbeige Sportwolle; Stricknadeln Nr. 4; Häkelnadel Nr. 4.

Muster: Zweifaches Rippenmuster (siehe Seite 58); glatt rechts (siehe Seite 57); Jacquardmuster (siehe Seiten 52–53).

Ausführung

● *Rückenteil:* 80 (75; 70) Maschen mit der grünen Wolle aufnehmen und 5 cm im zweifachen Rippenmuster stricken. 40 (38; 36) cm glatt rechts weiterarbeiten und an den Seiten einmal 3 Maschen, einmal 2 Maschen und einmal 1 Masche abnehmen. Glatt rechts 22 (20; 18) cm weiterstricken. Die 26 (23; 20) mittleren Maschen abketten und an beiden Seiten getrennt weiterarbeiten.

Beim Armausschnitt beginnend die 24 (23; 22) Maschen der Schulter abketten.

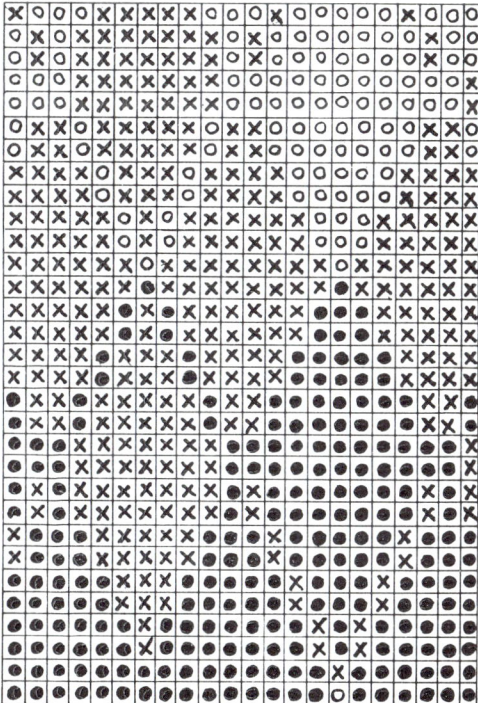

Vorlage des Jacquardmusters für den Pullunder
× dunkelgrün   ○ dunkelbeige   ● hellbeige

● *Vorderteil:* 80 (75; 70) Maschen mit der grünen Wolle aufnehmen und 5 cm im zweifachen Rippenmuster stricken. 40 (38; 36) cm im Jacquardmuster nach Vorlage weiterstricken. Für die Armausschnitte einmal 3 und einmal 2 Maschen abnehmen, in der Mitte 3 Maschen für den V-Ausschnitt abketten und die beiden Seiten getrennt weiterstricken, dabei alle 3 Reihen auf der Seite des Halsausschnittes 1 Masche abnehmen, bis 24 (23; 22) Maschen für die Schultern übrigbleiben.

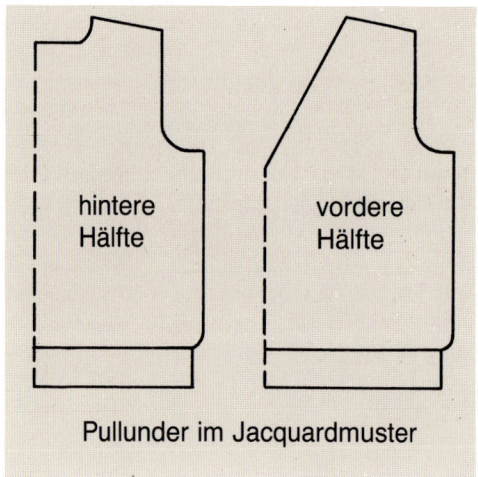

Pullunder im Jacquardmuster

Größe: Für Größe 52. Die jeweils in Klammern aufgeführten Angaben beziehen sich auf die Größen 50 bzw. 54.

Material: 800 (750; 850) g beige Kamelhaarwolle; Stricknadeln Nr. 5; ein Stück Futterstoff in der gleichen Farbe; ein Reißverschluß, 58 cm, teilbar. Es ist zu empfehlen, die Jacke zu füttern.

Muster: Englisches Rippenmuster (siehe Seite 58).

Ausführung

● *Rückenteil:* 146 (140; 152) Maschen aufnehmen und 66 (64; 68) cm im englischen Rippenmuster stricken. Alle Maschen auf einmal abketten.

● *Vordere Hälfte:* 62 (59; 65) aufnehmen und 62 cm im englischen Rippenmuster stricken. Für den Halsausschnitt 6mal 3 Maschen abnehmen; bis zur Länge des Rückenteils weiterarbeiten und die verbliebenen Maschen auf einmal abketten.

Die andere Hälfte des Vorderteils dann gegengleich stricken.

● *Ärmel:* 80 (78; 82) Maschen aufnehmen und im englischen Rippenmuster 53 (50; 56) cm stricken, dabei alle 8 Reihen auf jeder Seite eine Masche zunehmen.

Alle Maschen auf einmal abketten.

● *Kapuze:* 178 Maschen aufnehmen und 23 cm im englischen Rippenmuster stricken. Anschließend alle Maschen abketten.

● *Fertigstellung:* Die Seiten von unten beginnend 13 cm zusammennähen, jedoch 12 cm auf beiden Seiten für die Taschen offenlassen. Dann die Naht fortführen bis zur Öffnung der Ärmel.

Das Kapuzenstück in der Hälfte umschlagen und von der Rückseite entlang einer der Längsseiten zusammennähen. Mit Steppstich einen 3 cm breiten Saum an der anderen Längsseite nähen (siehe Seite 142).

Bis zur gleichen Höhe der Armausschnitte des Rückenteils weiterarbeiten und alle Maschen abketten.

● *Fertigstellung:* Die Seiten und Schulternähte zusammennähen.

Mit einer Häkelnadel die Maschen der Armausschnitte unten beginnend aufnehmen (siehe Seite 42). Mit der grünen Wolle im zweifachen Rippenmuster 2 cm stricken.

Bei der Spitze beginnend von rechts nach links auch die Maschen des V-Ausschnittes aufnehmen; mit der grünen Wolle im zweifachen Rippenmuster stricken.

An der Spitze des V-Ausschnittes und unter den Achseln die Blenden zusammennähen.

Jacke mit Kapuze
Farbabbildung Seite 87

Schwierigkeitsgrad: xx

Maschenprobe: 24 Maschen × 24 Reihen = 10 cm x 10 cm.

Schema der Farbabbildung auf Seite 87

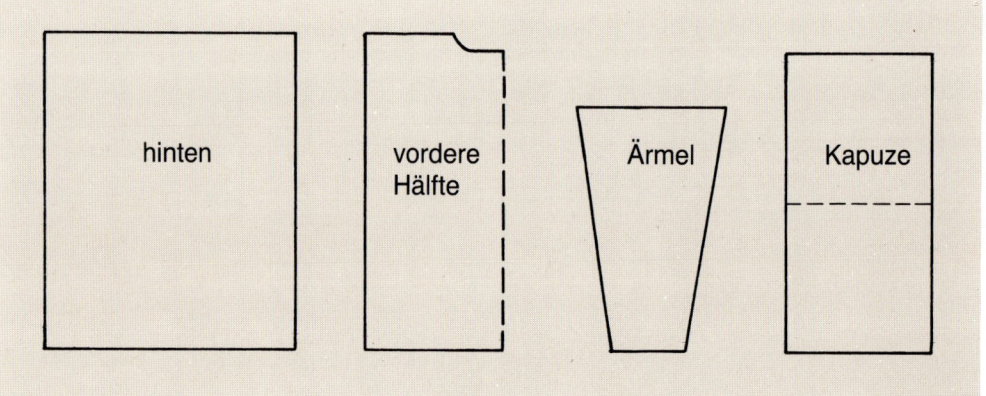

Die Kapuze dann entlang der kurzen Seiten am Halsausschnitt festnähen.

Den unteren Rand der Jacke und der Ärmel 3 cm einschlagen und mit Steppstich festnähen.

Aus dem Futterstoff zwei quadratische 12 × 12 cm große Innentaschen anfertigen. Diese in die Öffnungen an den Seiten einfügen und von innen an die Ränder festnähen. Zwei Kordeln im Doppelzopf (siehe Seite 139) von jeweils 150 cm anfertigen und in den Saum der Kapuze und der Jacke einziehen.

An die Ränder der beiden Vorderteile den Reißverschluß nähen und die gesamte Jacke sowie Kapuze füttern.

*Schema der
Farbabbildung
auf Seite 88*

Hellblauer Schachbrettpullover (1)
Farbabbildung Seite 88

Schwierigkeitsgrad: xx

Maschenprobe: 20 Maschen × 24 Reihen = 10 cm x 10 cm.

Größe: Für Größe 46. In Klammern sind jeweils die Angaben für die Größen 48 bzw. 50 aufgeführt.

Material: 500 (550; 600) g hellblaue Sportwolle; Stricknadeln Nr. 4.

Muster: Einfaches Rippenmuster (siehe Seite 57); glatt rechts (siehe Seite 57).

Ausführung:

● *Rückenteil:* 85 (91; 97) Maschen aufnehmen (im Patent, siehe Seiten 30–31), dann 3 Reihen im einfachen Rippenmuster im Patent stricken.

Im einfachen Rippenmuster 6,5 cm weiterarbeiten, danach glatt rechts 40 (42; 44) cm. Für die Raglanschrägung an beiden Seiten einmal 3 Maschen und einmal 2 Maschen abnehmen. 22 (23; 24) cm weiterstricken, indem man am Ende einer jeden Reihe eine Masche abnimmt. Die übrigen Maschen dann auf einmal abketten.

● *Vorderteil:* 90 (96; 102) Maschen aufnehmen (im Patent, siehe Seiten 30–31), dann 3 Reihen im einfachen Rippenmuster im Patent stricken.

Im einfachen Rippenmuster 6,5 cm weiterarbeiten, dann 40 (42; 44) cm wie im folgenden angegeben stricken: Die ersten 20 Reihen 15 (16; 17) Maschen links und 15 (16; 17) Maschen rechts abwechselnd stricken. Die nächsten 20 Reihen umgekehrt arbeiten: 15 (16; 17) Maschen rechts und 15 (16; 17) Maschen links; dann wieder wie die ersten 20 Reihen stricken usw.

Den Armausschnitt arbeiten wie im Rückenteil. Nach 7 (8; 9) cm Raglanschrägung die mittleren 10 Maschen für den V-Ausschnitt abketten, dann auf beiden Seiten getrennt den V-Ausschnitt weiterarbeiten.

Für den Halsausschnitt alle 3 Reihen eine Masche abnehmen und bis zur Länge der Raglanschrägung des Rückenteils stricken.

● *Ärmel:* 40 (44; 48) Maschen aufnehmen (im Patent, siehe Seiten 30–31) und 3 Reihen im einfachen Rippenmuster im Patent stricken.

Im einfachen Rippenmuster 7,5 cm weiterarbeiten, dann glatt rechts 35 (37; 39) cm, dabei alle 6 Reihen auf beiden Seiten 1 Masche zunehmen und die Raglanschrägung auf beiden Seiten wie beim Rückenteil ausführen.

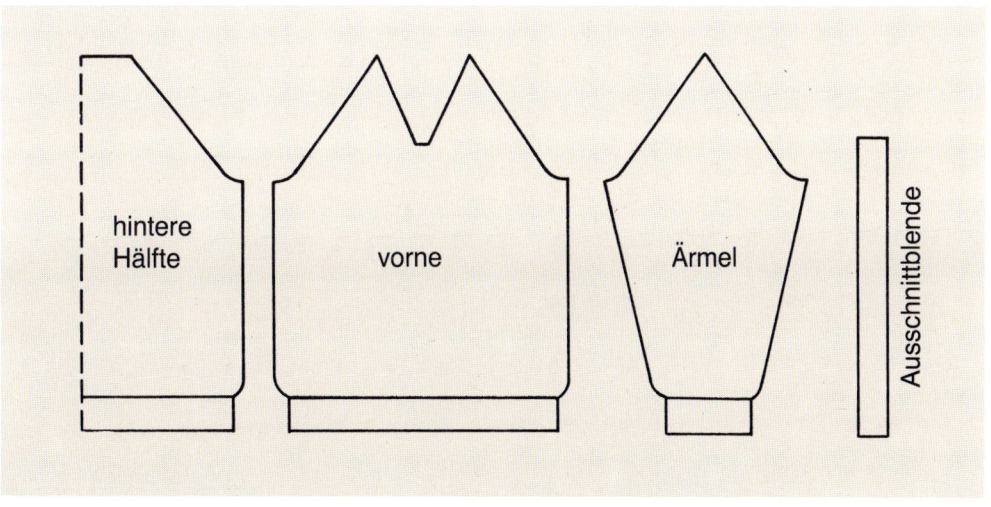

● *Fertigstellung:* Seiten, Schultern und Ärmel zusammennähen und diese einfügen. Für die Blende des V-Ausschnittes 106 (110; 114) Maschen aufnehmen (im Patent, siehe Seiten 30–31), dann 3 Reihen im einfachen Rippenmuster im Patent stricken, im einfachen Rippenmuster 3 cm weiterarbeiten und alle Maschen abketten.

Das eine schmale Ende dieses Streifens an den mittleren 10 abgeketteten Maschen des Vorderteils festnähen und weiter nach links den Streifen entlang des V-Ausschnittes mit Steppstich annähen. Das zweite schmale Ende unter dem ersten festnähen.

Pullover in Grau und Bordeaux (2)
Farbabbildung Seite 88

Schwierigkeitsgrad: xx

Maschenprobe: 25 Maschen × 31 Reihen = 10 cm x 10 cm.

Größe: Für Größe 48. In Klammern sind jeweils die Angaben für die Größen 50 bzw. 52 angegeben.

Material: 250 (300; 350) g graue Wolle; 250 (300; 350) g bordeauxrote Wolle; Stricknadeln Nr. 3,5 und 4; Häkelnadel Nr. 3,5.

Muster: Glatt rechts (siehe Seite 57); einfaches Rippenmuster (siehe Seite 57) und Jacquardmuster (siehe Seiten 52–53).

Ausführung

● *Rückenteil:* Mit der grauen Wolle und den Stricknadeln Nr. 3,5 110 (116; 122) Maschen aufnehmen (im Patent, siehe Seiten 30–31), dann 3 Reihen im einfachen Rippenmuster im Patent stricken, im einfachen Rippenmuster 9 cm weiterarbeiten.

Mit den 4er Nadeln 43 (44; 45) cm glatt rechts im Jacquardmuster nach nebenstehender Vorlage stricken, dann für den Armausschnitt 4mal alle 2 Reihen auf jeder Seite 2 Maschen abnehmen. Mit der grauen Wolle weitere 18 (19; 20) cm weiterstricken, und für die Schultern dann 10mal alle 2 Reihen 3 Maschen abnehmen. Alle auf der Nadel verbliebenen Maschen abketten.

● *Vorderteil:* Mit der grauen Wolle und den Stricknadeln Nr. 3,5 110 (116; 122) Maschen aufnehmen (im Patent, siehe Seiten 30–31), 3 Reihen im einfachen Rippenmuster im Patent stricken, dann im einfachen Rippenmuster 9 cm weiterarbeiten. Mit den Nadeln Nr. 4 43 (44; 45) cm glatt rechts im Jacquardmuster nach der beigefügten Vorlage stricken, dann für den Armausschnitt 4mal alle 2

Reihen auf jeder Seite 2 Maschen abnehmen. Mit der grauen Wolle weitere 12,5 cm stricken.

Die mittleren 20 Maschen für den Halsausschnitt abketten, und getrennt auf beiden Seiten für den Halsausschnitt 9mal alle 2 Reihen 2 Maschen abnehmen. Bei der gleichen Höhe des Armausschnittes des Rückenteils alle Maschen für die Schultern abketten.

● *Ärmel:* Mit der grauen Wolle und den Stricknadeln Nr. 3,5 50 (52; 54) Maschen aufnehmen (im Patent, siehe Seiten 30–31), 3 Reihen im einfachen Rippenmuster im Patent stricken, dann im einfachen Rippenmuster 8 cm weiterarbeiten. Mit den Nadeln Nr. 4 glatt rechts im Jacquardmuster nach der Vorlage stricken, dabei alle 6 Reihen auf jeder Seite 1 Masche zunehmen. Nach 40 (42; 44) cm für den Armausschnitt alle 2 Reihen 3mal 2 Maschen, dann 1 Masche abnehmen, bis 8 Maschen auf der Nadel verbleiben. Diese werden dann alle auf einmal abgekettet.

Schema der Farbabbildung auf Seite 88

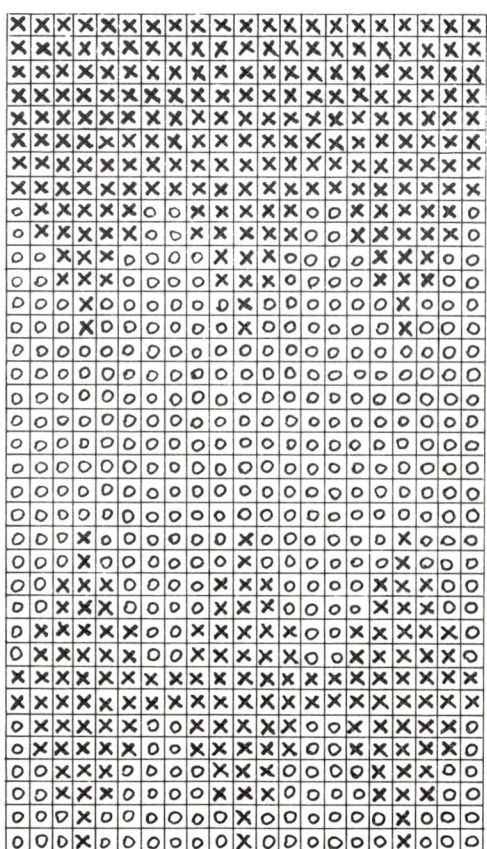

Vorlage des Jacquardmusters für den Pullover in Grau und Bordeaux
× bordeauxrot   ○ grau

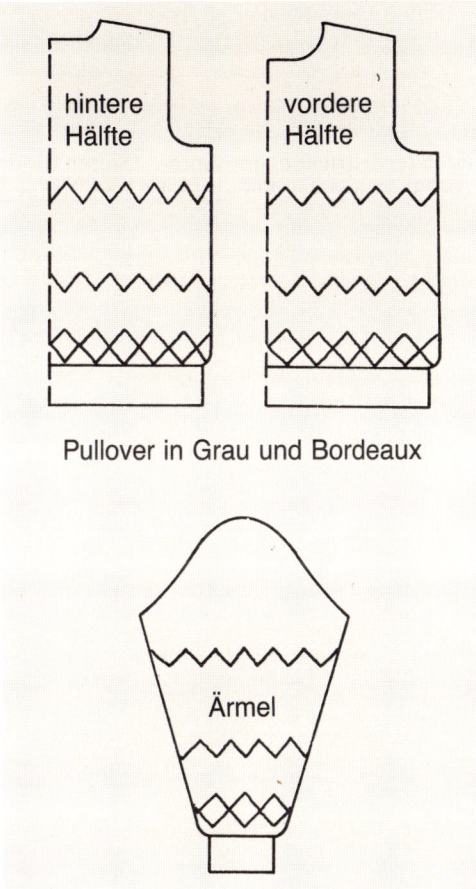

Pullover in Grau und Bordeaux

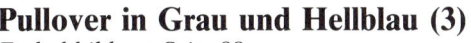

Ärmel

Material: 500 (450; 400) g graue Shetlandwolle; 150 (120; 100) g hellblaue Shetlandwolle; Stricknadeln Nr. 4.

Muster: Einfaches Rippenmuster (siehe Seite 57); glatt rechts (siehe Seite 57) und Jacquardmuster (siehe Seiten 52–53).

Ausführung

● *Rückenteil:* Mit hellblauer Wolle 118 (112; 106) Maschen aufnehmen (im Patent, siehe Seiten 30–31), 3 Reihen im einfachen Rippenmuster im Patent stricken und mit grauer Wolle im einfachen Rippenmuster 3 cm weiterarbeiten.

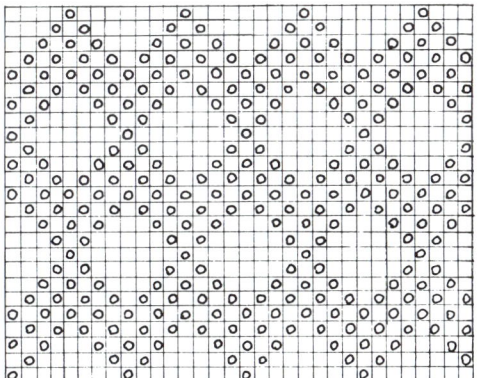

Vorlage des Jacquardmusters für den Pullover in Grau und Hellblau
○ hellblau   ✳ grau

● *Fertigstellung:* Die Seiten- und die Schulternähte zusammennähen, ebenso die Ärmelnähte, dann die Ärmel einfügen.
Mit der Häkelnadel die Maschen für den Halsausschnitt aufnehmen (siehe Seite 42) und mit den Nadeln Nr. 3,5 im einfachen Rippenmuster 7,5 cm hoch stricken. Die Blende des Halsausschnittes zur Hälfte nach innen umschlagen und mit kleinen Stichen an der Innenseite des Pullovers festnähen.

Pullover in Grau und Hellblau (3)
Farbabbildung Seite 88

Schwierigkeitsgrad: xxx

Maschenprobe: 22 Maschen × 34 Reihen = 10 cm x 10 cm.

Größe: Für Größe 50. In Klammern sind jeweils die Angaben für die Größen 48 bzw. 46 aufgeführt.

44 (41; 38) cm glatt rechts weiterstricken, und für die Armausschnitte auf beiden Seiten einmal 4, einmal 3 und einmal 2 Maschen abnehmen. 20 (18; 16) cm glatt rechts weiterstricken und alle Maschen abketten.

● *Vorderteil:* Mit hellblauer Wolle 118 (112; 106) Maschen aufnehmen (im Patent, siehe Seiten 30–31), dann 3 Reihen im einfachen Rippenmuster im Patent stricken und mit grauer Wolle im einfachen Rippenmuster 3 cm weiterarbeiten.

44 (41; 38) cm glatt rechts im Jacquardmuster nach beigefügter Vorlage weiterstricken.

Für die Armausschnitte an beiden Seiten einmal 4, einmal 3, und einmal 2 Maschen abnehmen. Die mittleren 12 Maschen für den Halsausschnitt abketten und beide Seiten getrennt weiterstricken, dabei alle 2 Reihen für den Halsausschnitt 1 Masche abnehmen, bis die Länge des Armausschnittes des Rückenteils erreicht ist. Dann alle Maschen der Schulter abketten.

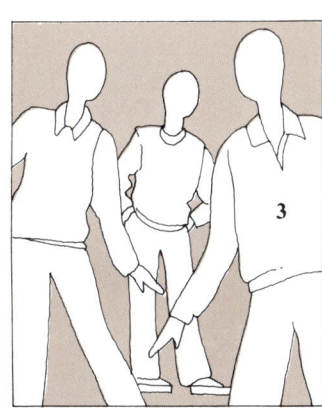

Schema der Farbabbildung auf Seite 88

Schema der Farbabbildung auf Seite 105

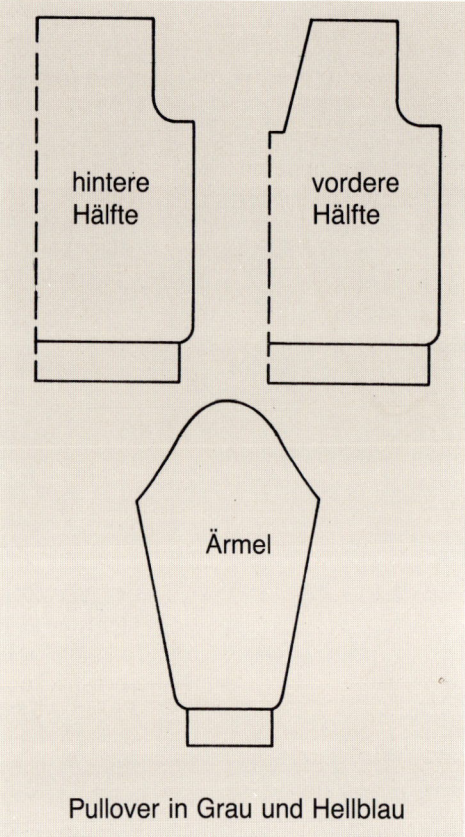

hintere Hälfte

vordere Hälfte

Ärmel

Pullover in Grau und Hellblau

● *Ärmel:* Mit hellblauer Wolle 58 (52; 46) Maschen aufnehmen (im Patent, siehe Seiten 30–31), 3 Reihen im einfachen Rippenmuster 6 cm weiterarbeiten.

Mit grauer Wolle weitere 38 (36; 34) cm stricken, dabei in allen 8 Reihen auf jeder Seite eine Masche zunehmen.

Für den Armausschnitt auf jeder Seite einmal 4 Maschen, einmal 3 Maschen und einmal 2 Maschen abnehmen. Beim Weiterstricken jeweils auf jeder Seite 1 Masche abnehmen, bis ungefähr 25 (22; 20) Maschen zurückbleiben, die dann alle auf einmal abgekettet werden.

● *Fertigstellung:* Die Seiten und die Schulternähte schließen, die Ärmel zusammennähen und in die Armausschnitte einfügen.

Für die Blende des V-Ausschnittes 200 Maschen mit hellblauer Wolle aufnehmen (im Patent, siehe Seiten 30–31), 3 Reihen im einfachen Rippenmuster im Patent stricken, mit grauer Wolle im einfachen Rippenmuster 3 cm weiterarbeiten, und dann alle Maschen abketten.

Mit dem Steppstich (siehe Seite 142) eines der beiden Enden dieses Streifens an den mittle-

ren 20 abgeketteten Maschen des Vorderteils annähen, dann den Streifen weiter nach links entlang des V-Ausschnittes festnähen. Das zweite schmale Ende unter dem ersten festnähen.

Weiße Weste im doppelten Perlmuster (1)
Farbabbildung Seite 105

Schwierigkeitsgrad: xx

Maschenprobe: 24 Maschen × 32 Reihen = 10 cm x 10 cm.

Größe: Für Größe 40. In Klammern sind jeweils die Angaben für die Größen 38 bzw. 42 aufgeführt.

Material: 280 (250; 300) g weiße dreifädige Wolle; Stricknadeln Nr. 2,5; 5 weiße Knöpfe.

Muster: Glatt rechts (siehe Seite 57); doppeltes Perlmuster (siehe Seite 59) und kraus rechts (siehe Seite 57).

Ausführung

● *Rückenteil:* 110 (104; 116) Maschen aufnehmen und 1,5 cm kraus rechts stricken.

4 cm im doppelten Perlmuster, 31 (28; 34) cm glatt rechts stricken. 2 cm wie folgt arbeiten: Die ersten und letzten 16 Maschen im doppelten Perlmuster, die mittleren glatt rechts stricken.

1,5 cm wie folgt arbeiten: Von den 16 Maschen am Rand 10 Maschen kraus rechts und 6 Maschen im doppelten Perlmuster.

Für die Armausschnitte an beiden Seiten 5 Maschen abnehmen und 18 cm hoch die Maschen so stricken, wie sie auf der Nadel erscheinen (5 Maschen kraus rechts, 6 Maschen doppeltes Perlmuster). Für die Schultern 7mal auf jeder Seite 4 Maschen abnehmen, die restlichen Maschen alle auf einmal abketten.

● *Vordere Hälfte:* 65 Maschen aufnehmen und kraus rechts 1,5 cm stricken. Weiter im doppelten Perlmuster arbeiten, dabei die 5 ersten Maschen ausgenommen, die die vordere Blende bilden werden und kraus rechts gestrickt werden.

Mit Beginn des doppelten Perlmusters mit der Blende das erste senkrechte Knopfloch über 2 Maschen stricken (siehe Seite 45), danach alle 8 cm ein neues Knopfloch arbeiten. Nach 4 cm folgendermaßen vorgehen: 5 Maschen der Blende kraus rechts, 12 Maschen im doppelten Perlmuster, die restlichen Maschen glatt rechts stricken.

*Schema der
Farbabbildung
auf Seite 105*

Nach 31 (28; 34) cm mit dem V-Ausschnitt beginnen: An der Innenseite der kraus gestrickten Blende alle 2 Reihen 1 Masche abnehmen; die 12 darauffolgenden Maschen weiterhin im doppelten Perlmuster stricken. Gleichzeitig 2 cm auf der anderen Seite 22 Maschen im doppelten Perlmuster stricken. Dabei weiterhin für den Halsausschnitt abnehmen und auf der gleichen Höhe der Armausschnitte des Rückenteils 11 Maschen abnehmen, dann 5 Maschen kraus rechts, 6 Maschen im doppelten Perlmuster und den Rest bis auf die Blende glatt rechts stricken.

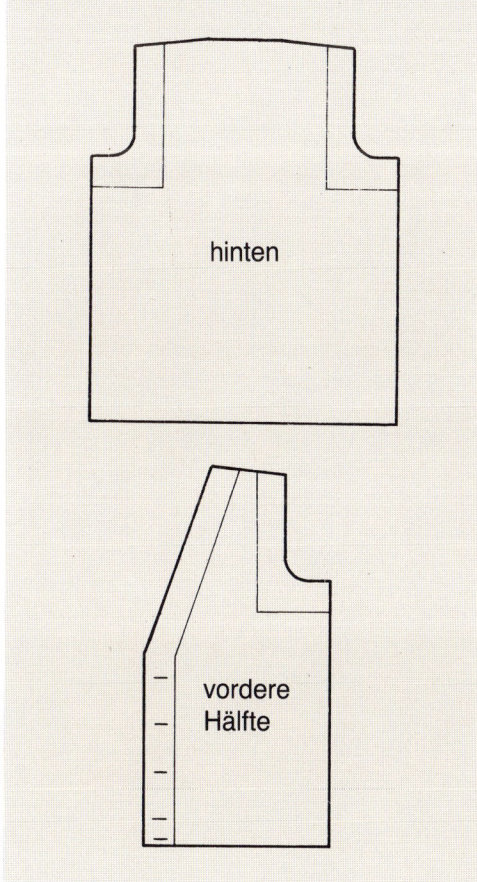

Bei der Schulterhöhe des Rückenteils werden alle Maschen bis auf die 5 Maschen der Blende abgekettet, die über weitere 8 cm gestrickt werden.

Das zweite Vorderteil gegengleich stricken.

● *Fertigstellung:* Die Seiten- und die Schulternähte schließen. Die beiden 8 cm überstehenden Streifen der vorderen Blenden werden an den Halsausschnitt des Rückenteils angenäht.

Rock in Bordeaux mit vorgetäuschten Falten (2)
Farbabbildung Seite 105

Schwierigkeitsgrad: xx

Maschenprobe: 23 Maschen × 30 Reihen = 10 cm x 10 cm.

Größe: Für Größe 42. In Klammern sind jeweils die Angaben für die Größen 40 bzw. 44 aufgeführt.

Material: 400 (350; 450) g bordeauxrote Zephirwolle; Stricknadeln Nr. 3; 2 cm breites Gummiband.

Muster: Glatt rechts (siehe Seite 57).

Ausführung

● Der Rock wird in zwei gleich großen Teilen gestrickt; man beginnt unten.

Für jedes Teil 192 (186; 200) Maschen aufnehmen und 8 Maschen rechts und 8 Maschen links abwechselnd stricken. 57 (54; 60) cm hochstricken, dabei allmählich die linken Maschen abnehmen (siehe Anleitung für die vorgetäuschten Falten, Seite 50), bis nur 1 linke Masche zwischen den Gruppen von 8 rechten Maschen verbleibt.

11 cm weiterstricken und dann die Maschen abketten.

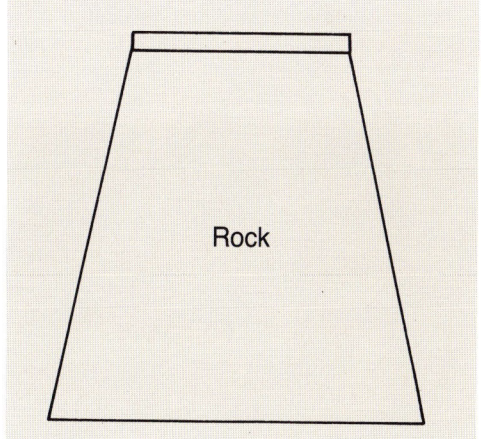

● *Fertigstellung:* Die beiden Teile des Rokkes mit kleinen Stichen zusammennähen. Für den oberen Saum ungefähr 3 cm umschlagen und ringsum festnähen, dabei eine kleine Öffnung zum Einziehen des Gummibandes offenlassen. Das Gummiband einziehen und zusammennähen und den oberen Saum vollständig zunähen.

*Schema der
Farbabbildung
auf Seite 105*

Rosa Pullover
im Schmetterlingsmuster (3)
Farbabbildung Seite 105

Schwierigkeitsgrad: xx

Maschenprobe: 23 Maschen × 40 Reihen = 10 cm x 10 cm.

Größe: Für Größe 38. In Klammern sind jeweils die Angaben für die Größen 40 bzw. 42 aufgeführt.

Material: 300 (350; 400) g rosa Zephirwolle; Stricknadeln Nr. 3; Häkelnadel Nr. 3; 4 rosa Knöpfe.

Muster: Glatt rechts (siehe Seite 57); Schmetterlingsmuster (siehe Seite 75); kraus rechts (siehe Seite 57); einfaches Rippenmuster (siehe Seite 57).

Ausführung

● *Rückenteil:* 106 (114; 122) Maschen aufnehmen (im Patent, siehe Seiten 30–31) und 3 Reihen im einfachen Rippenmuster im Patent stricken, dann im einfachen Rippenmuster 2,5 cm weiterarbeiten. Nach 36 (39; 42) cm glatt rechts gestrickter Höhe an den Seiten für die Armausschnitte einmal 3 Maschen und einmal 1 Masche abnehmen. Nach weiteren 14 (15; 16) cm glatt rechts für die Schultern zu Beginn jeder Reihe erst 3 Maschen, dann 33 (36; 39) Maschen abnehmen. Auf der Nadel bleiben 32 (34; 36) Maschen für den hinteren Halsausschnitt zurück, die auf 3mal abgenommen werden: zunächst die mittleren 10 Maschen, dann auf jeder Seite 11 (12; 13) Maschen.

● *Vorderteil:* 108 (116; 124) Maschen aufnehmen (im Patent, siehe Seiten 30–31), 3 Reihen im einfachen Rippenmuster im Patent stricken, im einfachen Rippenmuster 2,5 cm weiterarbeiten. Nach 23 cm glatt rechts mit dem Schmetterlingsmuster beginnen, zunächst 4 cm hoch, wobei man zwei Reihen des Musters erhält. Nun die Arbeit folgendermaßen teilen: 56 (60; 64) Maschen auf die rechte Seite und 52 (56; 60) Maschen auf die linke. Zunächst das rechte Teil stricken: 50 (54; 58) Maschen im Schmetterlingsmuster arbeiten und für die Verschlußblende 6 Maschen kraus rechts stricken. Auf der Höhe des Armausschnittes des Rückenteils einmal 4 Maschen, einmal 3 Maschen einmal 2 Maschen abnehmen. So weit stricken, bis die kraus rechts gearbeitete Blende 8 cm lang ist. Im Abstand von 4 cm 3 kleine »Babyknopflöcher« in diese Blende einarbeiten (siehe Seite 45).

Mit dem Abnehmen des runden Halsausschnittes des rechten vorderen Teils beginnen: Die 6 Maschen der Blende auf einmal abketten und zu Beginn jeder Reihe 2mal 3 Maschen und so lange jeweils eine Masche abnehmen, bis die Maschenanzahl der Schulter des Rückenteils erreicht ist. Diese Maschen bis zur Schulterhöhe des Rückenteils stricken und dann auf einmal abketten. Das linke Vorderteil gegengleich zum rechten stricken. Für die kraus rechts zu strickende Blende 6 Maschen neu aufnehmen.

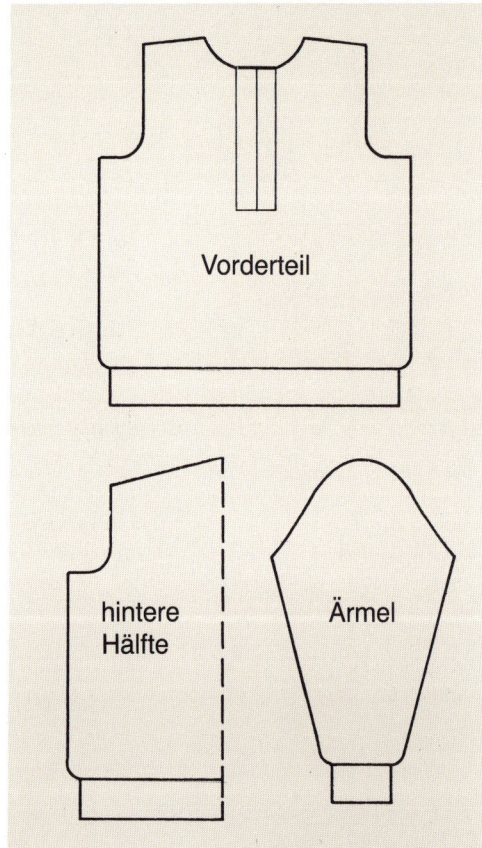

Vorderteil

hintere Hälfte

Ärmel

● *Ärmel:* 46 (52; 58) Maschen aufnehmen (im Patent, siehe Seiten 30–31), 3 Reihen im einfachen Rippenmuster im Patent stricken, im einfachen Rippenmuster 6 cm weiterarbeiten. Dann 5 cm im Schmetterlingsmuster stricken, wodurch man 3 Reihen Schmetterlinge erhält. Gleichzeitig alle 4 Reihen auf jeder Seite eine Masche zunehmen. 32 cm glatt rechts weiterstricken, dabei alle 6 Reihen auf jeder Seite eine Masche zunehmen. Für die Armausschnitte auf jeder Seite einmal 4 Maschen, einmal 3 Maschen und einmal 1 Masche abnehmen. Weiter auf jeder Seite jeweils 1 Masche abnehmen, bis auf der Nadel

22 (28; 34) Maschen zurückbleiben, die auf 3mal abgekettet werden: zuerst die Seitenmaschen, dann die mittleren Maschen.

● *Fertigstellung:* Die Seiten- und die Schulternähte schließen, die Ärmel zusammennähen und einnähen. Die Maschen des Halsausschnittes von vorne rechts über den hinteren Halsausschnitt nach vorne links aufnehmen (siehe Seite 42). Diese Maschen 6 Reihen kraus rechts stricken.

In die zweite Reihe auf der gleichen Linie der Knopflöcher der vorderen Blende ein »Babyknopfloch« einarbeiten.

Alle Maschen auf einmal abketten; die Knöpfe annähen, und mit kleinen Stichen die 6 neu aufgenommenen Maschen des linken Vorderteils unter der rechten Blende festnähen.

Rock in Violett mit Streifen (4)
Farbabbildung Seite 105

Schwierigkeitsgrad: xxx

Maschenprobe: 18 Maschen × 31 Reihen = 10 cm × 10 cm.

Größe: Für Größe 38. In Klammern sind jeweils die Angaben für die Größen 40 bzw. 42 aufgeführt.

Material: Für den Rock Shetlandwolle verwenden: 270 (300; 330) g violett; 30 g gelb; 30 g grau; 30 g hellgrau; Stricknadeln Nr. 4; 2 cm breites Gummiband.

Muster: Glatt rechts (siehe Seite 57); einfaches Rippenmuster (siehe Seite 57).

Ausführung

● Der Rock wird an einem Stück gearbeitet; man beginnt oben.

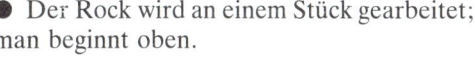

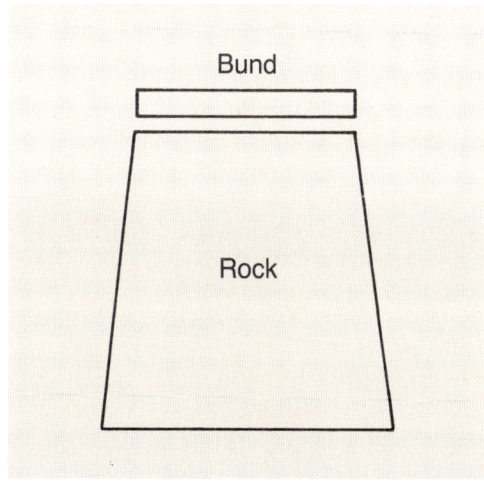

Mit violetter Wolle 330 (363; 396) Maschen aufnehmen und 13 (14; 15) cm in losen, nach links gerichteten Falten mit einer Faltenbreite von 10 Maschen stricken (siehe Seite 49).

Nun für den ersten Farbstreifen je 2 Reihen in folgender Farbreihenfolge stricken: hellgrau, violett, grau, violett, gelb, 2mal violett, gelb, violett, grau, violett und hellgrau.

6 (7; 8) cm mit violetter Wolle weiterstricken, dann für den zweiten Farbstreifen wieder je 2 Reihen in folgender Farbreihenfolge stricken: gelb, violett, grau, violett, hellgrau, 2mal violett, hellgrau, violett, grau, violett, gelb.

6 (7; 8) cm mit violetter Wolle weiterstricken, dann für den dritten Farbstreifen wieder je 2 Reihen in folgender Farbreihenfolge stricken: grau, violett, gelb, violett, hellgrau, 2mal violett, grau, violett, gelb, violett, hellgrau.

Am Schluß 13 cm violett stricken und alle Maschen auf einmal abketten.

● *Fertigstellung:* Die offene Seite zusammennähen, für den Bund 122 (128; 134) Maschen aufnehmen und 6 cm im einfachen Rippenmuster stricken; alle Maschen abketten, den Bund umschlagen und an den Rock annähen. Das Gummiband einziehen und zusammennähen.

Gelbe Leinenweste
Farbabbildung Seite 106

Schwierigkeitsgrad: xx

Maschenprobe: 35 Maschen × 45 Reihen = 10 cm × 10 cm.

Größe: Für Größe 44. In Klammern sind jeweils die Angaben für die Größen 42 bzw. 40 aufgeführt.

Material: 200 (180; 150) g gelbes Leinen; Stricknadeln Nr. 2; Häkelnadel Nr. 2.

Muster: Zweifaches Rippenmuster (siehe Seite 58); glatt rechts (siehe Seite 57) und einfacher Zopf (siehe Seite 62).

Ausführung

● *Rückenteil:* 150 (140; 130) Maschen aufnehmen und im zweifachen Rippenmuster 6 cm stricken. Glatt rechts 36 (34; 32) cm weiterstricken. Für die Armausschnitte auf beiden Seiten 2mal 3 Maschen, 2mal 2 Maschen und 2mal 1 Masche abnehmen. Glatt rechts 20 (19; 18) cm weiterstricken.

Schema der Farbabbildung auf Seite 105

Schema der Farbabbildung auf Seite 106

Schema der Farbabbildung auf Seite 106

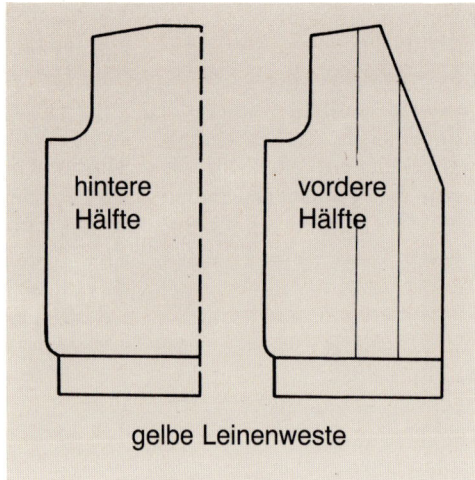

hintere Hälfte

vordere Hälfte

gelbe Leinenweste

Für die Schultern an den Seiten zu Beginn jeder Reihe 3mal 14 (13; 12) Maschen abnehmen. Die für den Halsausschnitt verbliebenen 42 (38; 34) Maschen auf einmal abketten.

● *Rechtes Vorderteil:* 76 (70; 64) Maschen aufnehmen und im zweifachen Rippenmuster 6 cm stricken. Die ersten und letzten 25 (22; 19) Maschen glatt rechts stricken, die mittleren 26 Maschen wie folgt arbeiten: Die ersten und letzten 10 Maschen als einfachen Zopf, die mittleren 6 Maschen ebenfalls im einfachen Zopfmuster, dabei aber alle 10 Reihen 3 anstatt 2 Maschen überkreuzen. In dieser Art 18 (16; 14) cm stricken, dann auf der linken Seite des Strickstückes mit dem Abnehmen für den Halsausschnitt beginnen: 1 Masche alle 4 Reihen. Gleichzeitig auf der anderen Seite auf der gleichen Höhe und auf die gleiche Weise wie beim Rückenteil das Abnehmen für den Armausschnitt beginnen. Die Schultern auch auf 3mal wie beim Rückenteil abnehmen.

Das linke Vorderteil gegengleich, jedoch ohne das Zopfmuster stricken.

● *Fertigstellung:* Seiten und Schultern zusammennähen.

Mit der Häkelnadel die Maschen der vorderen Ränder und des Halsausschnittes des Rückenteils aufnehmen (siehe Seite 42), dabei vorne rechts beginnen. Die aufgenommenen Maschen 5 cm im zweifachen Rippenmuster stricken. Die Maschen der Armausschnitte aufnehmen und 4 cm im zweifachen Rippenmuster stricken.

Die Blenden zur Hälfte nach innen umschlagen und festnähen. Auf der vorderen rechten Blende 4 senkrechte Knopflöcher über jeweils 6 Maschen und 5 cm voneinander ent-

fernt *aufschneiden* und mit dem Knopflochstich einfassen (siehe Seite 145). Auf die linke Blende in Höhe der Knopflöcher Knöpfe annähen.

Kurzärmeliger Baumwollpullover in Blau-Violett (2)
Farbabbildung Seite 106

Schwierigkeitsgrad: xx

Maschenprobe: 33 Maschen × 44 Reihen = 10 cm × 10 cm.

Größe: Für Größe 40. In Klammern sind jeweils die Angaben für die Größen 42 bzw. 44 aufgeführt.

Material: 150 (180; 200) g blau-violette Baumwolle Nr. 8; Stricknadeln Nr. 2 und 2,5; Häkelnadel Nr. 2.

Muster: Kraus rechts (siehe Seite 57); vorgetäuschte Tupfen (siehe Seite 77); einfaches Rippenmuster (siehe Seite 57).

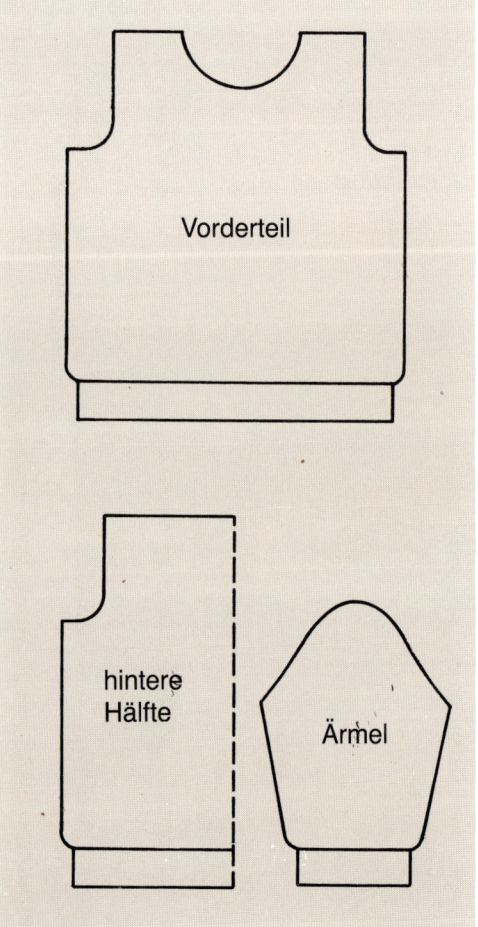

Vorderteil

hintere Hälfte

Ärmel

Ausführung

● *Rückenteil:* Mit Stricknadeln Nr. 2 130 (136; 142) Maschen aufnehmen und 5 Reihen kraus rechts stricken. Mit den Stricknadeln Nr. 2,5 40 (42; 44) cm im vorgetäuschten Tupfenmuster weiterstricken, dann für die Armausschnitte auf beiden Seiten einmal 5 Maschen, einmal 3 Maschen und einmal 2 Maschen abnehmen. Im Muster 20 (21; 22) cm weiterstricken, den Rest abketten.

● *Vorderteil:* Mit den Stricknadeln Nr. 2 140 (146; 152) Maschen aufnehmen und 5 Reihen kraus rechts stricken. Mit den Stricknadeln Nr. 2,5 bis zur Höhe der Armausschnitte des Rückenteils im vorgetäuschten Tupfenmuster weiterstricken.

Auf beiden Seiten einmal 5 Maschen, einmal 3 Maschen und einmal 2 Maschen abnehmen. Im Muster 7 (8; 9) cm weiterarbeiten.

Für den Halsausschnitt die mittleren 20 (26; 32) Maschen auf einmal abketten und beide Seiten getrennt weiterstricken, dann für den Halsausschnitt noch mal 20, dann 6 Maschen abketten. Die übrigen 36 Maschen für die Schultern auf einmal abketten.

● *Ärmel:* Mit den 2er Nadeln 80 (90; 100) Maschen aufnehmen und im einfachen Rippenmuster 4 cm stricken. Im vorgetäuschten Tupfenmuster 5 (6; 7) cm stricken, dabei alle 4 Reihen auf jeder Seite eine Masche zunehmen.

Für den Armausschnitt auf jeder Seite einmal 5, einmal 3 und einmal 2 Maschen abnehmen. Beim Weiterstricken auf jeder Seite jeweils eine Masche abnehmen, bis 30 Maschen übrigbleiben, die folgendermaßen abgekettet werden: zuerst die jeweiligen 10 Maschen an den Seiten, dann die mittleren 10 Maschen.

● *Fertigstellung:* Die Seiten und die Schulternähte schließen, dann die Ärmel zusammennähen und einfügen. Die Maschen des hinteren Halsausschnittes aufnehmen, dann mit den 2er Stricknadeln 5 Reihen kraus rechts stricken. Die Maschen des vorderen Halsausschnittes aufnehmen und mit den 2er Stricknadeln 5 Reihen kraus rechts stricken.
Die Blenden an den Schultern zusammennähen und den Faden vernähen.

Weinrote Seidenjacke (3)
Farbabbildung Seite 106

Schwierigkeitsgrad: xx

Maschenprobe: 24 Maschen × 35 Reihen = 10 cm × 10 cm.

Größe: Für Größe 38. In Klammern sind jeweils die Angaben für die Größen 40 bzw. 42 aufgeführt.
Material: 300 (320; 350) g weinrotes Seidengarn; Stricknadeln Nr. 3; Häkelnadel Nr. 3.
Muster: Glatt rechts (siehe Seite 57); einfaches Rippenmuster (siehe Seite 57); Blende im Retourstich (siehe Seite 43).

Ausführung

● *Rückenteil:* 110 (130; 150) Maschen aufnehmen (im Patent, siehe Seiten 30–31), 3 Reihen im einfachen Rippenmuster im Pa-

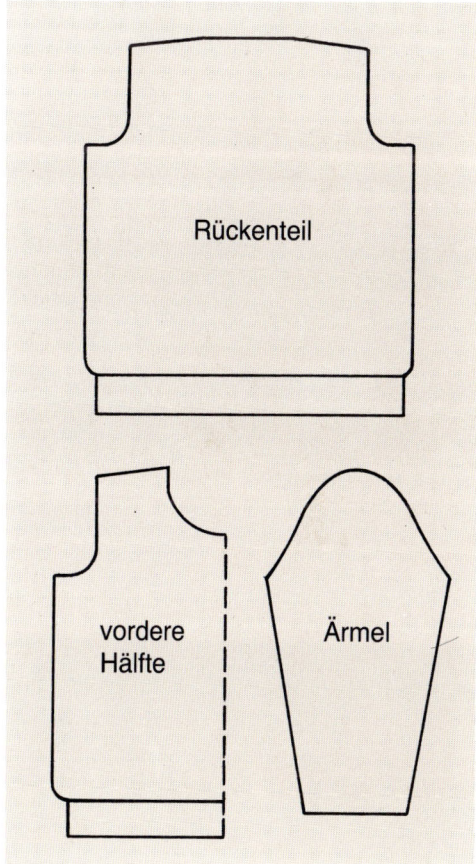

tent stricken, im einfachen Rippenmuster 2,5 cm weiterarbeiten, dann glatt rechts 38 (40; 42) cm.

Für die Armausschnitte einmal 3 Maschen, einmal 2 Maschen und einmal 1 Masche abnehmen; danach weiter glatt rechts 18 (19; 20) cm stricken. Nun für die Schultern zu Beginn jeder Reihe 5 Maschen abnehmen, bis für jede Schulter 30 (35; 40) Maschen abgenommen sind.

Die übrigen 38 (48; 58) Maschen auf 3mal

Schema der Farbabbildung auf Seite 106

abketten: zuerst die mittleren 14 (16; 20) Maschen, dann die 12 (16; 19) Maschen der Seiten.

● *Vordere Hälfte:* 55 (65; 75) Maschen aufnehmen (im Patent, siehe Seiten 30–31), 3 Reihen im einfachen Rippenmuster im Patent stricken. Anschließend im einfachen Rippenmuster 2,5 cm weiterarbeiten, dann glatt rechts 38 (40; 42) cm. Die Armausschnitte wie beim Rückenteil stricken. Nach weiteren 10 cm glatt rechts auf der anderen Seite der Armausschnitte mit dem Halsausschnitt beginnen: einmal 6 (8; 10) Maschen, einmal 4 (6; 8) Maschen, einmal 3 (5; 7) Maschen, einmal 2 und einmal 1 Masche abnehmen. Bis zum Beginn der Schulter des Rückenteils weiterstricken. Die Schulter wie beim Rückenteil arbeiten, also die 33 (37; 41) Maschen auf 5mal abketten, dabei auf der Seite des Armausschnittes beginnen.

● *Ärmel:* 54 (64; 74) Maschen aufnehmen und einen einfachen 3 cm hohen Saum arbeiten (siehe Seite 44). Glatt rechts 34 (36; 38) cm weiterstricken und alle 10 Reihen auf jeder Seite eine Masche zunehmen. Für den Armausschnitt auf beiden Seiten die gleiche Maschenzahl wie beim Rückenteil abnehmen und die Armkugel ohne weiteres Abnehmen zu Ende stricken.

● *Fertigstellung:* Die Seiten und die Schultern zusammennähen, die Ärmel zunähen und in die Armausschnitte einfügen, dabei das obere Stück an den Schultern ankrausen. Die Ränder des Vorderteiles einen halben Zentimeter nach innen schlagen und mit kleinen Stichen festnähen. Den Halsausschnitt im Retourstich abschließen. Zwei einfache Zopfkordeln (siehe Seite 138) an den Beginn des Halsausschnittes zum Zubinden befestigen.

Weinroter Top aus Seide (4)
Farbabbildung Seite 106

Schwierigkeitsgrad: x

Maschenprobe: 24 Maschen × 35 Reihen = 10 cm × 10 cm.
Größe: Für Größe 38. In Klammern sind jeweils die Angaben für die Größen 40 bzw. 42 aufgeführt.
Material: 100 (130; 150) g weinrote Seide; Stricknadeln Nr. 3; 1,5 cm breites Gummiband.

Muster: Glatt rechts (siehe Seite 57) und einfaches Rippenmuster (siehe Seite 57).

Ausführung
● *Rückenteil:* Es wird von oben nach unten gearbeitet. 100 (110; 120) Maschen aufnehmen und einen einfachen Saum (siehe Seite 44) 2 cm hoch stricken. 40 (42; 44) cm glatt rechts stricken, dann 2 cm im einfachen Rippenmuster. Alle Maschen entsprechend Seite 31 abketten.

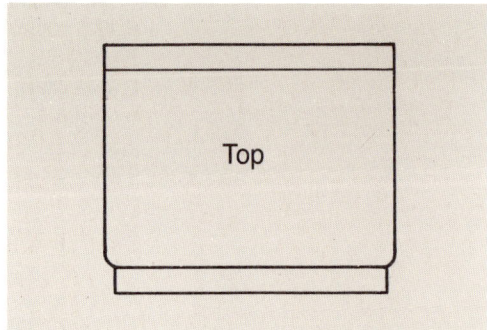

● *Vorderteil:* Auf die gleiche Weise wie das Rückenteil arbeiten.
● *Fertigstellung:* Die Seiten zusammennähen und durch den oberen Saum das Gummiband ziehen.

Weißer Pullover mit silbernen Lurexmotiven (1)
Farbabbildung Seite 107

Schwierigkeitsgrad: x

Maschenprobe: 18 Maschen × 20 Reihen = 10 cm × 10 cm.
Größe: Für Größe 40–42. In Klammern sind die Angaben für die Größen 44–46 aufgeführt.
Material: 250 (300) g weiße Mohairwolle; 50 g silbernes Lurexgarn; Stricknadeln Nr. 3; Häkelnadeln Nr. 3; Nadelspiel Nr. 3.
Muster: Kraus rechts (siehe Seite 57); glatt rechts (siehe Seite 57) und Korbmuster (siehe Seite 61).
Ausführung
● *Rückenteil:* Mit der weißen Mohairwolle 90 (100) Maschen aufnehmen und 3 cm kraus rechts stricken. Dann 1 Reihe kraus rechts stricken und dabei den Lurexfaden mitlaufen lassen. Anschließend das Bündchen ohne Lurexfaden mit weiteren 3 cm kraus rechts abschließen.

Schema der Farbabbildung auf Seite 106

Nach 3 cm glatt rechts den Lurexfaden wieder mitlaufen lassen und eine Reihe im Lochmuster wie folgt stricken: 2 Maschen rechts, ✱ 2 Maschen rechts zusammenstricken, 1 Umschlag ✱, 2 Maschen rechts. Auch bei der Rückreihe den Lurexfaden noch mitlaufen lassen, dann ohne Faden weitere 3 cm glatt rechts stricken.

Mit mitlaufendem Lurexfaden eine Reihe Lochmuster wie oben und die Rückreihe stricken. Dann ohne den Faden 6 cm im Korbmuster stricken.

Wieder den Lurexfaden mitführen und eine Reihe Lochmuster und die Rückreihe stricken, dann 3 cm glatt rechts stricken. Die folgenden 35 (40) cm weiterhin so abwechseln: Mit mitlaufendem Lurexfaden eine Rei-

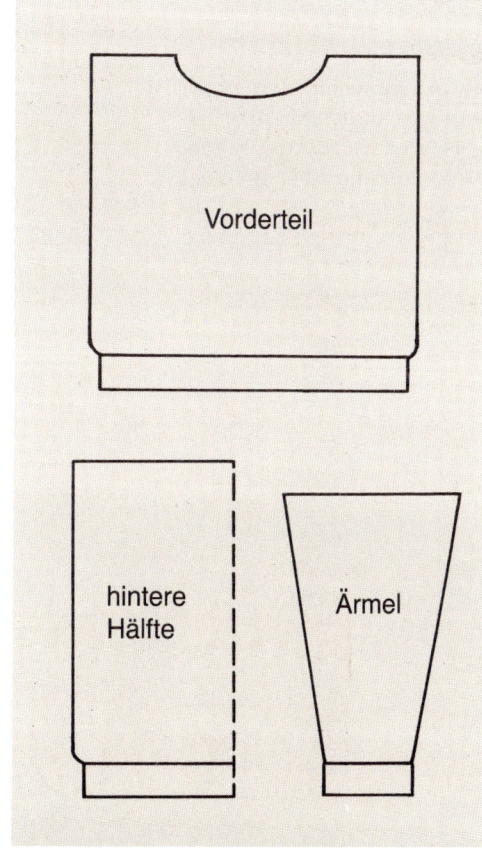

he Lochmuster und Rückreihe stricken, dann mit weißer Wolle 3 cm glatt rechts. Zum Schluß alle Maschen auf einmal abketten.

● *Vorderteil:* Auf die gleiche Weise stricken wie das Rückenteil, dann auf der Höhe von 46 (51) cm folgendermaßen mit dem Halsausschnitt beginnen: Die mittleren 10 Maschen abketten und auf beiden Seiten getrennt wei-

Schema der
Farbabbildung
auf Seite 107

terarbeiten. Dabei für den Halsausschnitt einmal 3 Maschen, einmal 2 Maschen und 3mal 1 Masche abnehmen. Auf der gleichen Schulterhöhe wie beim Rückenteil alle Maschen abketten.

● *Ärmel:* 40 (45) Maschen aufnehmen und 3 cm kraus rechts stricken. In der nächsten Reihe, die kraus rechts gestrickt wird, den Lurexfaden mitlaufen lassen. Die weiteren 3 cm dann kraus rechts ohne Lurexfaden stricken.

Den Ärmel nun auf die gleiche Weise wie das Rückenteil stricken, jedoch auf jeder Seite alle 6 Reihen eine Masche zunehmen. Nach 40 (44) cm alle Maschen auf einmal abketten.

● *Fertigstellung:* Schultern und Seiten zusammennähen, dabei eine Öffnung für die Ärmel freilassen. Ärmel zusammennähen und einfügen. Mit der Häkelnadel die Maschen des Halsausschnittes aufnehmen (siehe Seite 42) und sie auf das Nadelspiel übertragen. Abwechselnd ohne Lurexfaden 3 cm glatt rechts und mit mitlaufendem Lurexfaden eine Reihe Lochmuster, wie beim Rückenteil beschrieben, stricken. Nach 16 cm ohne Lurexfaden 2 Reihen kraus rechts stricken und alle Maschen auf einmal abketten.

Jacke im Jacquardmuster aus handgesponnener Schafwolle (2)
Farbabbildung Seite 107

Schwierigkeitsgrad: xxx

Maschenprobe: 19 Maschen × 20 Reihen = 10 cm × 10 cm.

Größe: Für Größe 40. In Klammern die Größen 42 bzw. 44.

Material: Handgesponnene und naturgefärbte Schafwolle; 300 (350; 400) g orange; 70 (100; 130) g rosa; 70 (100; 130) g gelb; 70 (100; 130) g lila; 70 (100; 130) g salbeigrün; Stricknadeln Nr. 3,5; Häkelnadel Nr. 3,5.

Muster: Kraus rechts (siehe Seite 57); Jacquardmuster (siehe Seiten 52–53).

Ausführung

● *Rückenteil:* Mit der orangefarbenen Wolle 80 (90; 100) Maschen aufnehmen und 6 cm kraus rechts stricken; dabei mit jeder der fünf Farben jeweils zwei Reihen stricken.

Nach der Vorlage im Jacquardmuster glatt rechts weiterstricken bis zur Höhe der Armausschnitte. Dafür einmal 3 Maschen, einmal 2 Maschen und einmal 1 Masche auf beiden

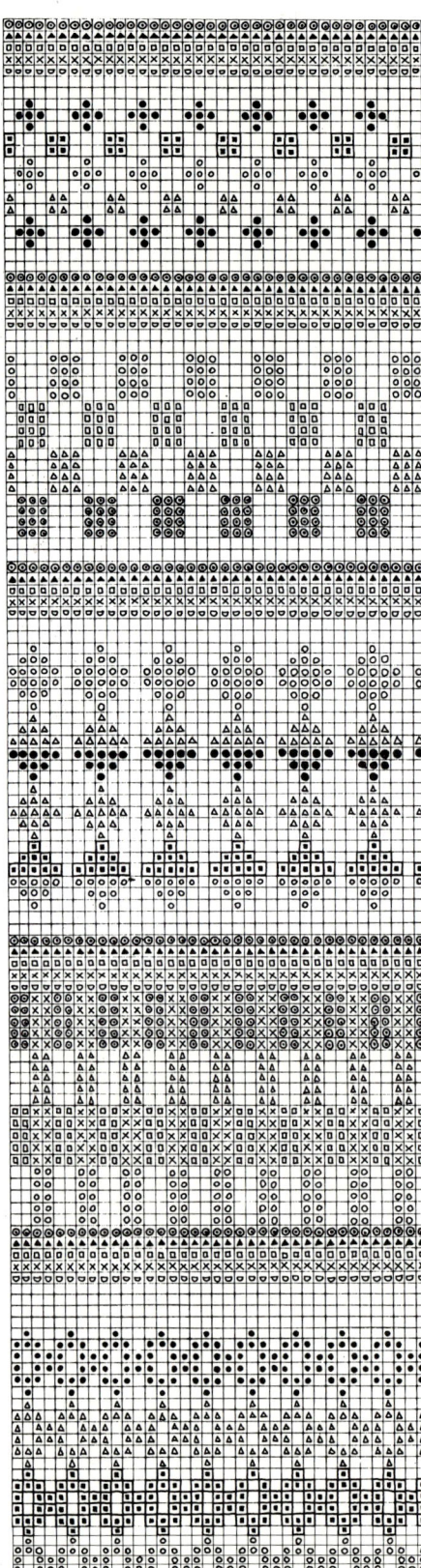

Anfang Armausschnitt →

Rückenteil

vordere Hälfte

Ärmel

Vorlage des Jacquardmusters für die Jacke aus handgesponnener Schafwolle:

□ Grundfarbe orange
△ rosa
○ gelb
● lila
⊡ salbeigrün
▢ salbeigrün, links
× orange, links
⊙ lila, links
▲ rosa, links
○ gelb, links

Seiten abnehmen. Nach der Vorlage weiterstricken, bis die Musterfolge abgeschlossen ist. Alle Maschen auf einmal abketten.

● *Vordere Hälfte:* Mit der orangefarbenen Wolle 40 (45; 50) Maschen aufnehmen und 6 cm kraus rechts stricken; dabei mit jeder der fünf Farben jeweils zwei Reihen stricken. Nach der Vorlage im Jacquardmuster glatt rechts 30 cm stricken und dann für den V-Ausschnitt alle 6 Reihen eine Masche abnehmen. Gleichzeitig auf der anderen Seite an der eingezeichneten Stelle für den Armausschnitt einmal 3 Maschen, einmal 2 Maschen und einmal 1 Masche abnehmen. Nach der Vorlage zu Ende stricken und alle Maschen der Schulter auf einmal abketten. Die andere Hälfte des Vorderteils gegengleich stricken.

● *Ärmel:* Mit der orangefarbenen Wolle 35

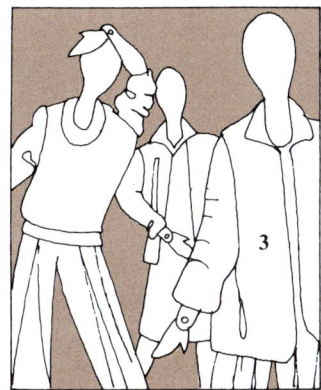

*Schema der
Farbabbildung
auf Seite 107*

Anfang Armausschnitt

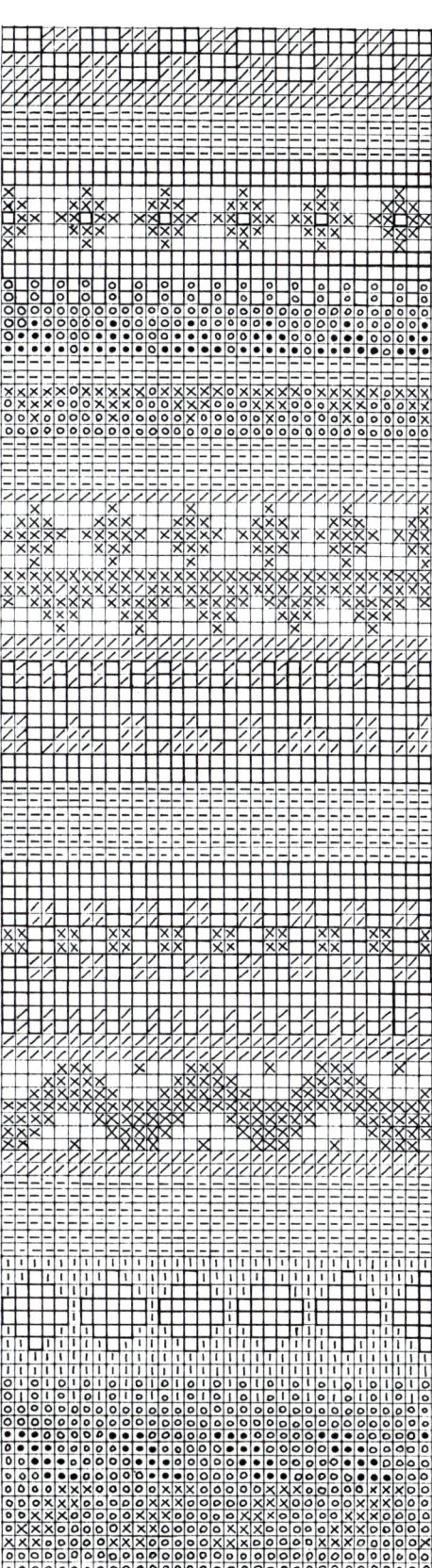

Vorlage des Jacquardmusters
für die hellblaue Jacke

☐ hellblaue Grundfarbe
✕ hellblaue Seide
╱ dunkelblau
◯ marineblau
● stahlblau
⎮ mittelblau
– kraus rechts, die Farben
   abwechselnd

(40; 45) Maschen aufnehmen und 8 cm kraus rechts stricken; dabei mit jeder der fünf Farben jeweils zwei Reihen stricken.

Nach der Vorlage im Jacquardmuster glatt rechts weiterstricken und alle 6 Reihen auf jeder Seite eine Masche zunehmen, bis die für den Armausschnitt angegebene Stelle erreicht ist. Dafür auf beiden Seiten einmal 3 Maschen, einmal 2 Maschen und einmal 1 Masche abnehmen. Nach der Vorlage die Musterfolge zu Ende stricken und auf jeder Seite jeweils 1 Masche abnehmen.

● *Fertigstellung:* Die Seiten und die Schultern zusammennähen; dabei beachten, daß das Muster und die Stellen für die Armausschnitte exakt zueinander passen. Die Ärmel zusammennähen und in die Armausschnitte einfügen.

Mit der Häkelnadel, beginnend von vorne rechts, die Maschen des Halsausschnittes aufnehmen (siehe Seite 42). 4 cm kraus rechts stricken, dabei mit den fünf Farben jede 2. Reihe abwechseln.

Hellblaue Jacke im Jacquardmuster (3)
Farbabbildung Seite 107

Schwierigkeitsgrad: xxx

Maschenprobe: 19 Maschen × 20 Reihen = 10 cm × 10 cm.

Größe: Für Größe 42. In Klammern sind jeweils die Angaben für die Größen 40 bzw. 38 aufgeführt.

Material: 500 (450; 400) g Mohairwolle in fünf verschiedenen Blautönen; 50 g hellblaue Seide; Stricknadeln Nr. 3,5; Häkelnadeln Nr. 3,5; 3 farblich passende Knöpfe.

Muster: Kraus rechts (siehe Seite 57); Jacquardmuster (siehe Seiten 52–53).

Ausführung

● *Rückenteil:* 90 (85; 80) Maschen aufnehmen und 18 Reihen kraus rechts stricken, dabei mit jeder der sechs Farben alle 2 Reihen wechseln.

Nach der Vorlage bis zu der Stelle stricken, an der die Armausschnitte beginnen; dafür auf jeder Seite 5 Maschen abketten. Bis zum Ende des Musters weiterstricken, dann alle Maschen abketten.

● *Vordere Hälfte:* 43 (40; 38) Maschen aufnehmen und 18 Reihen kraus rechts stricken, dabei mit jeder der sechs Farben alle 2 Reihen wechseln. Nach der Vorlage im Jacquardmuster glatt rechts bis zu der Stelle weiterstrikken, an der der Armausschnitt beginnt, der ebenso wie beim Rückenteil gearbeitet wird. Weitere 15 cm nach Vorlage stricken und auf der dem Armausschnitt gegenüberliegenden Seite für den Halsausschnitt einmal 8 Maschen und 5mal 1 Masche auf der Rückseite der Strickarbeit abnehmen. Bei der Höhe des Rückenteils alle Maschen abketten.

Die andere vordere Hälfte gegengleich stricken.

● *Ärmel:* 50 (45; 40) Maschen aufnehmen und 18 Reihen kraus rechts stricken, dabei mit allen Farben alle 2 Reihen wechseln.

Weiter nach der Vorlage im Jacquardmuster glatt rechts stricken bis an die Stelle, an der mit dem Armausschnitt begonnen wird. Dafür auf jeder Seite einmal 5 Maschen und 14- (13-; 12-) Mal eine Masche abnehmen.

Die restlichen Maschen auf einmal abketten.

● *Fertigstellung:* Die Seiten- und die Schulternähte schließen, die Ärmel zusammennähen und einfügen.

Auf beiden vorderen Hälften die Maschen aufnehmen (siehe Seite 42) und 12 Reihen kraus rechts stricken, dabei mit jeder der sechs verschiedenen Farben und Garne alle 2 Reihen abwechseln. Auf der rechten Seite werden 3 senkrechte Knopflöcher (siehe Seite 45) aus 2 Maschen gestrickt, das erste 24 cm vom Beginn an und die anderen in einer Entfernung von jeweils 15 cm.

Die Maschen für den Halsausschnitt aufnehmen und 12 Reihen kraus rechts stricken, dabei mit jeder der sechs verschiedenen Farben alle 2 Reihen abwechseln. Die Knöpfe auf der Höhe der Knopflöcher annähen.

Dunkelbraunes Kleid mit Rollkragen (1)
Farbabbildung Seite 108

Schwierigkeitsgrad: xx

Maschenprobe: 16 Maschen × 18 Reihen = 10 cm × 10 cm.

Rückenteil

hellblaue Jacke im Jacquardmuster

vordere Hälfte

Ärmel

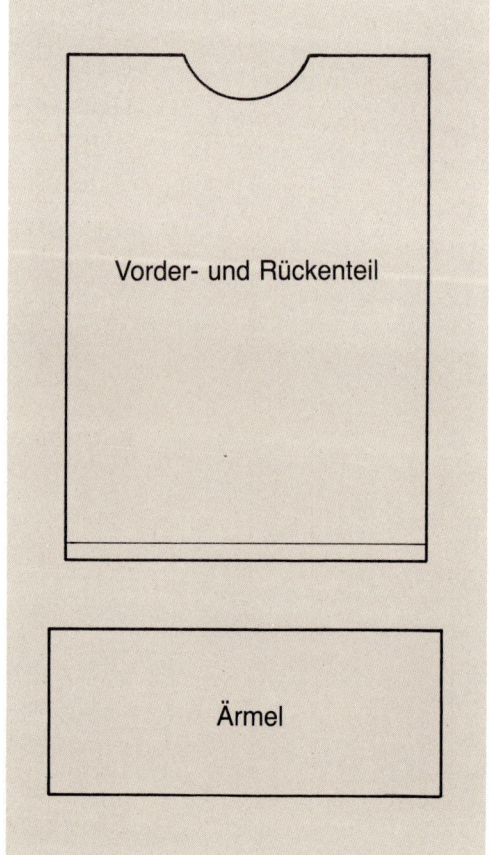

Vorder- und Rückenteil

Ärmel

Größe: Größen 38, 40 und 42.
Material: 700 g braune Alpakawolle; Stricknadeln Nr. 5, Häkelnadel Nr. 5; Nadelspiel Nr. 5; Futterstoff; 1,5 cm breites Gummiband.
Muster: Einfaches Rippenmuster (siehe Seite 57); glatt rechts (siehe Seite 57).
Ausführung
● *Rückenteil:* 90 Maschen aufnehmen und 4 cm im einfachen Rippenmuster stricken.
Nach 90 cm glatt rechts Gestricktem die mittleren 30 Maschen auf einmal abketten. Die 30 Maschen der Schultern getrennt weiterstricken und diese auf 3mal je 10 Maschen abketten.
● *Vorderteil:* Auf die gleiche Weise arbeiten wie das Rückenteil.
● *Ärmel:* 50 Maschen aufnehmen und einen 2 cm hohen einfachen Saum stricken (siehe Seite 44). Weiter 40 cm glatt rechts stricken, alle Maschen auf einmal abketten.
● *Fertigstellung:* Von unten die Seiten 40 cm zusammennähen, 10 cm für die Taschen offenlassen und die Seiten bis zu den Armausschnitten zusammennähen. Dann die Schulternähte schließen, die Ärmel zusammennähen und einfügen.
Die Maschen des Halsausschnittes aufnehmen (siehe Seite 42), die Maschen auf das Maschenspiel übertragen. Im Rippenmuster 8 cm rundstricken und dann nach der Beschreibung auf Seite 31 abketten.
Aus dem Futterstoff zwei quadratische, 11 cm × 11 cm, Innentaschen anfertigen, sie in die Öffnungen an den Seiten einfügen und mit kleinen Stichen innen festnähen. Das Gummiband in den Saum der Armbündchen einziehen, die auf diese Weise angekraust werden.

Braune Alpakaweste (2)
Farbabbildung Seite 108

Schwierigkeitsgrad: x

Maschenprobe: 16 Maschen × 18 Reihen = 10 cm × 10 cm.
Größe: Dieses Muster kann für die Größen 38, 40 und 42 verwendet werden.
Material: 280 g braune Alpakawolle; Stricknadeln Nr. 5.
Muster: Einfaches Rippenmuster (siehe Seite 57).
Ausführung
● *Rückenteil:* 70 Maschen aufnehmen und 45 cm im einfachen Rippenmuster stricken.

Schema der Farbabbildung auf Seite 108

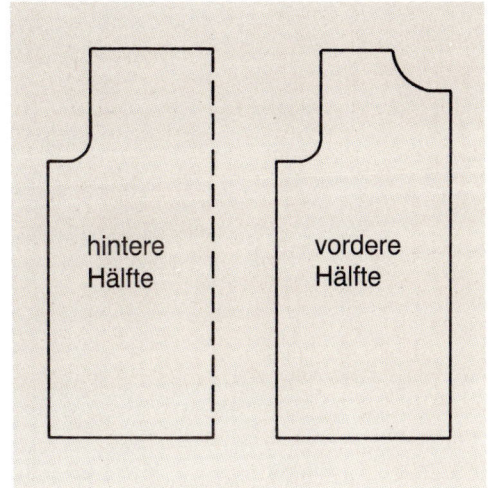

hintere Hälfte

vordere Hälfte

Für die Armausschnitte auf beiden Seiten 3 Maschen abnehmen und im einfachen Rippenmuster weitere 23 cm stricken. Dann alle Maschen auf einmal abketten.
● *Vordere Hälfte:* 35 Maschen aufnehmen und 45 cm im einfachen Rippenmuster strikken. Für den Armausschnitt auf der einen Seite einmal 3 Maschen und einmal 1 Masche abnehmen und im einfachen Rippenmuster weitere 15 cm stricken. Für den Halsausschnitt einmal 4 Maschen, einmal 2 Maschen und 2mal 1 Masche abnehmen. Im einfachen Rippenmuster bis zur Länge des Armausschnittes des Rückenteils stricken.
● *Fertigstellung:* Die Seiten und die Schultern zusammennähen.

Brauner Rock im Jacquardmuster (3)
Farbabbildung Seite 108

Schwierigkeitsgrad: xxx

Maschenprobe: 13 Maschen × 18 Reihen = 10 cm × 10 cm.
Größe: Für Größe 40. In Klammern sind die Angaben für die Größen 38 bzw. 42 aufgeführt.
Material: 230 (200; 260) g beige Alpakawolle; 120 (100; 140) g braune Alpakawolle; 50 g weiße Alpakawolle; Stricknadeln Nr. 5; 2,5 cm breites Gummiband; ein Reißverschluß.
Muster: Einfaches Rippenmuster (siehe Seite 57); glatt rechts (siehe Seite 57); Jacquardmuster (siehe Seiten 52–53).
Ausführung:
● Der Rock wird von oben begonnen und in zwei Teilen gestrickt. Für jedes Teil werden mit beiger Wolle 62 (58; 66) Maschen aufge-

Vorlage zum Jacquardmuster für
den braunen Rock
Die Vorlage ist von oben nach
unten abzustricken

□ braune Grundfarbe
○ weiß
V 2 Maschen beige im Maschenstich aufsticken
● beige im Maschenstich aufsticken
Ø weiß im Maschenstich aufsticken

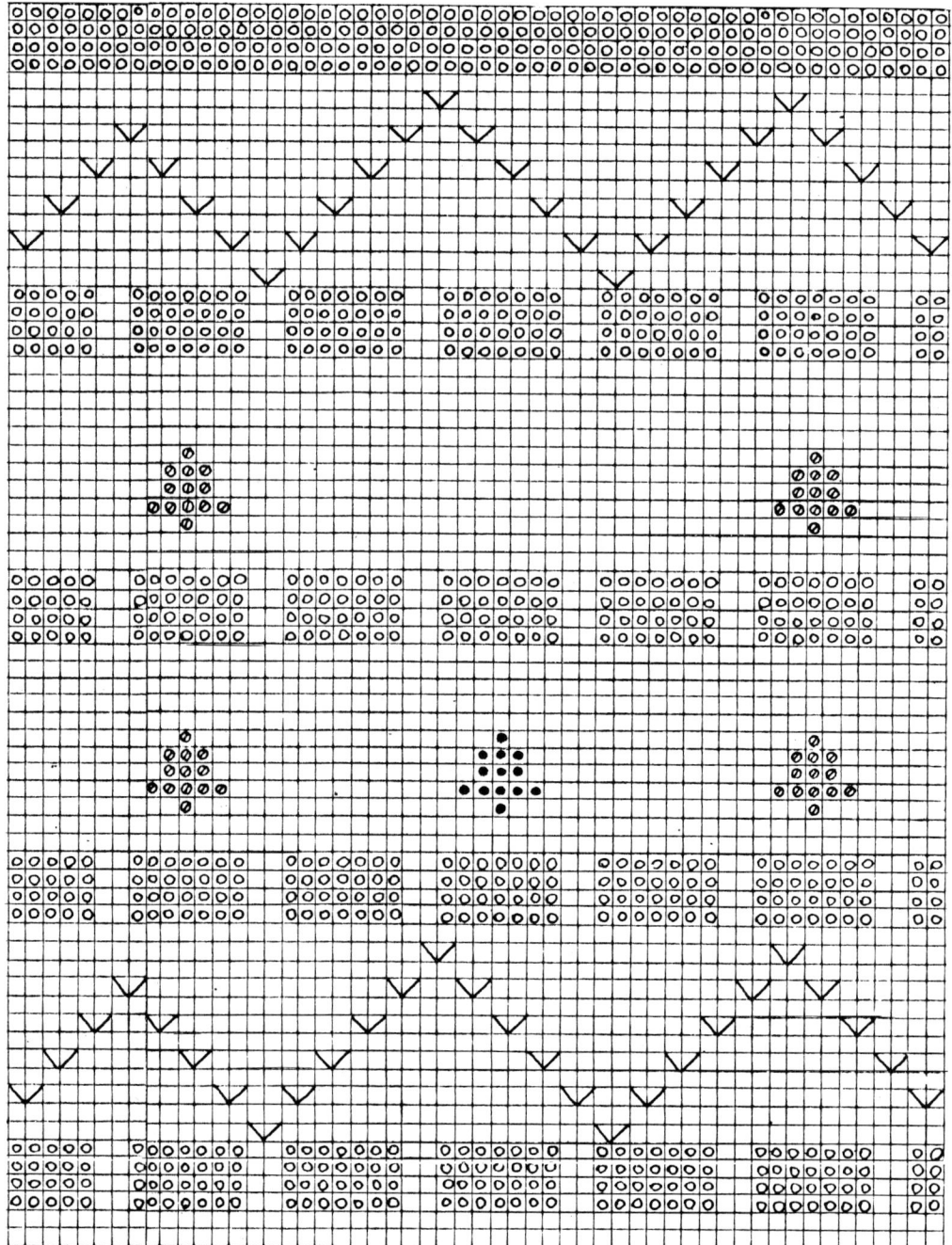

nommen und 16 (14; 18) cm im einfachen
Rippenmuster gestrickt.
30 (27; 33) cm weiter glatt rechts stricken,
dabei an den Seiten allmählich Maschen zunehmen bis zu einer Maschenzahl von 98 (91;
105). Nach der Vorlage im Jacquardmuster
glatt rechts weiterstricken. Nach Beendigung
des Musters auf der Vorderseite der Arbeit
mit beiger Wolle eine Reihe links stricken,
dann 4 cm weiter glatt rechts.

● *Fertigstellung:* Die Seiten zusammennähen
und für den Reißverschluß an der linken Seite
eine 20 cm lange Öffnung freilassen. Den
oberen Bund 3 cm nach innen schlagen und
das Gummiband im Fliegenstich (siehe Seite
146) annähen. Am unteren Rand entlang der
links gestrickten Reihe den Saum umschlagen
und annähen; den Reißverschluß einfügen.
Im Maschenstich (siehe Seite 140) das auf der
Vorlage zu sehende Motiv aufsticken.

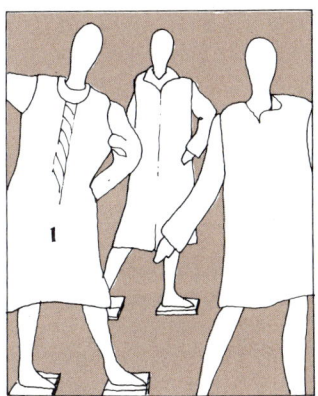

Schema der Farbabbildung auf Seite 109

Salbeigrüner Mantel (1)

Farbabbildung Seite 109

Schwierigkeitsgrad: xx

Maschenprobe: 11 Maschen × 19 Reihen = 10 cm × 10 cm.

Größe: Für Größe 42. In Klammern sind jeweils die Angaben für die Größen 40 bzw. 44 aufgeführt.

Material: 1200 (1000; 1400) g salbeigrüne Sportwolle; Stricknadeln Nr. 6; 3 farblich dazu passende Knöpfe. Es wird geraten, den Mantel zu füttern.

Muster: Glatt rechts (siehe Seite 57); einfaches Zopfmuster (siehe Seite 62); kraus rechts (siehe Seite 57).

Ausführung:

● *Rückenteil:* 82 (78; 86) Maschen aufnehmen und einen 4 cm hohen einfachen Saum stricken (siehe Seite 44). 20 cm glatt rechts stricken, dann 56 (52; 60) cm stricken, wobei alle 12 Reihen auf jeder Seite eine Masche abgenommen wird.

Für die Armausschnitte auf jeder Seite 3mal 3 Maschen abnehmen. Weitere 15 (14; 16) cm stricken, dann für die Schultern 3mal 4 Maschen auf jeder Seite abketten. Die restlichen Maschen alle auf einmal abketten.

● *Vordere Hälfte:* 50 (48; 52) Maschen aufnehmen und einen 4 cm hohen, einfachen Saum stricken (siehe Seite 44).

Auf der rechten Seite 12 Maschen im einfachen Zopfmuster stricken: 2 Maschen kraus rechts, 8 Maschen Zopfmuster, 2 Maschen kraus rechts; die restlichen Maschen glatt rechts. Nach 20 cm auf der linken Seite 6mal im gleichen Abstand 1 Masche abnehmen. Nach 30 (27; 33) cm eine waagrechte 15 cm breite Tasche einarbeiten (siehe Seite 45).

Weitere 26 cm stricken, dann für den Armausschnitt auf der dem Zopfmuster gegenüberliegenden Seite 3mal 3 Maschen abnehmen.

Nach weiteren 12 cm für den Halsausschnitt einmal 20 Maschen und 3mal 2 Maschen abnehmen. Die Maschen der Schultern alle auf einmal abketten.

Das andere Vorderteil gegengleich stricken.

● *Ärmel:* 36 (34; 38) Maschen aufnehmen und einen 4 cm hohen, einfachen Saum stricken (siehe Seite 44). 43 (42; 44) cm glatt rechts stricken, dabei alle 4 Reihen auf jeder Seite eine Masche zunehmen.

Für den Armausschnitt 4mal 2 Maschen und 6mal 1 Masche auf beiden Seiten abnehmen. Die restlichen Maschen alle auf einmal abketten.

● *Fertigstellung:* Die Seiten- und die Schulternähte schließen, die Ärmel zusammennähen und einfügen.

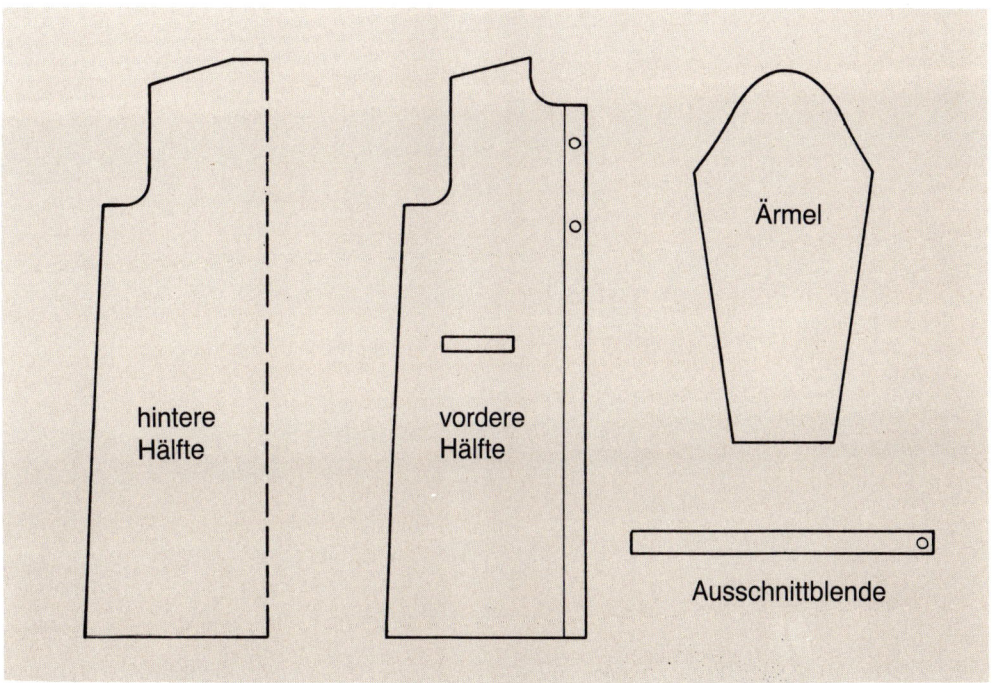

hintere Hälfte

vordere Hälfte

Ärmel

Ausschnittblende

Für den Kragen 12 Maschen aufnehmen und 68 cm im beschriebenen Zopfmuster stricken, dann alle Maschen abketten. Diesen Streifen am Halsausschnitt festnähen und auf der rechten Seite 5 cm herausstehen lassen.

An der rechten Zopfmusterkante 2 Knopflöcher anfertigen, indem eine Masche aufgeschnitten wird und im Knopflochstich umnäht wird (siehe Seite 145). Das erste Knopfloch ist 10 cm vom Halsausschnitt entfernt, das zweite 16 cm vom ersten entfernt. Ein drittes Knopfloch wird in das herausstehende Teil des Kragens 1 cm vor dem Ende angebracht. Die drei Knöpfe auf Knopflochhöhe annähen.

Brauner Mantel (2)
Farbabbildung Seite 109

Schwierigkeitsgrad: xx

Maschenprobe: 10 Maschen × 20 Reihen = 10 cm × 10 cm.
Größe: Für Größe 40. In Klammern sind jeweils die Angaben für die Größen 38 bzw. 42 aufgeführt.
Material: 1300 (1200; 1400) g braune Sportwolle; Stricknadeln Nr. 7.
Muster: Glatt rechts (siehe Seite 57); einfaches Rippenmuster (siehe Seite 57); Perlmuster (siehe Seite 59).

Ausführung
● *Rückenteil:* 68 (64; 72) Maschen aufnehmen und 79 (77; 81) cm im Perlmuster stricken.

Für die Armausschnitte auf beiden Seiten 3mal alle 2 Reihen 2 Maschen abnehmen. 18 (17; 19) cm wie folgt stricken: Die ersten und letzten 6 Maschen glatt rechts, die anderen weiterhin im Perlmuster stricken.

Die restlichen Maschen alle auf einmal abketten.

● *Vordere Hälfte:* 40 (38; 42) Maschen aufnehmen. Die ersten 8 Maschen im einfachen Rippenmuster und die restlichen Maschen im Perlmuster stricken.

Nach 45 (43; 47) cm eine senkrechte 14 cm hohe Tasche einarbeiten (siehe Seite 46). Weitere 10 cm stricken und für den Armausschnitt 3mal alle 2 Reihen 2 Maschen abnehmen.

Die folgenden 16 (15; 17) cm wie folgt stricken: Die ersten 8 Maschen im einfachen Rippenmuster, die letzten 6 Maschen glatt rechts, die restlichen Maschen im Perlmuster stricken.

Für den Halsausschnitt 12 Maschen auf einmal abketten, dann 4mal alle 2 Reihen 2 Maschen abnehmen. Die restlichen Maschen der Schultern alle auf einmal abketten.

Die andere vordere Hälfte gegengleich stricken.

Schema der Farbabbildung auf Seite 109

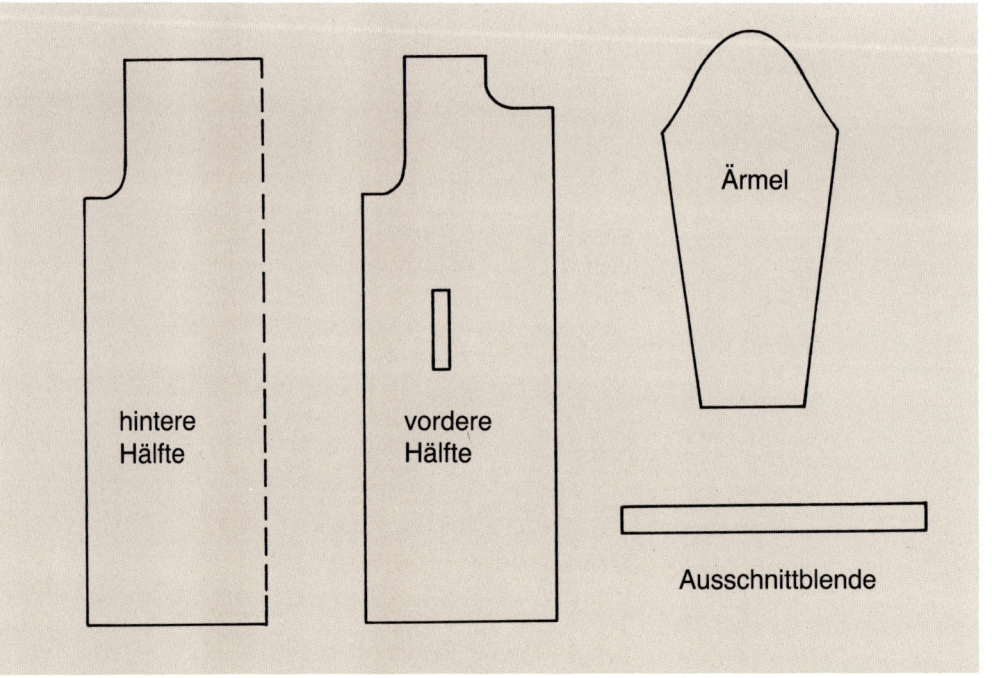

hintere Hälfte

vordere Hälfte

Ärmel

Ausschnittblende

● *Ärmel:* 30 (28; 32) Maschen aufnehmen und 41 (39; 43) cm im Perlmuster stricken, dabei auf jeder Seite alle 6 Reihen eine Masche zunehmen. Für den Armausschnitt einmal 3 Maschen, dann 10 (9; 11) Mal auf beiden Seiten eine Masche abnehmen.
Alle restlichen Maschen auf einmal abketten.
● *Fertigstellung:* Die Seiten- und die Schulternähte schließen, die Ärmel zusammennähen und einfügen.
Für den Kragen 60 Maschen aufnehmen und 4 cm im Perlmuster, die ersten und die letzten 8 Maschen im einfachen Rippenmuster stricken. Weitere 6 cm alle Maschen im einfachen Rippenmuster stricken und abketten.
Diesen Streifen am Halsausschnitt annähen.

Schema der
Farbabbildung
auf Seite 109

Mantel im Double-face (3)
Farbabbildung Seite 109

Schwierigkeitsgrad: xxx

Maschenprobe: 9 Maschen × 11 Reihen = 10 cm × 10 cm.
Größe: Für Größe 40. In Klammern sind jeweils die Angaben für die Größen 38 bzw. 42 aufgeführt.
Material: 600 (500; 700) g braune Alpakawolle; 600 (500; 700) g beige Alpakawolle; Stricknadeln mit doppelter Spitze Nr. 9; 2 farblich passende Knöpfe; Futterstoff.
Muster: Double-face (siehe Seiten 53–54).

Ausführung
● *Rückenteil:* Mit beiger Wolle 45 (42; 48) Maschen aufnehmen und mit den zwei Farben im Double-face 58 (56; 60) cm glatt rechts stricken. Für den Armausschnitt auf jeder Seite 3mal alle 2 Reihen 2 Maschen abnehmen. Im Double-face wcitere 21 (20; 22) cm weiterstricken. Für die Schultern 2mal alle 2 Reihen 4 Maschen abnehmen. Die restlichen Maschen alle auf einmal abketten.
● *Vordere Hälfte:* Mit beiger Wolle 32 (30; 35) Maschen aufnehmen und mit den zwei Farben im Double-face 58 (56; 60) cm glatt rechts stricken. Für den Armausschnitt 3mal alle 2 Reihen 2 Maschen abnehmen. Nach weiteren 6 cm ein waagrechtes Knopfloch über 3 Maschen stricken (siehe Seite 45).
Nach 2 Reihen für den Halsausschnitt 10 Maschen abketten, dann 3mal alle 2 Reihen 2 Maschen abketten. In gleicher Höhe wie beim Rückenteil die Maschen der Schultern auf 2mal abketten.
Das andere Vorderteil gegengleich stricken.
● *Ärmel:* Mit beiger Wolle 26 (24; 28) Maschen aufnehmen und mit den zwei Farben im Double-face 42 (41; 43) cm glatt rechts stricken; auf jeder Seite alle 6 Reihen eine Masche zunehmen. Für den Armausschnitt 2mal 2 Maschen, 6mal 1 Masche abnehmen und die restlichen Maschen auf einmal abketten.
● *Fertigstellung:* Die Seiten zusammennähen, in einer Höhe von 21 cm von unten 18 cm für die Taschen offenlassen, die Schultern und die Ärmel zusammennähen und die Ärmel in die Armausschnitte einfügen.

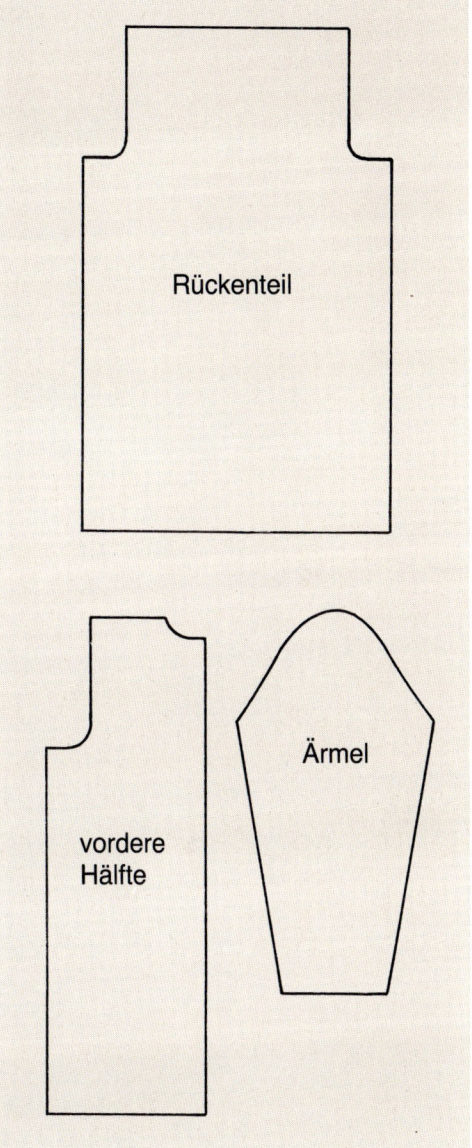

Rückenteil

vordere
Hälfte

Ärmel

Die 2 Knöpfe in Knopflochhöhe annähen, einen innen und einen außen. Die beiden quadratischen 18 × 18 cm großen Taschen aus Futterstoff in die Öffnungen an den Seiten einnähen.

Ca. 2 cm vom Halsausschnitt des Rückenteils und ca. ½ cm vom Rand des vorderen Halsausschnittes entfernt um diesen Ausschnitt eine sehr enge Naht im Steppstich nähen (siehe Seite 142).

Baby-Garnitur: Wolldecke (1)
Farbabbildung Seite 110

Schwierigkeitsgrad: x

Maschenprobe: 17 Maschen × 22 Reihen = 10 cm × 10 cm.
Größe: 60 cm × 75 cm. Diese Wolldecke eignet sich für Kinderwagen oder Kinderbettchen.
Material: 140 g weiße vierfädige Sportwolle; 60 g gelbe vierfädige Sportwolle; Stricknadeln Nr. 5; Häkelnadel Nr. 5.
Muster: Kraus rechts (siehe Seite 57); Schrägstreifen im Lochmuster (siehe Seite 78); Umrandung mit der Häkelnadel im Retourstich (siehe Seite 43).
Ausführung
● Mit der gelben Wolle 107 Maschen aufnehmen und 5 cm kraus rechts stricken. Dann mit der weißen Wolle 50 cm Schrägstreifen im Lochmuster stricken, dabei die erste und die letzte Masche kraus rechts lassen. Anschließend 5 cm mit der gelben Wolle kraus rechts stricken.
Mit der Häkelnadel und der gelben Wolle die Maschen der kurzen Seite der Decke aufnehmen (siehe Seite 42) und 5 cm kraus rechts stricken.
Den gelben und weißen Faden zusammennehmen und die Ränder der Decke mit einer Reihe im Retourstich umhäkeln.

Baby-Garnitur: Mützchen (2)
Farbabbildung Seite 110

Schwierigkeitsgrad: xx

Maschenprobe: 34 Maschen × 48 Reihen = 10 cm × 10 cm.
Größe: Für Größe 0. In Klammern sind jeweils die Angaben für 2 bzw. 4 Monate.

Material: 10 (15; 20) g gelbe, dreifädige Babywolle; Stricknadeln Nr. 2,5; Häkelnadel Nr. 2,5; gelbes Band; ein gelbes Seidenblümchen.
Muster: Glatt rechts (siehe Seite 57); kraus rechts (siehe Seite 57).
Ausführung:
● Das Mützchen wird an einem Stück gestrickt und an der vorderen Kante begonnen. 95 (103; 111) Maschen aufnehmen und 10 Reihen kraus rechts stricken. Glatt rechts weiterstricken, dabei auf der Vorderseite alle 6 Maschen einen Umschlag stricken und 2 Maschen übergehoben zusammenstricken. Mit jeder rechten Reihe das Lochmuster um eine Masche nach links verschieben (d. h., die 2. rechte Reihe beginnt mit 7 rechten Maschen, die 3. mit 8 rechten Maschen usw.). Nach 4 cm die neue Reihe mit 6 rechten Maschen beginnen, einen Umschlag stricken und 2 Maschen übergehoben zusammenstricken. Nun wiederum mit jeder rechten Reihe das Lochmuster um eine Masche nach links verschieben. So 4 (6; 8) cm fortfahren.
Die mittleren 41 (49; 57) Maschen glatt rechts stricken, die übrigen Maschen auf Hilfsna-

deln liegen lassen. Bei jeder Reihe eine der auf der Hilfsnadel liegenden Masche mit der letzten bzw. ersten Masche der mittleren Maschen zusammenstricken: Auf der Vorderseite der Arbeit die letzte der mittleren Maschen über die erste folgende Masche ziehen, auf der Rückreihe die letzte der mittleren Maschen mit der ersten folgenden zusammenstricken.
Gleichzeitig jeweils die mittleren 5 Maschen auf der Vorderseite wie folgt stricken: 2 Maschen einfach übergehoben zusammenstricken, 1 Masche rechts, 2 Maschen rechts zu-

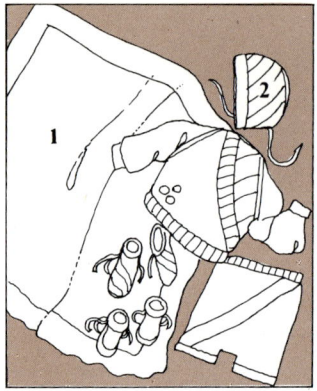

Schema der Farbabbildung auf Seite 110

sammenstricken (jeweils 2 Maschen werden also abgenommen). So lange abnehmen, bis 5 Maschen auf der Nadel zurückbleiben, die alle auf einmal abgekettet werden.

● *Fertigstellung:* Mit der Häkelnadel die Maschen des unteren Randes aufnehmen (siehe Seite 42) und 2 Reihen kraus rechts stricken. Zum Durchziehen des Bandes strickt man in der nächsten Reihe Öffnungen wie folgt: 2 Maschen rechts, ✽ 1 Umschlag, 2 Maschen rechts zusammenstricken, 4 Maschen rechts ✽, 2 Maschen rechts. Weitere 5 Reihen kraus rechts stricken und alle Maschen abketten.

Das Band durch die Öffnungen ziehen und das kleine Seidenblümchen links unter der kürzeren Lochmusterreihe annähen.

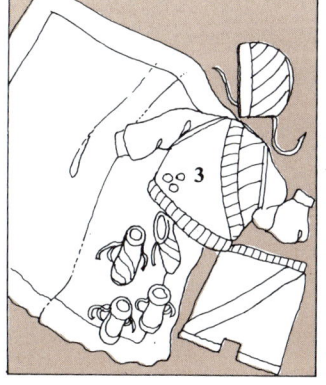

Schema der Farbabbildung auf Seite 110

Baby-Garnitur: Jäckchen mit überkreuztem Vorderteil (3)
Farbabbildung Seite 110

Schwierigkeitsgrad: xxx

Maschenprobe: 34 Maschen × 48 Reihen = 10 cm × 10 cm.

Größe: Für Größe 0. In Klammern sind jeweils die Angaben für 2 bzw. 4 Monate aufgeführt.

Material: 40 (60; 80) g gelbe, dreifädige Babywolle; Stricknadeln Nr. 2,5; 3 gelbe Seidenblümchen; 2 gelbe Knöpfchen.

Muster: Einfaches Rippenmuster (siehe Seite 57); glatt rechts (siehe Seite 57); kraus rechts (siehe Seite 57).

Ausführung

● *Rückenteil:* 65 (73; 81) Maschen aufnehmen (im Patent, siehe Seiten 30–31), 3 Reihen im einfachen Rippenmuster im Patent stricken, im einfachen Rippenmuster 2,5 cm weiterstricken. Alle 8 (9; 10) Maschen eine Masche zunehmen, so daß in dieser Reihe 8 Maschen insgesamt zugenommen wurden. 9 (11; 13) cm glatt rechts weiterstricken, dabei die ersten und die letzten 2 Maschen immer kraus rechts stricken.

Dann abnehmen für die Raglanschrägung: Auf der Vorderseite nach den ersten 2 kraus gestrickten Maschen 2 Maschen einfach übergehoben zusammenstricken, vor den letzten 2 kraus gestrickten Maschen 2 Maschen zusammenstricken.

Fortfahren, bis 19 (21; 23) Maschen auf der Nadel zurückbleiben, die alle auf einmal abgekettet werden.

● *Rechtes Vorderteil:* 65 (73; 81) Maschen aufnehmen (im Patent, siehe Seiten 30–31), 3

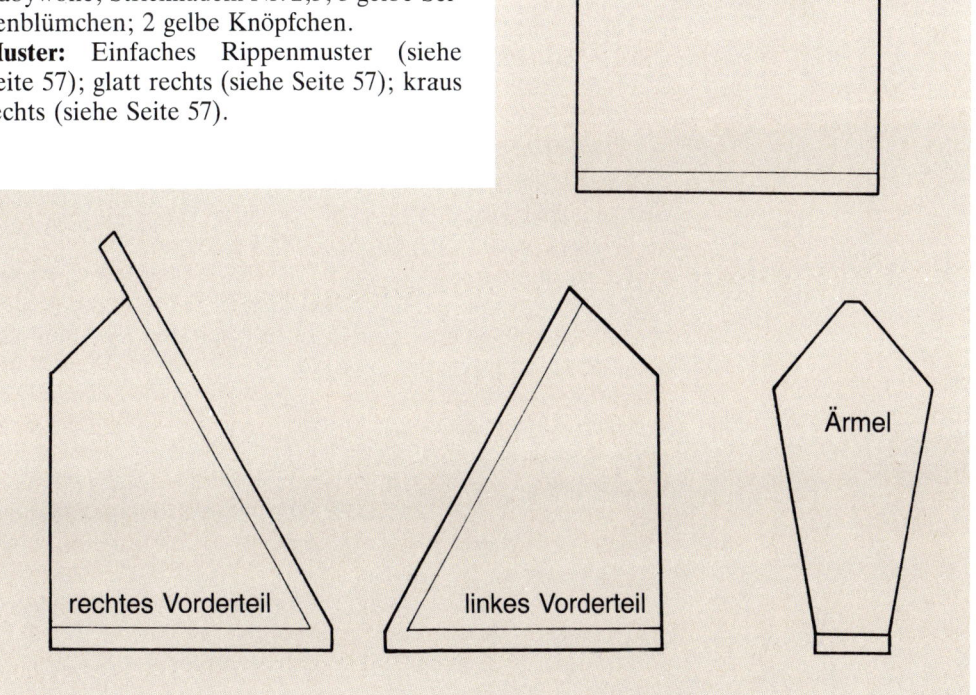

Reihen im einfachen Rippenmuster im Patent stricken, im einfachen Rippenmuster 2,5 cm weiterarbeiten. Alle 8 (9; 10) Maschen eine Masche zunehmen, so daß in dieser Reihe 8 Maschen insgesamt zugenommen wurden. Auf der Rückreihe die ersten 6 und die letzten 2 Maschen kraus rechts stricken.

In der nächsten Reihe mit dem Lochmuster und dem Abnehmen für die Schrägung beginnen: 6 Maschen rechts, 2 Maschen einfach überkreuzt zusammenstricken, 10 Maschen rechts, 2 Maschen einfach übergehoben zusammenstricken, 1 Umschlag, 10 Maschen rechts, 2 Maschen einfach übergehoben zusammenstricken, ein Umschlag. So die Vorderreihe abschließen.

In den folgenden Reihen das Lochmuster immer um eine Masche nach rechts verschieben, um die 2 schrägen Lochreihen zu erhalten: 6 Maschen rechts, 2 Maschen einfach übergehoben zusammenstricken (für die Schrägung), 11 (dann 12, dann 13) Maschen rechts, 2 Maschen einfach übergehoben zusammenstricken, 1 Umschlag, 10 Maschen rechts, 2 Maschen einfach übergehoben zusammenstricken, 1 Umschlag bis zum Abschluß der Vorderreihe.

Nach 9 (11; 13) cm die Raglanschrägung beginnen: Auf der Vorderseite der Arbeit jeweils 2 Maschen vor den 2 kraus rechts gestrickten Maschen rechts zusammenstricken (gegenüber der Schrägung). Bis zur gleichen Höhe des Rückenteils jeweils auf der Vorderseite abnehmen, dann alle Maschen bis auf die ersten 6 Maschen abketten. Die 6 Maschen bis zur Länge des Halsausschnittes des Rückenteils weiter kraus rechts stricken.

● *Linkes Vorderteil:* 65 (73; 81) Maschen aufnehmen (im Patent, siehe Seiten 30–31), 3 Reihen im einfachen Rippenmuster im Patent stricken, im einfachen Rippenmuster 2,5 cm weiterarbeiten. Alle 8 (9; 10) Maschen eine Masche zunehmen, so daß in dieser Reihe 8 Maschen insgesamt zugenommen wurden.

In der Rückreihe mit dem Lochmuster und dem Abnehmen für die Schrägung beginnen: 6 Maschen rechts (kraus rechts gestrickte Blende), 2 Maschen links zusammenstricken (schräg verlaufendes Vorderteil), 10 Maschen links, 2 Maschen links zusammenstricken, 1 Umschlag, 10 Maschen links, 2 Maschen links zusammenstricken, 1 Umschlag. Die restlichen Maschen links stricken, bis auf die letzten 2 Maschen, die rechts gestrickt werden.

In den folgenden Reihen der Rückseite das Lochmuster immer um eine Masche verschieben, um die 2 schrägen Lochreihen zu erhalten: 6 Maschen rechts (Blende), 2 Maschen links zusammenstricken (Schrägung), 11 (dann 12, dann 13) Maschen links, 2 Maschen links zusammenstricken, 1 Umschlag, 10 Maschen links, 2 Maschen links zusammenstricken, 1 Umschlag. Die restlichen Maschen bis auf die letzten 2 links abstricken; die letzten 2 Maschen rechts.

Nach 9 (11; 13) cm die Raglanschrägung beginnen: Jeweils auf der der Schrägung gegenüberliegenden Seite vor den 2 kraus rechts gestrickten Maschen eine Masche abnehmen, indem eine Masche über die andere gezogen wird. Bis zur gleichen Höhe des Rückenteils abnehmen, dann alle Maschen auf einmal abketten.

● *Ärmel:* 40 (45; 50) Maschen aufnehmen (im Patent, siehe Seiten 30–31), 3 Reihen im einfachen Rippenmuster im Patent stricken, dann im einfachen Rippenmuster 3 cm weiterarbeiten. Alle 8 (9; 10) Maschen eine Masche zunehmen, so daß in dieser Reihe 5 Maschen insgesamt zugenommen wurden. Die ersten und die letzten 2 Maschen immer kraus rechts stricken. Ansonsten 15 (17; 19) cm glatt rechts weiterstricken, dabei alle 8 Reihen auf der Innenseite der 2 kraus gestrickten Maschen auf jeder Seite 1 Masche zunehmen.

Dann jeweils auf der Vorderseite der Arbeit mit der Raglanschrägung beginnen: 2 Maschen kraus rechts, 2 Maschen einfach übergehoben zusammenstricken, vor den 2 letzten kraus gestrickten Maschen 2 Maschen rechts zusammenstricken. Bei der gleichen Höhe der Raglanschrägung des Rückenteils alle Maschen abketten.

● *Fertigstellung:* Die Seiten und die Ärmel zusammennähen und diese in die Armausschnitte einfügen.

Die am rechten Vorderteil weitergestrickte Blende am Halsausschnitt des Rückenteils annähen und an die Blende des anderen Vorderteils anfügen.

Die Knöpfchen auf dem linken Vorderteil genau über dem Rippenbündchen rechts und links annähen und auf dem rechten Vorderteil entsprechend dazu zwei Knopflöcher rechts und links aufschneiden und mit dem Knopflochstich einfassen (siehe Seite 145).

Die Seidenblümchen auf dem rechten Vorderteil aufnähen.

Baby-Garnitur: Handschuhchen (4)

Farbabbildung Seite 110

Schwierigkeitsgrad: xx

Maschenprobe: 34 Maschen × 48 Reihen = 10 cm × 10 cm.

Größe: Für Größe 0. In Klammern sind jeweils die Angaben für 2 bzw. 4 Monate.

Material: 10 (20; 30) g gelbe, dreifädige Babywolle; Stricknadeln Nr. 2,5; gelbes Band.

Muster: Einfaches Rippenmuster (siehe Seite 57); Schrägstreifen im Lochmuster (siehe Seite 78); glatt rechts (siehe Seite 57).

Ausführung

● Die Handschuhe werden von unten beginnend in einem Stück gestrickt.

42 (46; 50) Maschen aufnehmen (im Patent, siehe Seiten 30–31), 2 Reihen im einfachen Rippenmuster im Patent stricken, 3 (3,5; 4) cm im einfachen Rippenmuster weiterarbeiten. Für die Öffnungen zum Durchziehen des Bandes jeweils abwechselnd 2 Maschen rechts zusammenstricken und einen Umschlag stricken. Mit den ersten 20 Maschen auf den nächsten 4 (5; 5,5) cm Schrägstreifen im Lochmuster stricken. Die restlichen Maschen (Innenseite des Handschuhs) glatt rechts stricken. Für die Spitze der Handschuhe jeweils glatt rechts auf der Vorderseite der Arbeit wie folgt stricken:

✻ 4 Maschen rechts, 2 Maschen rechts zusammenstricken ✻. Die zusammengestrickten Maschen liegen jeweils übereinander. So lange abnehmen, bis 7 Maschen übrigbleiben, die auf einmal abgekettet werden.

● *Fertigstellung:* Die offene Seite eines jeden Handschuhs auf der Rückseite mit kleinen, versteckten Stichen zusammennähen, ebenso

auch die Spitze zunähen. Mit Hilfe einer Sicherheitsnadel das gelbe Band durch die dafür vorgesehenen Öffnungen ziehen.

Baby-Garnitur: Schuhchen (5)

Farbabbildung Seite 110

Schwierigkeitsgrad: xx

Maschenprobe: 34 Maschen × 48 Maschen = 10 cm × 10 cm.

Größe: Für Größe 0. In Klammern sind die Angaben für 2 bzw. 4 Monate aufgeführt.

Material: 10 (15; 20) g gelbe dreifädige Babywolle; Stricknadeln Nr. 2,5; gelbes Band.

Muster: Glatt rechts (siehe Seite 57); einfaches Rippenmuster (siehe Seite 57).

Ausführung

● Der Schuh wird in einem Stück gearbeitet; man beginnt bei der Sohle.

38 (44; 50) Maschen aufnehmen und 2 Reihen glatt rechts stricken. Beim Weiterstricken jeweils nach der ersten und vor der letzten Masche eine Masche auf der Vorderseite der Arbeit zunehmen, außerdem je eine Masche vor und nach den zwei mittleren Maschen, so daß insgesamt in jeder 2. Reihe 4 Maschen zugenommen werden. Damit fortfahren, bis 58 (64; 70) Maschen auf der Nadel sind.

Nun eine Reihe links, eine Reihe rechts, eine Reihe links stricken (auf der Vorderseite erscheinen 3 Reihen links), dann 4mal abwechselnd 3 Reihen rechts und 3 Reihen links auf der Vorderseite erscheinen lassen.

Diese sehr elastischen 15 Reihen sind für alle drei Maße gleich. Die 10 mittleren Maschen weiter glatt rechts stricken, die seitlichen auf einer Hilfsnadel stillegen. Mit jeder Reihe eine Masche der seitlichen mit aufnehmen.

Schema der Farbabbildung auf Seite 110

Der obere Teil des Füßchens ist fertig, nachdem 9 (13; 17) Maschen aufgenommen sind, also wenn 18 (26; 34) Reihen glatt rechts gestrickt wurden. Dann eine Reihe rechts stricken, bei der Rückreihe jeweils 2 Maschen links zusammenstricken und einen Umschlag stricken (Öffnungen zum Durchziehen des Bandes).

Im einfachen Rippenmuster 5 (6; 7) cm weiterstricken. Alle Maschen auf einmal abketten.

● *Fertigstellung:* Die Sohle und den oberen Teil des Schuhs zusammennähen, das Band durch die Öffnungen ziehen.

Baby-Garnitur: Höschen (6)
Farbabbildung Seite 110

Schwierigkeitsgrad: xx

Maschenprobe: 34 Maschen × 48 Reihen = 10 cm × 10 cm.

Größe: Für Größe 0. In Klammern sind jeweils die Angaben für 2 bzw. 4 Monate aufgeführt.

Material: 40 (50; 60) g gelbe dreifädige Babywolle; Stricknadeln Nr. 2,5; gelbes Band.

Muster: Einfaches Rippenmuster (siehe Seite 57); glatt rechts (siehe Seite 57); kraus rechts (siehe Seite 57).

Ausführung

● *Hinten:* 64 (70; 76) Maschen aufnehmen (im Patent, siehe Seiten 30–31), 4 Reihen im einfachen Rippenmuster im Patent stricken, im einfachen Rippenmuster 1 (1,5; 2) cm weiterarbeiten. Nächste Reihe: ✻ 3 Maschen rechts, 2 Maschen rechts zusammenstricken, 1 Umschlag ✻, 3 Maschen rechts (Öffnungen zum Durchziehen des Bandes). 14 (16; 18) cm glatt rechts stricken, dann den Schritt wie folgt arbeiten: Auf der Vorderseite der Arbeit zu beiden Seiten der 2 mittleren Maschen jeweils eine Masche zunehmen, bis für den Schritt 14 (18; 22) Maschen entstanden sind. Die Maschen für den Schritt abketten und für die beiden Beine getrennt 2 (4; 6) cm glatt rechts stricken. 8 Reihen kraus rechts stricken und alle Maschen auf einmal abketten.

● *Vorne:* 64 (70; 76) Maschen aufnehmen (im Patent, siehe Seiten 30–31), 4 Reihen im einfachen Rippenmuster im Patent stricken, im einfachen Rippenmuster 1 (1,5; 2) cm weiterarbeiten. Eine Reihe mit Öffnungen

zum Durchziehen des Bandes wie hinten arbeiten: ✻ 3 Maschen rechts, 2 Maschen rechts zusammenstricken, 1 Umschlag ✻, 3 Maschen rechts.

Eine Reihe links, eine Reihe rechts stricken, dann auf der Rückseite der Arbeit mit dem Lochmuster beginnen. 14 (16; 18) cm folgendermaßen arbeiten: 10 Maschen links, 1 Umschlag, 2 Maschen links zusammenstricken, 10 Maschen links, 1 Umschlag, 2 Maschen links zusammenstricken. Die Reihe links zu Ende stricken. Die Vorderreihen werden immer rechts gestrickt.

Bei den folgenden Rückreihen wird für die parallelen Schrägstreifen die Anzahl der Anfangsmaschen jeweils um eine erhöht; d. h., die 2. Rückreihe wird mit 11 linken Maschen begonnen, die 3. mit 12 Maschen, die 4. mit 13 Maschen usw. Zwischen den beiden Schrägstreifen bleibt die Anzahl von 10 Maschen immer gleich.

Nach 14 (16; 18) cm Lochmuster für den Schritt zu beiden Seiten der 2 mittleren Maschen auf der Vorderseite der Arbeit jeweils

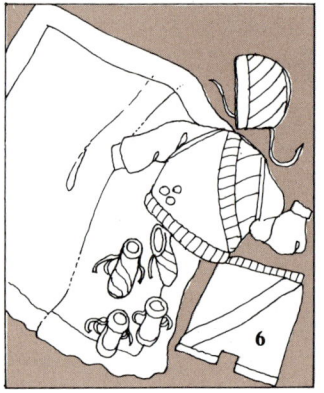

Schema der Farbabbildung auf Seite 110

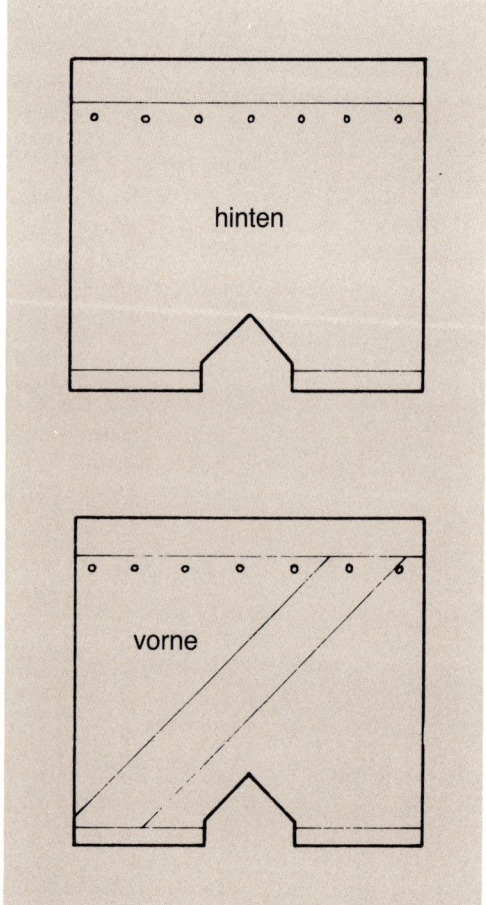

1 Masche zunehmen, bis für den Schritt 14 (18; 22) Maschen erreicht sind. Alle Maschen für den Schritt abketten und für die beiden Beine getrennt 2 (4; 6) cm stricken: das eine Bein glatt rechts, das andere im Lochmuster fortführen.

8 Maschen kraus rechts stricken und alle Maschen auf einmal abketten.

● *Fertigstellung:* An den Außenseiten das Höschen zusammennähen wie auch die Innenseiten der Beine und den Schritt. Das gelbe Band in die entsprechenden Öffnungen einziehen.

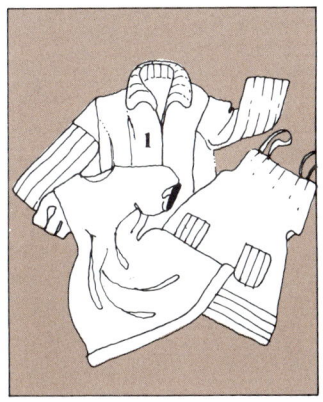

Schema der Farbabbildung auf Seite 127

Rosa Mäntelchen (1)
Farbabbildung Seite 127

Schwierigkeitsgrad: xx

Maschenprobe: 30 Maschen × 33 Reihen = 10 cm × 10 cm.

Größe: Für Kinder im Alter von 1–2 Jahren. In Klammern sind die Angaben für Kinder im Alter von 2–3 Jahren aufgeführt.

Material: 260 (300) g rosa Mohairwolle; Stricknadeln Nr. 2,5; 3 weiße Knöpfe.

Muster: Glatt rechts (siehe Seite 57); zweifaches Rippenmuster (siehe Seite 58).

Ausführung

● *Rückenteil:* 98 (104) Maschen aufnehmen und 16 cm glatt rechts stricken. Im zweifachen Rippenmuster weitere 18 (21) cm stricken, dann glatt links weiterarbeiten. Gleichzeitig

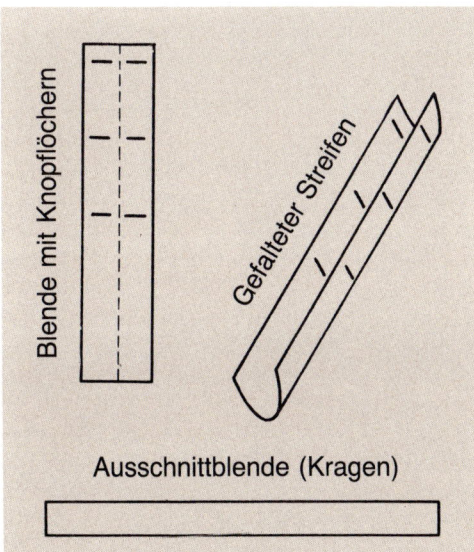

für die Armausschnitte auf beiden Seiten 4mal 2 Maschen abnehmen.

Nach 7 (8) cm für die Schultern auf jeder Seite 7mal 4 Maschen abketten und die für den Halsausschnitt verbliebenen mittleren Maschen auf einmal abketten.

● *Vordere Hälfte:* 48 (52) Maschen aufnehmen und 16 cm glatt rechts stricken. 18 (21) cm im zweifachen Rippenmuster weiterstricken.

Nun glatt links weiterarbeiten und gleichzeitig für den Armausschnitt 4mal 2 Maschen abnehmen.

Nach 4 cm für den Halsausschnitt auf der dem Armausschnitt gegenüberliegenden Seite 7mal 2 Maschen abnehmen.

Die Maschen für die Schultern alle auf einmal abketten.

● *Ärmel:* 68 (74) Maschen aufnehmen und im zweifachen Rippenmuster 20 (24) cm stricken.

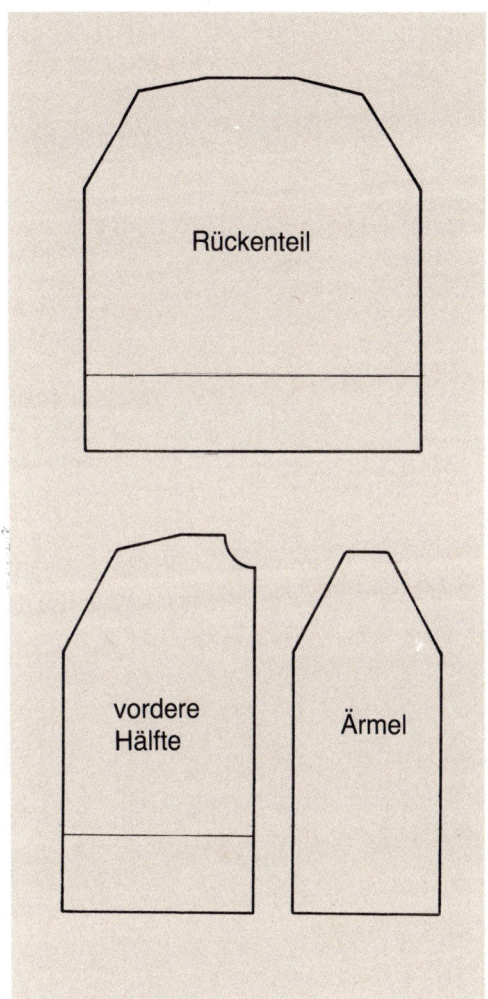

Auf der Rückseite der Arbeit eine Reihe rechts stricken, dabei die beiden hier rechts erscheinenden Maschen des Rippenmusters rechts zusammenstricken. Glatt links (von der Vorderseite aus betrachtet) weiterarbeiten, gleichzeitig für den Armausschnitt 18mal auf jeder Seite 1 Masche abnehmen, die restlichen Maschen auf einmal abketten.

● *Fertigstellung:* Die Seiten und die Schultern zusammennähen, die Ärmel zusammennähen und einfügen.

Für den Kragen 92 Maschen aufnehmen und 9 cm im zweifachen Rippenmuster stricken.

Für jede der beiden Streifen der vorderen Blenden 110 (120) Maschen aufnehmen und 6 cm glatt links stricken.

Auf einem der beiden Streifen werden 3 waagrecht verlaufende Knopflöcher (siehe Seite 145) über 2 Maschen angefertigt: Das erste 1,5 cm vom Anfang entfernt auf der 5. und 6. Masche; die beiden anderen folgen jeweils im Abstand von 6 cm. 3 entsprechende Knopflöcher werden 3 cm neben den ersten gearbeitet.

Die beiden Streifen längs umschlagen, so daß die Knopflöcher genau aufeinanderpassen. Die Streifen an den Vorderteilen annähen, die Knopflöcher mit Knopflochstich einfassen (siehe Seite 145). Den Kragen am Halsausschnitt annähen und die Knöpfe annähen.

Den glatt rechts gestrickten Saum nach innen umschlagen und annähen.

Hellblaues Kleidchen (2)
Farbabbildung Seite 127

Schwierigkeitsgrad: xx

Maschenprobe: 25 Maschen × 28 Reihen = 10 cm × 10 cm.

Größe: Für Kinder von 8–10 Monaten. In Klammern für 2 bzw. 3 Jahre.

Material: 60 (80; 100) g hellblaue Kidmohairwolle; 20 (30; 40) g hellblaue Seide; Stricknadeln Nr. 3; Häkelnadel Nr. 3; 4 hellblaue Knöpfchen.

Muster: Glatt rechts (siehe Seite 57); kraus rechts (siehe Seite 57).

Ausführung

● *Rücken- und Vorderteil:* Beide Teile werden in einem gestrickt. Dazu 112 (124; 136) Maschen mit der Wolle aufnehmen und einen 1,5 cm breiten Saum stricken (siehe Seite 44). 28 (30; 32) cm glatt rechts stricken. Damit das

Teil oben eng wird, mit Wolle und Seide folgendermaßen zusammenstricken:
1. und 2. Reihe mit Seide: rechts; 3., 5. und 7. Reihe mit Wolle: 1 Masche rechts, ✱ 2 Maschen links abheben, dabei den Faden wie bei rechten Maschen hinter die Arbeit legen, 4 Maschen rechts ✱, 2 Maschen links abheben, 1 Masche rechts;

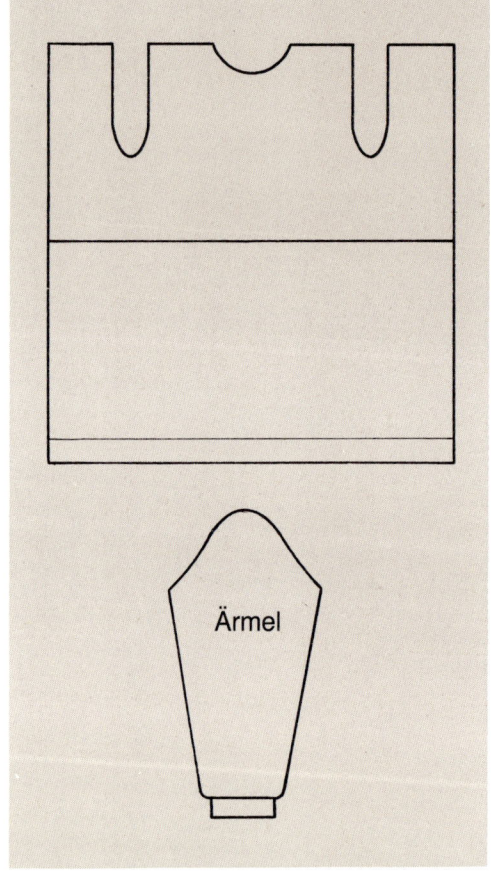

4., 6. und 8. Reihe mit Wolle: 1 Masche links, ✱ 2 Maschen links abheben, dabei den Faden wie bei linken Maschen vor die Arbeit legen, 4 Maschen links ✱, 2 Maschen links abheben, 1 Masche links;

9. und 10. Reihe mit Seide: rechts;

11., 13. und 15. Reihe mit Wolle: 4 Maschen rechts, ✱ 2 Maschen links abheben, dabei den Faden wie bei rechten Maschen hinter die Arbeit legen, 4 Maschen rechts ✱, 2 Maschen abheben, 4 Maschen rechts;

12., 14. und 16. Reihe mit Wolle: 4 Maschen links, ✱ 2 Maschen abheben mit dem Faden vor der Arbeit, 4 Maschen links ✱, 2 Maschen abheben, 4 Maschen links.

Diese 16 Reihen über 7 (9; 11) cm jeweils

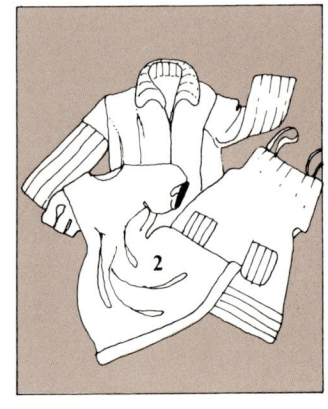

Schema der Farbabbildung auf Seite 127

wiederholen. Weiterhin mit Wolle und Seide arbeiten, die Arbeit dabei in 3 Teile teilen: Die zwei Seitenteile bilden die beiden Teile des Rückens, das mittlere Teil bildet das Vorderteil. Es wird dabei folgendermaßen vorgegangen: 25 (28; 31) Maschen stricken. 6 Maschen abketten und weitere 50 (56; 62) Maschen stricken. Wieder 6 Maschen abketten und die letzten 25 (28; 31) Maschen stricken. Die letzte Maschengruppe 9 (11; 13) cm weiterstricken und alle auf einmal abketten. Dann die mittlere Maschengruppe 7 (10; 12) cm weiterstricken.

Für den Halsausschnitt die mittleren 4 (6; 8) Maschen abketten und die beiden Seiten bis zur Schulterhöhe weiterstricken. Die letzten 25 (28; 31) Maschen werden zum Schluß wie die erste Maschengruppe zu Ende gestrickt.

● *Ärmel:* 34 (40; 46) Maschen aufnehmen und wie beim Vorder- und Rückenteil 10 Reihen mit Wolle und Seide zusammenarbeiten, damit die Ärmel enger werden. Dann 8 (10; 12) cm glatt rechts stricken, dabei alle 6 Reihen auf jeder Seite jeweils eine Masche zunehmen. Bei der gewünschten Länge auf jeder Seite 3mal eine Masche abnehmen, dann 6 (8; 10) cm weiterstricken. Die restlichen Maschen auf 3mal abketten: zuerst die am Rand, dann die mittleren.

● *Fertigstellung:* Das Kleid hinten über die gesamte glatt gestrickte Länge zusammennähen, das in Wolle und Seide gestrickte Teil offenlassen. Die Schultern zusammennähen, die Ärmel einfügen.

Mit der Häkelnadel und der Seide die Maschen der Ränder der offengebliebenen Rückenteile aufnehmen (siehe Seite 42) und 3 Reihen kraus rechts stricken. In eine der Blenden in gleichen Abständen 4 Babyknopflöcher einarbeiten (siehe Seite 45).

Die Maschen des Halsausschnittes aufnehmen; dabei bei dem linken Rückenteil beginnen, über die vordere Hälfte bis zum rechten Rückenteil gehen, und 4 Reihen kraus rechts stricken, dann alle Maschen abketten.

Zum Schluß die Knöpfchen auf der Höhe der Knopflöcher annähen.

Trägerrock aus naturfarbener Mohairwolle (3)
Farbabbildung Seite 127

Schwierigkeitsgrad: x

Maschenprobe: 26 Maschen × 22 Reihen = 10 cm × 10 cm.

Größe: Für Mädchen von 3 Jahren. In Klammern sind jeweils die Angaben für Mädchen von 4 bzw. 5 Jahren aufgeführt.

Material: 110 (130; 150) g naturfarbene Mohairwolle; Stricknadeln Nr. 3,5.

Muster: Glatt rechts (siehe Seite 57); kraus rechts (siehe Seite 57); zweifaches Rippenmuster (siehe Seite 58).

Ausführung

● *Rückenteil:* 90 (100; 110) Maschen aufnehmen und einen einfachen, 4 cm hohen Saum (siehe Seite 44) stricken. Den umzuschlagenden Teil des Saums glatt rechts stricken, den sichtbaren Teil kraus rechts. 30 (32; 34) cm

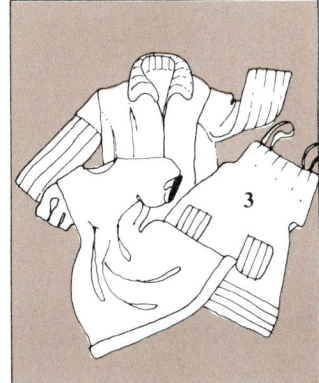

Schema der Farbabbildung auf Seite 127

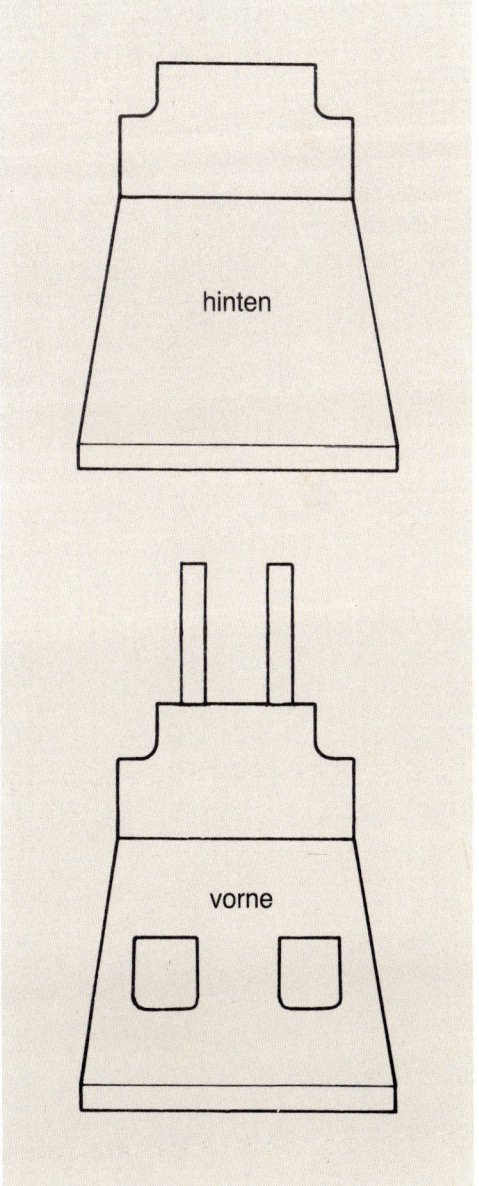

hinten

hinten

vorne

weiter kraus rechts stricken, dabei auf beiden Seiten alle 2 Reihen eine Masche abnehmen (es entsteht ein trapezförmiges Teil). Ohne abzunehmen 6 (8; 10) cm im zweifachen Rippenmuster stricken. Für den Armausschnitt auf beiden Seiten 2mal 3 Maschen abnehmen, dann alle Maschen abketten.

● *Vorderteil:* Bis zu den Armausschnitten wie das Rückenteil stricken. Dann die nach den für die Armausschnitte abgenommenen Maschen 8 folgenden Maschen im einfachen Rippenmuster im Patent weiterstricken (siehe Seite 30); es entstehen 12 (14; 16) cm lange Träger.

● *Taschen:* 20 Maschen aufnehmen und 8 cm im zweifachen Rippenmuster stricken. Alle Maschen auf einmal abketten. Die andere Tasche ebenso stricken.

● *Fertigstellung:* Die Seiten zusammennähen, die Träger am Rückenteil festnähen, dann die Taschen aufnähen.

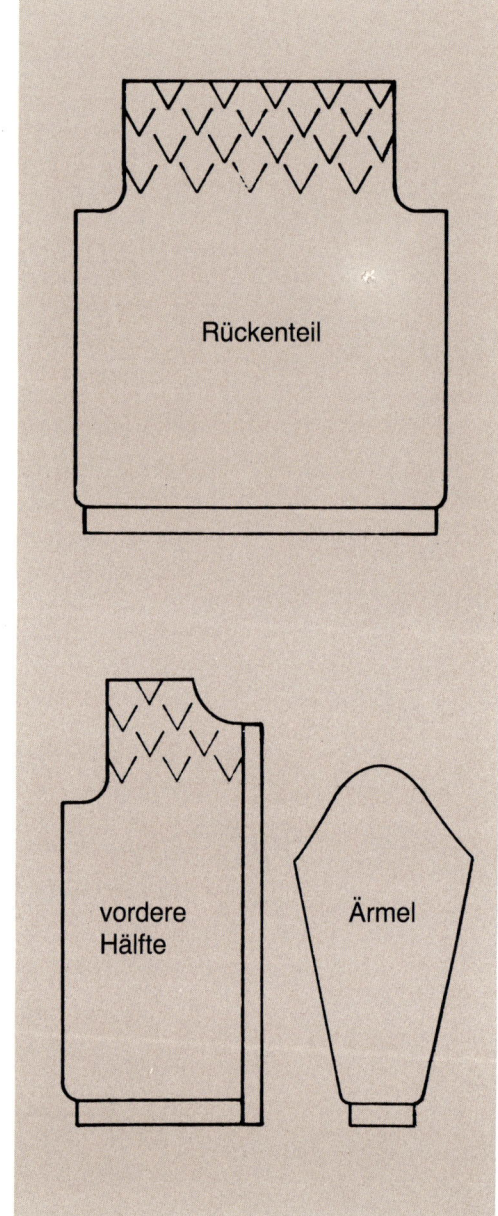

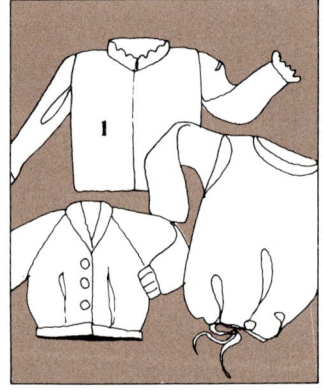

*Schema der
Farbabbildung
auf Seite 128*

Gelbes Jäckchen (1)
Farbabbildung Seite 128

Schwierigkeitsgrad: xx

Maschenprobe: 24 Maschen × 30 Reihen = 10 cm × 10 cm.
Größe: Für Kinder von 8–10 Monaten. In Klammern sind die Angaben für Kinder im Alter von 2 bzw. 3 Jahren aufgeführt.
Material: 40 (50; 60) g gelbe Angorawolle; wenige g silbernes Lurexgarn; Stricknadeln Nr. 3; Häkelnadel Nr. 3.
Muster: Kraus rechts (siehe Seite 57); glatt rechts (siehe Seite 57); angehäkelte Blende im Mausezähnchenmuster (siehe Seite 44).
Ausführung

● *Rückenteil:* Mit der gelben Angorawolle 48 (56; 62) Maschen aufnehmen und 4 cm kraus rechts stricken. 20 (23; 25) cm glatt rechts weiterstricken. Für die Armausschnitte auf beiden Seiten einmal 2 Maschen und einmal 1 Masche abnehmen. 10 (11; 12) cm glatt rechts stricken, alle Maschen abketten.

● *Vordere Hälfte:* 24 (28; 31) Maschen aufnehmen und 4 cm kraus rechts stricken. 20 (23; 25) cm glatt rechts weiterstricken, dabei jeweils die ersten 4 Maschen für die linke Blende kraus rechts stricken. Für den Armausschnitt gegenüber der Blendenseite einmal 2 Maschen und einmal 1 Masche abnehmen.

3 (4; 5) cm glatt rechts weiterstricken, dann auf der Blendenseite für den Halsausschnitt einmal 4 Maschen, einmal 2 Maschen und einmal eine Masche abnehmen. Weiter bis zur Höhe des Rückenteils glatt rechts stricken, dann alle Maschen auf einmal abketten.
Das andere Vorderteil gegengleich stricken.

● *Ärmel:* 28 (35; 42) Maschen aufnehmen und 4 cm kraus rechts stricken. 18 (20; 22) cm glatt rechts weiterstricken, dabei auf jeder Seite alle 6 Reihen jeweils eine Masche zunehmen. Für den Armausschnitt auf beiden

Seiten einmal 2 Maschen abnehmen und auf den nächsten 7 (8; 9) cm auf jeder Seite jeweils eine Masche pro Reihe abnehmen. Die restlichen Maschen auf 3mal abketten, zuerst die seitlichen und dann die mittleren.

● *Fertigstellung:* Die Seiten und die Schultern zusammennähen, die Ärmel zunähen und in die Armausschnitte einfügen. Mit der Häkelnadel die Maschen des Halsausschnittes vorne rechts beginnend aufnehmen (siehe Seite 42). Diese Maschen 4 Reihen kraus rechts stricken und abketten.

Entlang der Blenden des Vorderteils und des Halsausschnittes mit dem Lurexfaden eine Blende im Mausezähnchenmuster häkeln, dabei für die Reihe der festen Maschen in jede Masche zweimal einstechen.

Mit dem Lurexfaden auch an die Bündchen der Ärmel eine Blende im Mausezähnchenmuster anhäkeln.

Mit dem Lurexfaden im Maschenstich (siehe Seite 140) das Rückenteil und das Vorderteil besticken, wie auf der Zeichnung zu sehen ist.

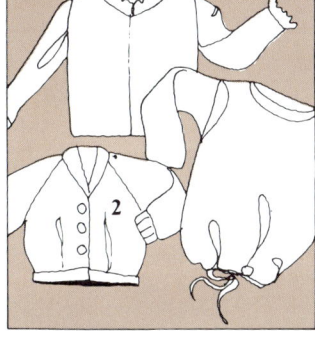

*Schema der
Farbabbildung
auf Seite 128*

Hellblaues Strickjäckchen (2)
Farbabbildung Seite 128

Schwierigkeitsgrad: xx

Maschenprobe: 28 Maschen × 30 Reihen = 10 cm × 10 cm.
Größe: Für Kinder im Alter von 1 Jahr. In Klammern sind jeweils die für Kinder von 2 bzw. 3 Jahren aufgeführt.
Material: 30 (50; 70) g hellblaue Kidmohairwolle; wenige g hellblaue Seide; wenige g silbernes Lurexgarn; Stricknadeln Nr. 3; Häkelnadel Nr. 3; 4 weiße Knöpfchen.
Muster: Einfaches Rippenmuster (siehe Seite 57); kraus rechts (siehe Seite 57); Sträußchen (siehe Seite 78).

Ausführung

● *Rückenteil:* 48 (52; 56) Maschen aufnehmen und 2 cm im einfachen Rippenmuster stricken. 20 (23; 25) cm im Sträußchenmuster weiterstricken, dann für die Raglanschrägung auf beiden Seiten der Arbeit jeweils auf der Vorderseite 1 Masche abnehmen, bis die Schräge 9 (10; 11) cm lang ist. Die restlichen Maschen alle auf einmal abketten.

● *Vordere Hälfte:* 22 (24; 26) Maschen aufnehmen und 2 cm im einfachen Rippenmuster

stricken. 20 (23; 25) cm im Sträußchenmuster weiterstricken, dann auf der einen Seite mit dem Abnehmen für die Raglanschrägung und auf der anderen mit dem Abnehmen für den V-Ausschnitt beginnen.

Für die Schrägung zu Beginn einer jeden rechten Reihe eine Masche abnehmen.

Für den Ausschnitt in jeder 3. Reihe auf der Rückseite eine Masche abnehmen. Bei der

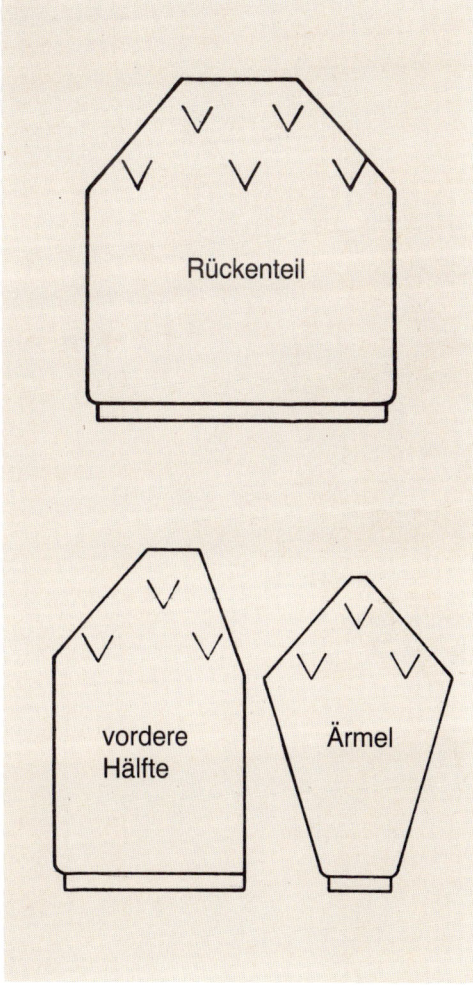

gleichen Raglanhöhe des Rückenteils alle restlichen Maschen abketten.

Das andere Vorderteil gegengleich stricken.

● *Ärmel:* 18 (20; 22) Maschen aufnehmen und 2 cm im einfachen Rippenmuster stricken. 20 (22; 24) cm im Sträußchenmuster weiterstricken, dabei alle 10 Reihen auf beiden Seiten eine Masche zunehmen. Für die Raglanschrägung rechts auf beiden Seiten jeweils eine Masche abnehmen bis die gleiche

Länge der Schräge des Rückenteils erreicht ist.

● *Fertigstellung:* Seiten- und Schulternähte schließen. Die Ärmel zusammennähen und einfügen. Mit der Häkelnadel und mit der Seide die Maschen der Ränder des Vorderteils und entlang des Halsausschnittes aufnehmen (siehe Seite 42), dabei beim rechten Vorderteil beginnen. 3 Reihen kraus rechts stricken. Bei der ersten Reihe dieser Blende des rechten oder linken Vorderteils (je nachdem, ob das Jäckchen für ein Mädchen oder einen Jungen gedacht ist) in regelmäßigen Abständen 4 Baby-Knopflöcher einarbeiten (siehe Seite 140). Ebenso die Maschen der Armbündchen mit der Häkelnadel und der Seide aufnehmen und 3 Reihen kraus rechts stricken.

Die Knöpfchen mit Lurexfaden annähen und auf dem Vorder- und Rückenteil, wie auf der Zeichnung zu sehen ist, im Maschenstich ein Muster aufsticken.

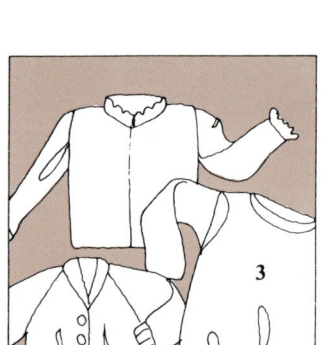

Schema der Farbabbildung auf Seite 128

Rosa Pullover im Lochmuster (3)
Farbabbildung Seite 128

Schwierigkeitsgrad: xx

Maschenprobe: 24 Maschen × 25 Reihen = 10 cm × 10 cm.
Größe: Für Kinder von 2–3 Jahren. In Klammern sind jeweils Angaben für Kinder im Alter von 4–5 bzw. 6–7 Jahren aufgeführt.
Material: 130 (150; 170) g rosa Mohairwolle; Stricknadeln Nr. 4; Häkelnadel Nr. 3,5.
Muster: Lochmuster (siehe Seite 77); angehäkelte Blende im Mausezähnchenmuster (siehe Seite 44) und kraus rechts (siehe Seite 57).
Ausführung
● *Rückenteil:* 68 (76; 84) Maschen aufnehmen und 32 (36; 40) cm im Lochmuster stricken. 2 Reihen kraus rechts stricken und alle Maschen abketten.
● *Vorderteil:* 72 (80; 88) Maschen aufnehmen und 28 (32; 36) cm im Lochmuster stricken. Für den Halsausschnitt die mittleren 20 (22; 24) Maschen auf einmal abketten; die Schultern auf beiden Seiten getrennt weiterstricken; auf der Seite des Halsausschnittes einmal 2 Maschen und einmal 1 Masche abnehmen. Die Maschen für die Schultern alle auf einmal abketten.
● *Ärmel:* 44 (48; 52) Maschen aufnehmen und 15 (20; 24) cm im Lochmuster stricken. Alle Maschen auf einmal abketten.
● *Fertigstellung:* Die Seiten- und die Schulternähte schließen, dabei jedoch die Armöffnungen offenlassen. Die Ärmel zusammennähen und einfügen.

Um den Halsausschnitt und am Ende der Ärmel eine Reihe feste Maschen und eine Blende im Mausezähnchenmuster häkeln. Eine einfache Zopfkordel (siehe Seite 138) durch die erste Lochreihe ziehen.

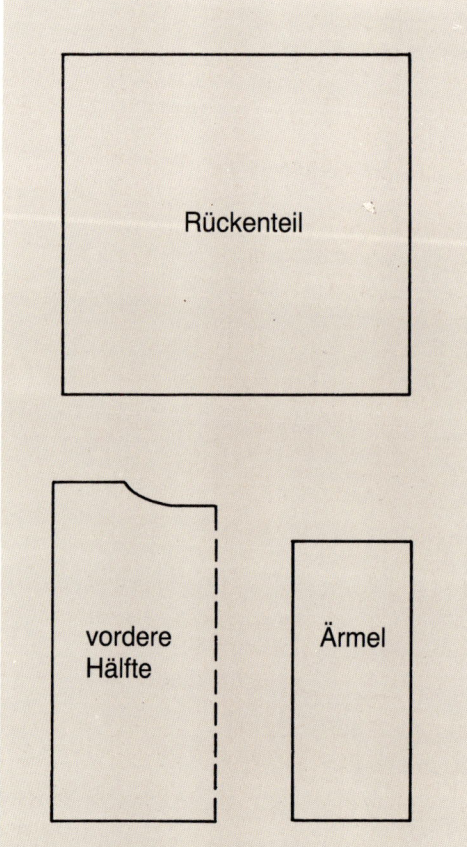

Rückenteil

vordere Hälfte

Ärmel

Und dann sollten Sie noch wissen . . .

Strümpfe und Handschuhe

Sehr gut lassen sich auch Strümpfe und Handschuhe stricken. Diese sowie andere Accessoires verleihen Ihrer Kleidung die persönliche Note.

Strümpfe

Linke Spalte: Stricken der Ferse nach der ersten Methode

Rechte Spalte, oben: Fertige Ferse nach der ersten Methode gestrickt

Unten: Fertige Ferse nach der zweiten Methode gestrickt

Strümpfe

Es ist nicht ganz leicht, Strümpfe zu stricken, aber mit etwas Erfahrung und etwas Geduld kann man es zu beachtlichen Ergebnissen bringen.

Ein Vorteil bei handgestrickten Strümpfen liegt darin, daß man die am meisten beanspruchten Teile wie Ferse und Spitze erneuern kann. Die Strümpfe werden mit einem Nadelspiel von oben nach unten in vier Abschnitten gestrickt: das Bein mit Bündchen (mehr oder weniger lang), die Ferse, der Fuß und die Spitze.

Das Bein. Die erforderliche Anzahl Maschen aufnehmen und das Bündchen stricken, normalerweise im einfachen Rippenmuster (siehe Seite 57). Nach der gewünschten Höhe weiter rund stricken bis zum Knöchel. Bei Kniestrümpfen kann man nach der Wade auch wie folgt abnehmen: Mit einem andersfarbigen Faden die zwei Maschen der Seiten kennzeichnen und alle 6 Reihen 1 Masche auf jeder Seite abnehmen bis zur gewünschten Größe.

Die Ferse. Hierfür gibt es verschiedene Methoden. Die bekanntesten werden im folgenden erklärt. Zur Verstärkung der Ferse ist es ratsam, einen gleichfarbigen starken Nähfaden mitlaufen zu lassen. Eine weitere Grundregel besagt, daß die Ferse immer glatt gestrickt wird, auch wenn das Bein in einem Lochmuster gearbeitet ist.

Erste Methode:
1. Die Maschen zur Hälfte teilen: die eine

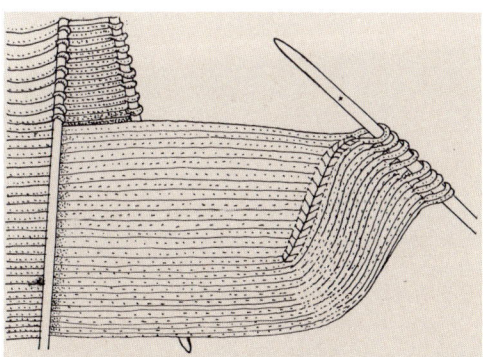

Hälfte für die Ferse, die andere Hälfte für den Fußrücken.
2. Je nach Größe die Maschen der Ferse 4–6 cm hoch stricken.
3. Die Maschen in drei gleiche Teile teilen, die seitlichen Maschen auf Hilfsnadeln legen. Beim Weiterstricken der mittleren Maschen in jeder Reihe eine der auf den

Hilfsnadeln liegenden Maschen mitstricken (auf der Hinreihe die letzte Masche der Hilfsnadel mit der ersten mittleren Masche zusammenstricken, auf der Rückreihe die letzte mittlere Masche über die erste Masche der Hilfsnadel ziehen). So lange damit fortfahren, bis alle Maschen der Hilfsnadeln abgestrickt sind.

Zweite Methode:
Punkte 1. und 2. wie die erste Methode.

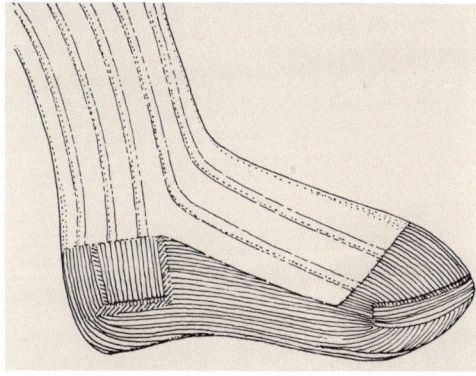

3. Die Maschen in drei gleiche Teile teilen, die seitlichen Maschen auf Hilfsnadeln übernehmen und die folgenden 20 Reihen nur über den mittleren Maschen arbeiten. Die ersten und letzten zwei Maschen immer rechts stricken.
4. Die Randmaschen der 20 gestrickten Reihen aufnehmen und wie folgt weiterstricken: Jeweils eine Masche auf jeder Seite von den auf den Hilfsnadeln verbliebenen Maschen auf der rechten Reihe aufnehmen (wie bei 3. der ersten Methode), bis alle Maschen der Hilfsnadeln zu Ende gestrickt sind.

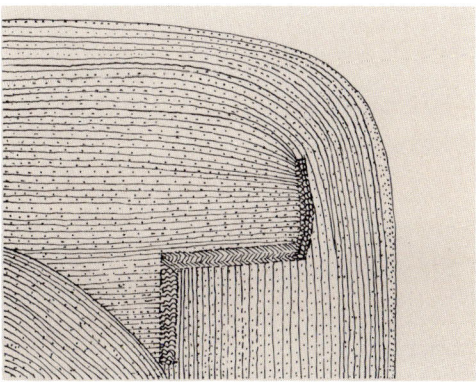

Dritte Methode:
Punkte 1. und 2. entsprechen denen der ersten Methode.

3. Nur die 4 oder 5 mittleren Maschen strikken, die seitlichen Maschen auf Hilfsnadeln übernehmen. Auf jeder Hinreihe wird eine Masche der Hilfsnadel mit aufgenommen (dabei wie bei 3. der ersten Methode vorgehen), bis alle Maschen von den Hilfsnadeln abgestrickt sind.

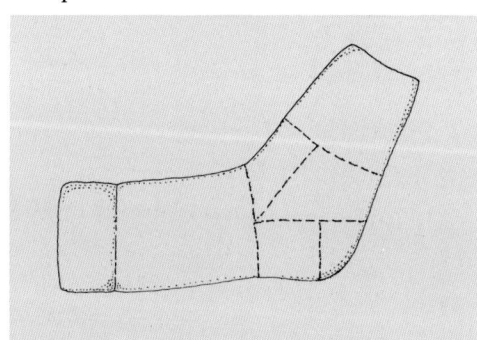

Der Fuß. Haben Sie nach einer der drei Methoden die Ferse gearbeitet, beginnen Sie mit dem Stricken des Fußes. Dabei die Randmaschen der gestrickten Reihen aufnehmen und mit dem gesamten Nadelspiel weiterstricken (alle Maschen liegen insgesamt auf 4 Nadeln). An den Rändern des Fußrückens jeweils alle 3 Reihen eine Masche bis zur gewünschten Breite abnehmen. Dann bis zur Fußspitze weiterstricken.

Die Spitze. Ist der Fuß fertiggestrickt, beginnt man, die Spitze zu arbeiten. Dabei können Sie verschieden vorgehen. Im folgenden werden die bekanntesten Methoden aufgeführt. Auch die Spitze kann durch einen starken, gleichfarbigen Faden verstärkt werden.

Erste Methode:
1. Die Maschen in 10 gleiche Teile teilen und jedes Teil mit einem andersfarbigen Faden kennzeichnen.
2. In der darauffolgenden Reihe jeweils an den gekennzeichneten Punkten eine Masche abnehmen.

3. Nach 4 oder 5 Reihen an diesen gekennzeichneten Punkten erneut jeweils eine Masche abnehmen.
4. Nun alle 3 Reihen jeweils an diesen Punk-

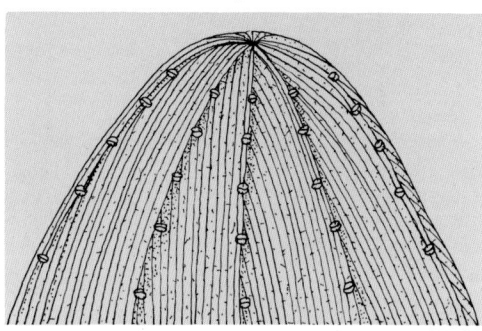

ten eine Masche abnehmen, bis 8 Maschen auf der Nadel zurückbleiben, die alle auf einmal abgekettet (d. h., sie werden zusammengestrickt) und auf der linken Seite zusammengezogen werden.

Zweite Methode:
1. Mit einem andersfarbigen Faden die zwei mittleren Maschen der Fußsohle kennzeichnen.
2. Zu beiden Seiten der gekennzeichneten Maschen in jeder Reihe eine Masche abnehmen, dabei die beiden Maschen vor den gekennzeichneten Maschen zusammenstricken, die beiden Maschen nach den gekennzeichneten Maschen einfach übergehoben zusammenstricken (siehe Seite 38). So lange damit fortfahren, bis 35 oder 30 Maschen auf der Nadel verbleiben.
3. Auf dieser Höhe nun auch auf dem Ober-

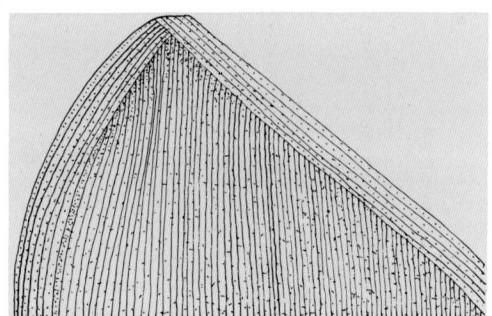

teil des Fußes mit dem Abnehmen beginnen: Auch hier die beiden mittleren Maschen kennzeichnen und ebenso wie auf der Sohle vorgehen.
4. Bei 8–10 restlichen Maschen damit aufhören und sie auf einmal abketten, d. h. immer 2 Maschen zusammenstricken. Auf der Rückseite vernähen.

Handschuhe

Man unterscheidet zwischen zwei Arten von Handschuhen: den Fingerhandschuhen und den Fäustlingen. Die Fingerhandschuhe arbeitet man mit einem Nadelspiel und beginnt beim Bündchen. Fäustlinge lassen sich sowohl mit einem Nadelspiel als auch mit zwei Nadeln stricken.

Fingerhandschuhe. Nach dem Bündchen (normalerweise im Rippenmuster) arbeitet man folgendermaßen:

1. Einige cm bis zum Daumenansatz stricken.
2. Die Maschen in zwei gleiche Teile auftei-

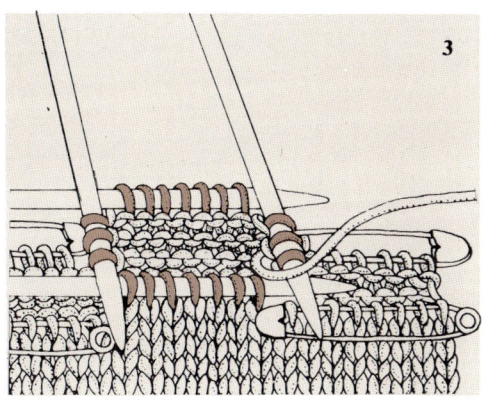

überliegende Teile teilen. Die Maschen für den Zeigefinger auf das Nadelspiel übernehmen, die Maschen für die anderen drei Finger jeweils gesondert auf Sicherheitsnadeln legen.

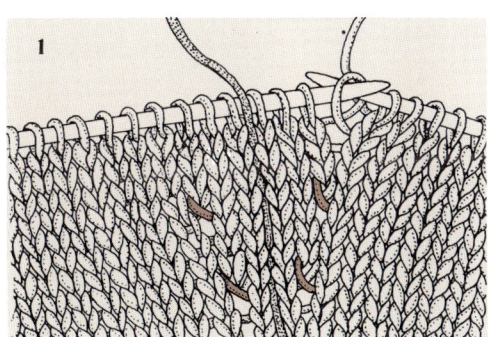

len und die Teile durch andersfarbige Fäden kennzeichnen. Ein Teil wird die Handfläche, der andere der Handrücken.

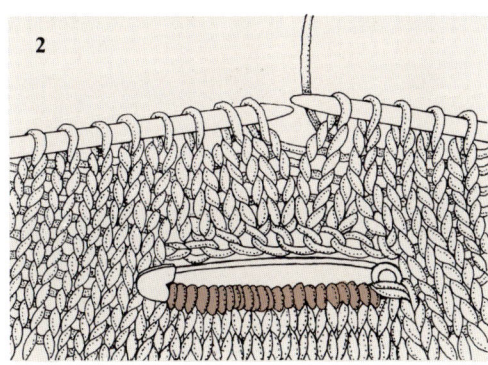

3. Vor und nach den ersten beiden Maschen der Handfläche je eine Masche zunehmen. Dies alle 3 Reihen immer an der gleichen Stelle wiederholen, bis die gewünschte Breite der Handfläche und des Daumenkeils erreicht ist.
4. Die Maschen für den Daumen auf eine Sicherheitsnadel nehmen.
5. Weiter rund stricken, bis die Finger anfangen. Diese arbeitet man folgendermaßen: Die Maschen des Handrückens und der Handfläche in vier gleiche, sich gegen-

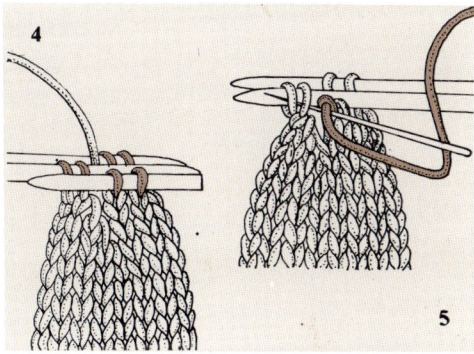

Für den *Zeigefinger* zwischen Handfläche und Handrücken jeweils 3 Maschen neu aufnehmen, dann rund stricken bis zur gewünschten Höhe. Dann in jeder zweiten Reihe immer zwei Maschen zusammenstricken, bis 3 oder 4 Maschen zurückbleiben, die zusammengezogen und von links vernäht werden.

Für den *Mittelfinger* die Maschen des Handrückens übernehmen und die drei neuen Maschen des Zeigefingers aufnehmen. Dann die Maschen der Handfläche übernehmen und 3 Maschen neu aufnehmen. Wiederum mit dem Nadelspiel bis zur gewünschten Höhe rund stricken; den Finger wie den Zeigefinger abschließen.

Auch für den *Ringfinger* die Maschen des Handrückens, 3 Maschen vom Mittelfinger, die Maschen der Handfläche und 3 neu aufgenommene Maschen rund stricken. Bei der gewünschten Höhe den Finger wie den Zeigefinger abschließen.

Für den *kleinen Finger* die Maschen des

Handrückens, 3 Maschen des Ringfingers, die Maschen der Handfläche rund stricken und den Finger wie gewohnt beenden (keine neuen Maschen aufnehmen).

Für den *Daumen* die Maschen der Sicherheitsnadel und die darüber neu aufgenommenen Maschen auf ein Nadelspiel übertragen und bis zur gewünschten Höhe rund stricken.

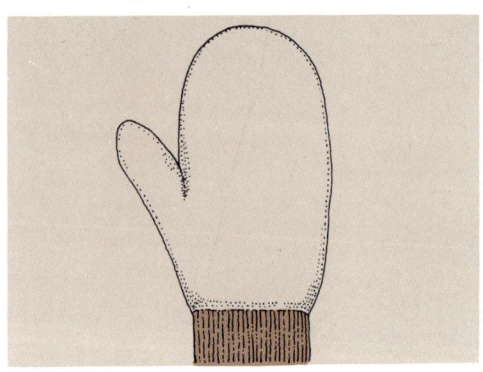

Auf den letzten 3 Reihen die Maschen bis auf 4 oder 5 Maschen abnehmen, die zusammengezogen und von links vernäht werden.

Fäustlinge, gestrickt mit einem Nadelspiel. Man geht wie bei den Fingerhandschuhen

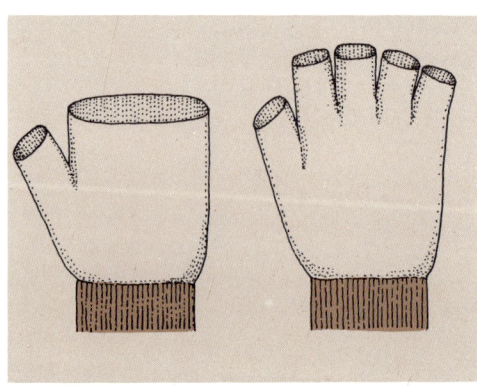

vor, strickt jedoch nur den Daumen gesondert. Den Rest des Handschuhs auf einem Nadelspiel bis zum Beginn der Handschuhspitze stricken. Hierfür an den Seiten die Maschen allmählich abnehmen, bis nur noch 8 Maschen übrigbleiben. Diese auf einen Faden aufziehen, der von links vernäht wird.

Fingerhandschuhe ohne Finger. Diese Variante der beiden beschriebenen Handschuharten wird bis zum Beginn der Finger wie oben gestrickt, dann jedoch werden die Maschen rund abgekettet, ohne daß die Finger voll ausgestrickt werden.

Fäustlinge, gestrickt mit zwei Stricknadeln. Die Maschen für das Bündchen aufnehmen, das im allgemeinen im einfachen Rippenmuster gestrickt wird. Wie folgt weiterarbeiten:

1. Einige cm bis zu Beginn des Daumens weiterstricken. Dann alle Maschen bis auf die mittleren zwei auf Hilfsnadeln legen, zu beiden Seiten dieser zwei Maschen jeweils auf der Vorderseite der Arbeit eine

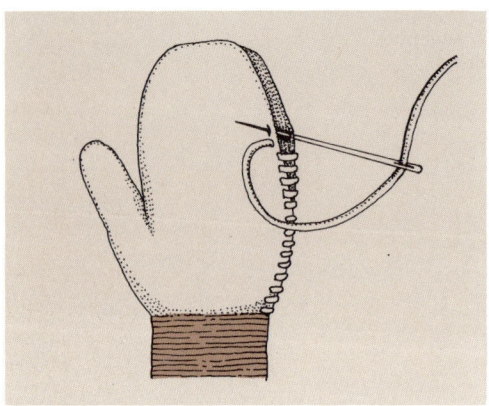

   Masche zunehmen, bis die nötige Maschenzahl für den Daumen erreicht ist.
2. Weiterstricken bis zur gewünschten Daumenlänge.
3. Immer 2 Maschen zusammenstricken, bis 2 oder 3 Maschen zurückbleiben, die abgekettet werden.
4. Die Maschen der Hilfsnadeln wieder aufnehmen und bis zur Spitze des Handschuhs stricken.
5. Immer 2 Maschen zusammenstricken oder allmählich an den Seiten abnehmen, bis 4 oder 5 Maschen auf der Nadel zurückbleiben, die alle auf einmal abgekettet werden.
6. Die Seiten des Handschuhs und die Seiten des Daumens von links zusammennähen.

Verzierungen

Verzierungen – Quasten, Pompons, Fransen, Kordeln, Stickereien – dienen zur Verschönerung der gestrickten Kleidungsstücke oder Gegenstände. Sie gewinnen an Lebendigkeit und Originalität und wirken dadurch oft eleganter und auch wertvoller. Vor allem mit den Stickereien lassen sich durch lustige Muster, farbenprächtige oder zarte ornamentale Verzierungen ausgezeichnete Effekte erzielen. Aber auch einfache Quasten und Pompons, anmutige Fransen und Kordeln können einem Kleidungsstück das gewisse »Etwas« verleihen, wenn sie geschmackvoll auch über die üblichen Anwendungsweisen hinaus angebracht werden.

Quasten
Meist werden sie zur Verzierung von Schals, Mützen usw. verwendet. Man benötigt ein Stück Pappe in der gewünschten Größe der Quaste. Um diese Pappe wird so viel Wolle gewickelt, bis die gewünschte Stärke erreicht ist. Jede Umwicklung entspricht zwei Fäden der fertigen Quaste. Zwischen den oberen Teil der Pappe und die umgewickelte Wolle einen Faden ziehen und das Fadenende hängenlassen (um die Quaste später annähen zu können). Dann wird die Pappe entfernt, die Fäden am unteren Teil aufgeschnitten und ein Faden im oberen Drittel einmal ganz um die Quaste geschnürt. Mit einer scharfen Schere die Quastenenden dann gerade schneiden.

Pompons
Diese weiche Kugel aus vielen Wollfäden wird sehr oft vor allem zur Verzierung von Mützen und von Kinderkleidung verwendet. Man benötigt zwei gleich große runde Scheiben aus Pappe (der Durchmesser soll ca. 2 cm größer sein als die Pompongröße). In der Mitte wird bei beiden Scheiben ein Loch ausgeschnitten, dessen Durchmesser etwa ein Viertel des Durchmessers der Scheiben beträgt. Soll der Pompon zum Beispiel einen Durchmesser von 10 cm haben, müssen die Scheiben einen Durchmesser von 12 cm und die Löcher von 3 cm haben. Nun werden die beiden Scheiben aufeinandergelegt, dann die Scheiben dicht und gleichmäßig umwickelt, bis das Loch in der Mitte nahezu geschlossen ist. Für einen festen Pompon verwendet man sehr viel Wolle. Sind die Kreise fest umwickelt, werden die Fäden ringsherum am äußeren Rand der Pappe mit einer scharfen, dünnen Schere aufgeschnitten. Dabei führt man

die Spitze der Schere zwischen die beiden Pappscheiben. Vorsicht, daß die Fäden nicht durch das Loch in der Mitte rutschen.
Nun die beiden Pappscheiben leicht auseinanderziehen, mit einem neuen, doppelt liegenden und haltbaren Faden die Fäden zwischen den Scheiben fest umwickeln und verknoten. Die beiden Enden des Fadens hängenlassen; sie dienen dazu, den Pompon anzunähen. Die beiden Pappscheiben herausziehen; dazu kann man sie auch aufschneiden.
Den Pompon schütteln, indem man ihn an den beiden längeren Fäden hält, und ihn bei

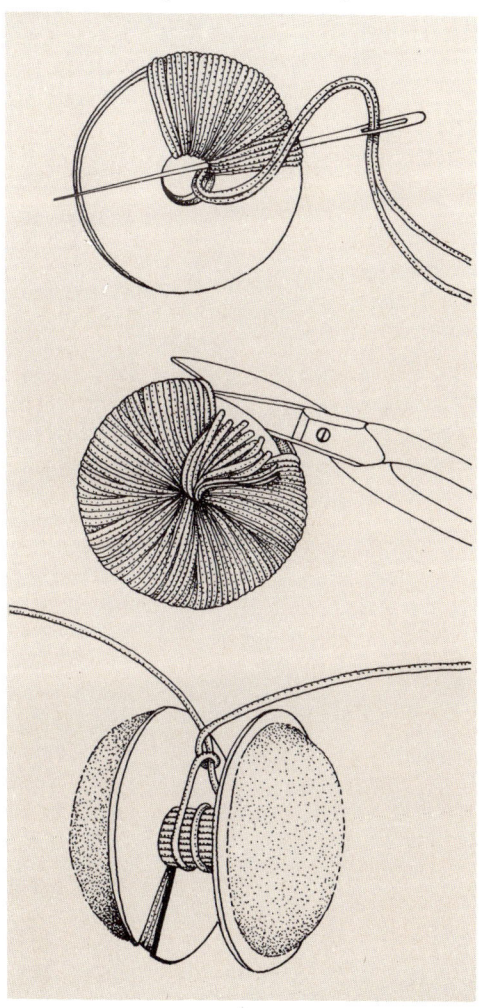

Bedarf mit einer scharfen Schere vorsichtig in Kugelform schneiden.

Fransen
Sie werden zur Verzierung von Schals, Tüchern, Decken und Kinderbettdecken verwendet. Es gibt verschiedene Arten, und wir beschreiben hier die gebräuchlichsten.

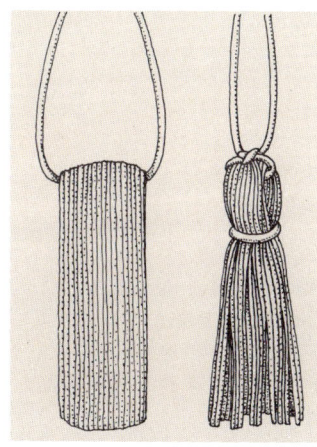

Es gibt verschiedene Möglichkeiten, eine Strickarbeit zu vervollständigen oder auszuschmücken. Dazu gehören insbesondere Quasten, Pompons und Stickarbeiten. Bei diesen Verzierungen kann auch übriggebliebenes Material verarbeitet werden; Ihrer Phantasie wird dabei freier Lauf gelassen.

Oben: Das Anfertigen von Quasten

Rechte Spalte: Drei Phasen bei der Anfertigung von Pompons

Einfache Fransen. Zunächst Fäden schneiden, die doppelt so lang sind wie die gewünschten Fransen. Die Fäden zu Bündeln zusammennehmen (die Anzahl hängt von der Stärke des Fadens und der gewünschten Fransen ab) und zur Hälfte umschlagen. Mit der Häkelnadel die dadurch entstandene Schlaufe eines dieser Bündel durch den Anfangspunkt der Franse im entsprechenden Strickstück ziehen, so daß sie nach außen schaut. Das andere Ende der Franse mit der Häkelnadel durch diese Schlaufe ziehen und leicht anziehen, um den Knoten zu festigen. So fährt man mit allen Fadenbündeln fort und achtet darauf, daß die Abstände entlang der Ränder regelmäßig sind. Zum Schluß die Fransen gerade schneiden.

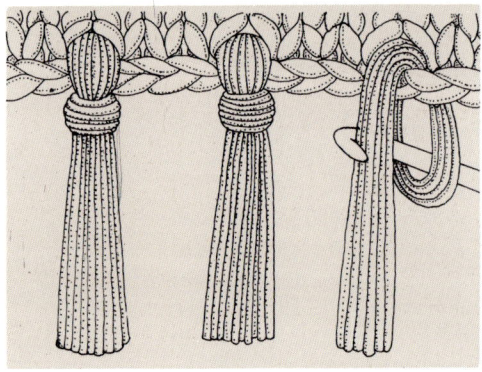

Verknotete Fransen. Sie werden auf die gleiche Weise hergestellt wie die einfachen Fransen, die Fadenbündel müssen jedoch länger sein. Dann arbeitet man wie folgt weiter: Die Bündel zur Hälfte teilen, jeweils die linke Hälfte der Fäden mit der rechten Hälfte der darauffolgenden Franse verknoten. So bis zum Ende der Reihe arbeiten. Dabei muß darauf geachtet werden, daß die Knoten alle auf einer Reihe liegen.

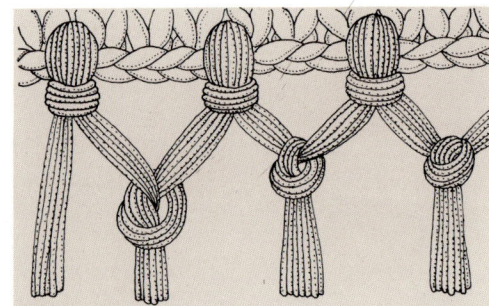

Die Fransen, wenn nötig, mit der Schere gerade schneiden.

Kordeln

Vor allem zum Zubinden von Babykleidung, von Lätzchen, Schuhchen, Handschuhchen, Mützchen usw. werden Kordeln angebracht. Im allgemeinen verwendet man die gleiche Wolle wie bei der Strickarbeit. Ist diese jedoch zu dick oder nicht weich genug, können auch andere Fäden verwendet werden. Es gibt verschiedene Arten von Kordeln.

Gedrehte Kordeln. Man nimmt einen Faden der vierfachen Länge der endgültigen Kordel. Den Faden doppelt nehmen und ihn in der Mitte der Krümmung mit einer Nadel auf einer weichen Oberfläche befestigen (Kissen, Bügelbrett usw.). Am anderen Ende die beiden Fäden drehen, indem man sie zwischen Daumen und Zeigefinger hält. Den dann fest gedrehten Strang erneut doppelt nehmen, dabei die beiden äußeren Enden fest zusammenhalten. Ist die Arbeit exakt durchgeführt, wickelt sich die Kordel erneut um sich selbst. Die Enden mit zwei Knoten befestigen.

Einfache Zopfkordel. Drei Fäden der doppelten Länge der Kordel an einem Ende zusammenknoten und mit einer Nadel an einer

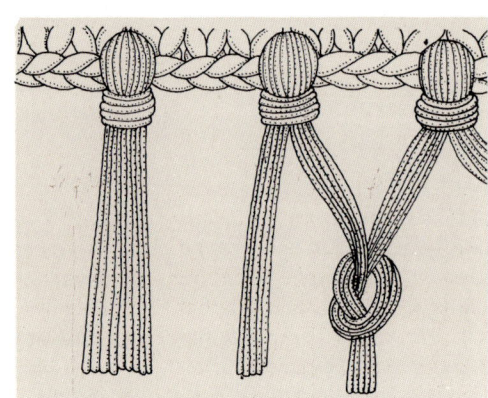

weichen Oberfläche befestigen (Kissen, Bügelbrett usw.). Nun einen normalen, dreiteiligen Zopf flechten, dabei darauf achten, daß die Fäden immer gleich stark angezogen werden.

Doppelte Zopfkordel. Vier Fäden der doppelten Länge der endgültigen Kordel an

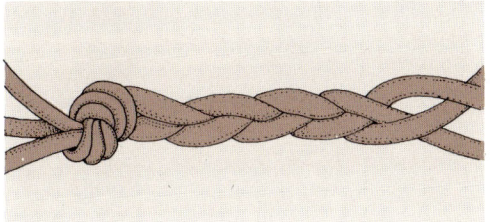

einem Ende zusammenknoten und mit einer Nadel an einer weichen Oberfläche befestigen (Kissen, Bügelbrett usw.). Nun folgendermaßen die Fäden flechten: Jeweils den rechts liegenden Faden abwechselnd unter und über die links von ihm liegenden Fäden führen, und zwar immer versetzt zur Vorreihe, bis die Fäden zu Ende sind.

Schlingenkordel. Einen Faden der achtfachen Länge der endgültigen Kordel doppelt nehmen. An der Krümmung mit der linken Hand

und mit der rechten Hand jeweils eine Schlinge bilden, die rechte Schlinge von vorne durch die linke einfädeln. Diese Schlinge dann mit dem rechten Zeigefinger aufnehmen und den linken Faden nach unten ziehen. Auf diesem linken Faden mit der linken Hand eine neue Schlinge bilden und diese wiederum von vor-

ne durch die rechte Schlinge einfädeln. Die Schlinge mit dem linken Finger aufnehmen und den rechten Faden nach unten ziehen. So jeweils von rechts nach links und links nach rechts abwechseln und jeweils auf dem Faden, der nach unten gezogen wird, eine neue Schlinge bilden. So lange weiterarbeiten, bis der Faden zu Ende ist.

Sticken auf einem Strickstück
Auf Strickarbeiten können vielerlei Stickerei-

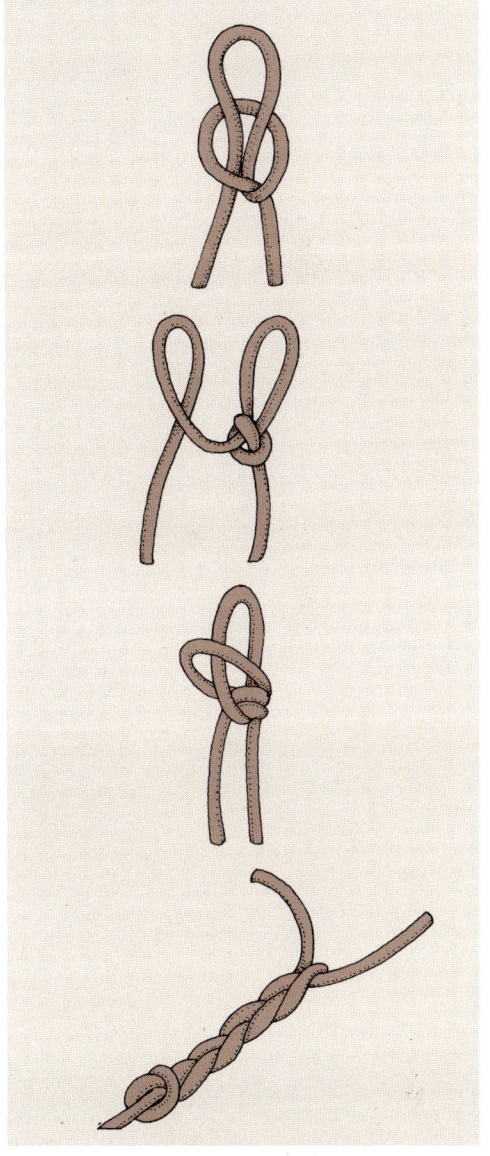

en angefertigt werden, vor allem, wenn sie glatt rechts gestrickt sind. Dabei verwendet man die klassischen Stiche. Es lassen sich auf diese Weise beachtliche dekorative Wirkungen erzielen. Nicht nur neue Kleidungsstücke

Linke Spalte, oben: Anfertigen einer einfachen Zopfkordel

Unten: Zwei Phasen bei der Herstellung einer doppelten Zopfkordel

Rechte Spalte: Vier Phasen bei der Herstellung einer Schlingenkordel

kann man besticken, sondern auch gebrauchte, die dadurch eine neue Note erhalten. Die Wirkung ist oft erstaunlich. Im folgenden werden verschiedene Maschenstiche beschrieben.

Maschenstich. Hierfür eignet sich am besten die glatt rechts gestrickte Fläche. Jede Masche wird dabei mit dem Stickfaden bedeckt. Verziert man ein einfarbig gestricktes Stück mit dieser Art von Stickerei, so kann auf diese Weise ein Jacquardmuster ersetzt werden. Damit mit dieser Art der Stickerei die Grundmasche vollständig bedeckt wird, muß ein Stickfaden in der gleichen Stärke des Strickfadens verwendet werden. Bestickt man so große Flächen, wird diese Fläche doppelt dick. So eignet sich der Stich zur Verstärkung abgenützter Teile oder zum Verdecken von Flecken.

Die Stickerei im Maschenstich läßt sich nach Vorlagen arbeiten, die vorher auf kariertes Papier aufgezeichnet wurden. Solche Vorlagen kann man wie bei den Jacquardmustern (siehe Seite 52) auch selbst entwerfen. Jedes Quadrat der Vorlage entspricht einem Maschenstich. Die Quadrate kann man farbig ausmalen oder wie beim Jacquardmuster mit verschiedenen Symbolen für die einzelnen Farben versehen. Die Fäden dürfen nicht zu fest angezogen werden, um die darunterliegende, glatt gestrickte Masche nicht zu verziehen. Die Maschenstickerei kann waagrecht oder senkrecht ausgeführt werden.

Maschenstich, waagrecht. Waagrecht wird der Maschenstich wie folgt gearbeitet:

1. Den Faden auf der Rückseite der Arbeit vernähen und auf die rechte Seite führen, und zwar an der unteren Spitze der ersten zu bestickenden Masche.
2. Die Masche über der zu bestickenden Masche mit der Nadel von rechts nach links um beide Glieder fassen, den Faden

durchziehen: Der rechte Faden der Masche ist bedeckt.

3. In den Ausstichpunkt mit der Nadel zurückstechen und in der Mitte der nächsten Masche, die bestickt werden soll, wieder ausstechen: Der linke Faden der Masche ist bedeckt.

2. und 3. so lange wiederholen, bis die erste Reihe bestickt ist.

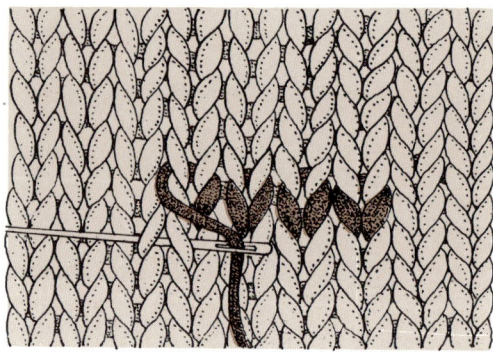

Zum Besticken der 2. und aller geraden Reihen wird auf die gleiche Weise von links nach rechts verfahren.

Maschenstich, senkrecht. Senkrecht wird der Maschenstich wie folgt gearbeitet:

1. Den Faden auf der Rückseite der Arbeit vernähen und auf die rechte Seite führen, und zwar an der unteren Spitze der ersten zu bestickenden Masche.

Linke Spalte und rechte Spalte oben: Zwei Phasen des waagrechten Maschenstiches

Rechte Spalte unten: Zwei Phasen des senkrechten Maschenstiches

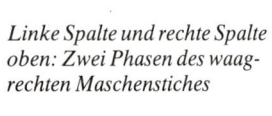

2. Die zwei Glieder der Masche über der zu bestickenden Masche mit der Nadel von rechts nach links umfassen und den Faden durchziehen: Der rechte Faden der Masche ist bedeckt.
3. Die Nadel in den Ausstichpunkt zurückstechen und darüber wieder ausstechen: Der linke Faden der Masche ist bedeckt.

Reliefstickerei

Reliefstickereien können auch aus anderem Garn durchgeführt werden.

Am bekanntesten sind die Blümchen, die folgendermaßen gestickt werden: Im Zentrum des Blümchens den Faden von der Rückseite auf die Vorderseite führen und festziehen.

Die Nadel ganz nahe davon wieder einstechen und am Ende des ersten Blütenblattes wieder herausführen. Den Faden mehrmals um die Nadel wickeln, mit der Nadel von der Vorderseite aus wieder in die Mitte der Blume einstechen und sie am Ende des zweiten Blütenblattes wieder herausführen. Den Faden mehrmals um die Nadel wickeln und wiederum in den Mittelpunkt der Blüte einstechen usw., bis alle Blütenblätter zu Ende gestickt sind.

Smokstickerei

Diese Art der Stickerei wendet man auf einfachem Rippenmuster an. Man geht folgendermaßen dabei vor:
1. Reihe und alle ungeraden Reihen (Vorderseite der Arbeit): ✻ 3 Maschen links, 1 Masche rechts ✻.

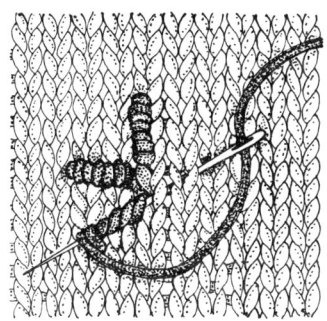

Oben links: Reliefstickerei

Mittlere Spalte und rechte Spalte oben: Drei Phasen der Smokstickerei

Rechte Spalte unten: Fertiggestellte Smokstickerei

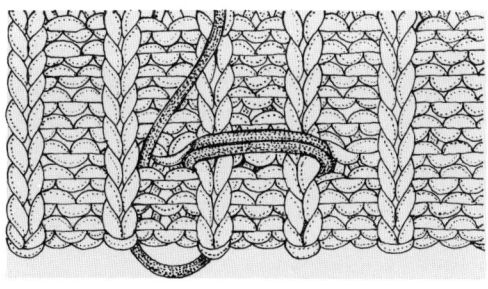

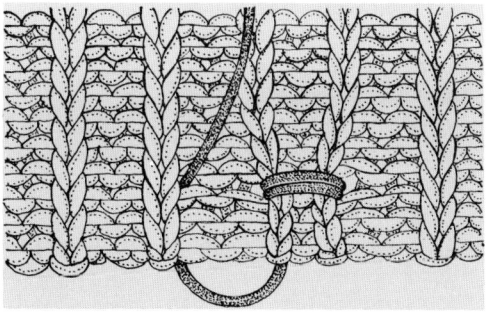

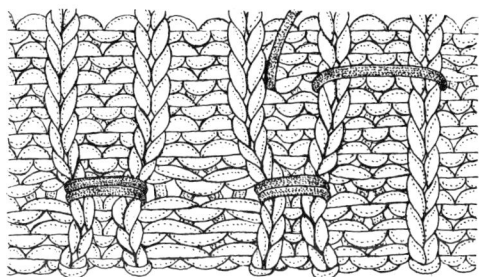

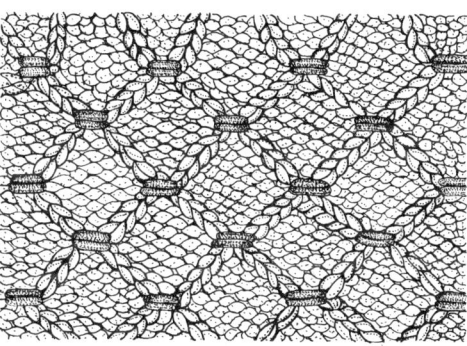

2. Reihe und alle geraden Reihen (Rückseite der Arbeit): ✻ 1 Masche links, 3 Maschen rechts ✻.

In dieser Weise das Rippenmuster bis auf die notwendige Höhe stricken. Nun den Smokstich waagrecht verlaufend ausführen. Im allgemeinen verwendet man dazu einen andersfarbigen Faden:
1. Reihe: Den Faden auf der Rückseite der Arbeit auf der Höhe der ersten Masche der zweiten senkrechten rechten Rippe der fünften Reihe vernähen.

Die Nadel durch diese Masche auf die Vorderseite der Arbeit bringen. Gleich nach der dritten Rippe mit der Nadel einstechen, sie am Anfangspunkt wieder auf die Vorderseite herausführen, nach der dritten Rippe wieder einstechen und vor der vierten Rippe wieder herausführen. Den Faden festziehen: Die zweite und die dritte Rippe kommen näher zusammen.

Auf diese Weise bis zum Ende der Reihe fortfahren, wodurch die Rippen immer paarweise zusammengezogen und auf der Rückseite befestigt werden.
2. Reihe: Auch hier von rechts beginnen, 5 Reihen von der ersten entfernt. Diesmal jedoch die Rippen in versetzter Reihenfolge zusammenziehen: die erste mit der zweiten, die dritte mit der vierten usw. bis zum Ende der Reihe.

Die erste und zweite Reihe abwechselnd bis zur gewünschten Höhe wiederholen.

Fertigstellen eines Kleidungsstückes

Mit dem Bügeln und dem Nähen beginnt man dann, wenn die verschiedenen Einzelteile vollständig fertiggestellt sind. Damit die Arbeit gut gelingt, sollten diese beiden letzten Phasen mit großer Genauigkeit durchgeführt werden. Die Abbildungen auf dieser Seite zeigen, wie die Teile zu bügeln sind.

Sind alle Strickarbeiten beendet, ist das Kleidungsstück doch noch nicht fertiggestellt. Folgende Arbeiten stehen noch aus: Reißverschlüsse einnähen, Teile zusammennähen, bügeln usw., also keine Verschönerungsarbeiten, sondern notwendige Arbeiten. Dazu sind größte Sorgfalt und Aufmerksamkeit notwendig. Durch einige Arbeiten – z. B. durch das Zusammennähen – lassen sich kleine Fehler der Strickarbeit vertuschen.

Bügeln der Einzelteile

Bei diesem besonders wichtigen Arbeitsgang müssen Sie die Eigenschaften des Garnes und der Strickmuster berücksichtigen. Einige Garne, wie z. B. Baumwolle und Leinen, werden heiß gebügelt, andere, wie z. B. Wolle, müssen mit Dampf gebügelt werden; Synthetikfasern dagegen werden überhaupt nicht oder allenfalls lauwarm gebügelt. Auf den Etiketten, mit denen die Wollknäuel versehen sind, stehen im allgemeinen alle Hinweise, wie das bestimmte Garn zu bügeln ist.
Zopfmuster, Rippenmuster, kraus rechts und im allgemeinen alle Reliefmuster werden nicht gebügelt; andere hingegen, wie glatt rechts, müssen immer gebügelt werden, soweit das Garn dies erlaubt.
Beim Bügeln der Einzelteile ist darauf zu achten, daß sie nicht verzogen werden und sich dadurch die Größe nicht verändert. Dies vermeidet man folgendermaßen:
Das zu bügelnde Teil auf eine flache, ziemlich große Fläche legen. Die Vorderseite zeigt nach unten. Das Teil mit Stecknadeln feststecken, damit es seine Form behält, die Maße mit dem Metermaß nachmessen und entsprechend verziehen.
Je nach der Art des Garnes ein feuchtes Tuch über die Arbeit ausbreiten, bevor Sie mit dem Bügeleisen darüberfahren. Aber Sie dürfen mit dem Bügeleisen nicht über die Oberfläche des Einzelteiles streichen wie beim normalen Bügeln. Das Eisen sollte hingegen auf eine Stelle aufgesetzt werden, nach einigen Sekunden wieder heruntergenommen werden, auf die nächste Stelle aufgesetzt werden usw.
Die Strickteile aus einem nicht zu bügelnden Garn lassen sich folgendermaßen bearbeiten: Mit Stecknadeln in die richtige Form bringen, die Teile mit einem feuchten Tuch bedecken und die Teile erst wieder wegnehmen, wenn alles vollkommen getrocknet ist.
Durch sorgfältiges Bügeln können Sie auch kleine Fehler in der Form ausbessern; den Teilen wie den Armausschnitten oder den

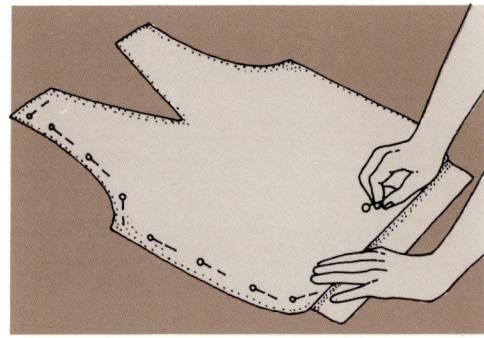

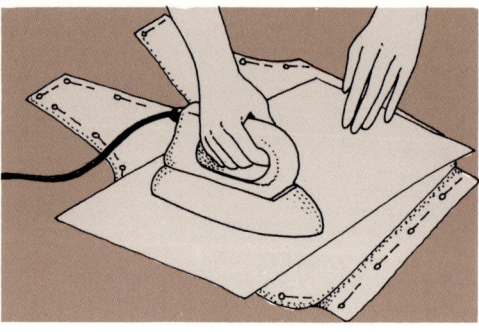

Stellen, an denen zugenommen wurde, können Sie so größere Regelmäßigkeit verleihen.

Zusammennähen der Einzelteile

Davon hängt oft das Gelingen einer Strickarbeit ab: Deshalb sollten Sie gerade darauf größte Sorgfalt und Genauigkeit verwenden. Die Teile lassen sich auf verschiedene Arten zusammennähen, und Sie sollten jeweils diejenige auswählen, die sich für das Muster, das jeweilige Strickstück und Ihre eigenen Fähigkeiten am besten eignet.

Steppstich. Das Zusammennähen mit dem Steppstich ist am gebräuchlichsten. Häufig näht man so die Schultern, die Seiten und anderes zusammen. Der Stich eignet sich nicht nur für sehr dicke Garne oder für Reliefmuster. Am besten benutzen Sie eine Wollnadel mit abgerundeter Spitze, um zu vermeiden, daß die Maschen zerreißen: Haben Sie keine solche Nadel zur Verfügung, können Sie auch eine andere verwenden, indem Sie jedoch mit der anderen Seite nähen.
Man wendet den Steppstich folgendermaßen an: Von links zusammennähen, d. h. die beiden Teile mit den Vorderseiten gegeneinander aufeinanderlegen, die beiden äußeren Enden mit Stecknadeln zusammenstecken. Von rechts zu nähen beginnen: Nadel einstechen und eine Masche weiter links wieder nach vorne stechen. Wieder am ersten Einstich von vorne nach hinten einstechen und zwei Maschen weiter links nach vorne ste-

chen. Die Nadel eine Masche rechts davon wieder einstechen, zwei Maschen weiter links wieder nach vorne stechen. Auf diese Weise bis zum Ende der Naht nähen und den Faden vernähen. Dabei müssen Sie darauf achten, daß Sie nicht zu fest nähen, da sonst die Arbeit an Form verlieren kann.

Hinten bildet die Naht eine fortlaufende Linie; sie ist sehr fest und auf der Vorderseite unsichtbar.

Sollten Teile zu groß geraten sein, so lassen sie sich mit Hilfe dieser Art des Zusammennähens noch verkleinern. Jedoch ist es nicht ratsam, die Naht mehr als 1 cm von der Kante entfernt anzusetzen.

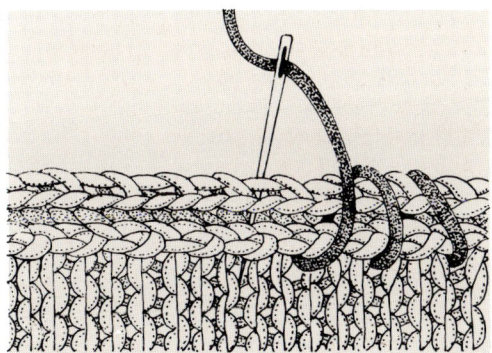

Überwendlingsstich. Diese Naht eignet sich vor allem für Ränder von Reliefmustern, Rippenmustern und dicken Wollarten. Die beiden Teile mit den Vorderseiten gegeneinander aufeinanderlegen, die beiden äußeren Enden mit Stecknadeln zusammenstecken. Eine solche Naht im Überwendlingsstich sehr eng nähen, aber nicht zu fest anziehen.

Man geht folgendermaßen vor: Beide Teile müssen perfekt aufeinanderliegen. Man arbeitet dann von rechts nach links. Mit der Nadel von hinten nach vorne einstechen; dies bis zum Ende der Naht wiederholen.

Diese sehr feste Naht verzieht sich nicht. Auf der Rückseite wirkt sie wie eine Kordel.

Senkrechte Stricknaht. Diese Naht wird hauptsächlich zum Zusammennähen von Seitenteilen und Ärmeln angewendet. Besonders bei glatt rechts gestrickten Strickstücken ist eine solche Naht kaum zu sehen. Sie wird folgendermaßen ausgeführt:

Beide Teile mit der Vorderseite nach oben aneinanderlegen, oben mit einer Stecknadel zusammenheften, unten mit kleinen Stichen zusammennähen. Von unten nach oben arbeiten. Mit der Nadel von rechts in die Mitte der 1. Masche des rechten Teiles einstechen, in der Mitte der 1. Masche des linken Teils wieder herauskommen. Zwischen den beiden Teilen entsteht so ein Querfaden. Nun die Nadel unterhalb dieses Querfadens einstechen und oberhalb wieder herausziehen. Dies können Sie nun beliebig oft wiederholen, indem Sie rechts in die nächste Masche einstechen, links wieder herauskommen und den Faden um den entstandenen Querfaden führen, bis die Naht beendet ist.

Waagrechte Stricknaht. Mit einer solchen Stricknaht lassen sich zwei Maschenreihen

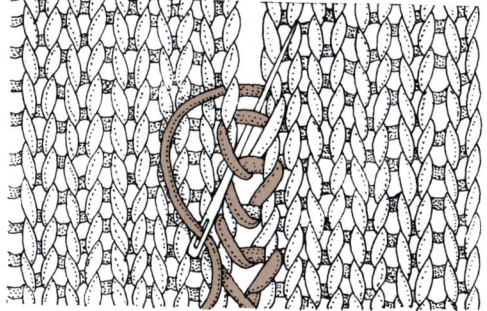

unauffällig verbinden. Man näht auf der Vorderseite der Arbeit; dabei sind die Maschen geöffnet und leicht angebügelt, damit sie nicht auseinandergehen.

Beide Maschenreihen liegen sich genau gegenüber, die linken Enden werden mit einer Nadel zusammengesteckt. Den Faden rechts

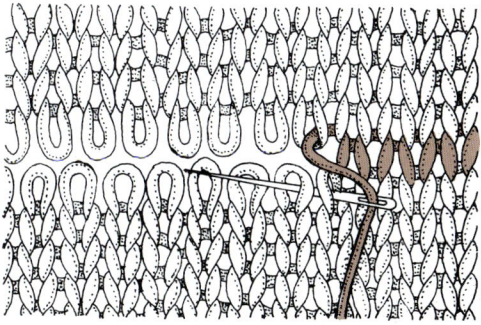

vernähen und zu nähen beginnen. Die Nadel in die erste obere Masche einstechen und aus der zweiten Masche wieder herausführen. Dann die Nadel in die erste untere Masche einstechen und aus der zweiten Masche wieder herausführen. Jetzt oben wieder in die zweite Masche einstechen und die Nadel aus der dritten Masche herausführen, unten ebenso. So fortfahren bis zum Ende der Naht. Die gleiche Stricknaht können Sie auch ausführen, indem Sie die beiden Maschenreihen auf den Nadeln behalten: Mit der Nadel wie oben angegeben in die entsprechenden Maschen einstechen und diese von der Nadel heruntergleiten lassen.

Einnähen eines Reißverschlusses

Auch für Strickkleidung ist der Reißverschluß eines der bequemsten Verschlußsysteme. Vor allem bei Röcken, aber auch bei Pullovern und Jacken ist ein Reißverschluß öfter praktischer und einfacher als Knopflöcher und Knöpfe. Der Reißverschluß ist entweder unten geschlossen oder teilbar (d. h. unten zu öffnen). Für Röcke z. B. und am Halsausschnitt von Pullovern verwendet man geschlossene Reißverschlüsse. Zum Verschließen von Jacken dagegen nimmt man einen teilbaren Reißverschluß. Im allgemeinen genügt ein einfacher Schneiderreißverschluß; die stärkeren, dann meistens teilbaren Reißverschlüsse werden für dicke und sportliche Kleidungsstücke verwendet. Der Reißverschluß soll sowohl farblich als auch in der Länge passen. (Bei der Länge mißt man nur den bezahnten Teil, nicht das darüber hinausragende Band.) Die Länge muß genau der Öffnung entsprechen: Ist der Reißverschluß zu kurz, zieht sich die Naht zusammen, ist er zu lang, hängt er zu weit über die Öffnung hinaus.

Ein Reißverschluß wird folgendermaßen eingenäht: Den geschlossenen Reißverschluß von der Rückseite gegen die Öffnung legen und von rechts mit Stecknadeln feststecken. Die Zähnchen des Reißverschlusses dürfen nur wenig an den Rändern der Öffnung hervorschauen. Den Reißverschluß nun von rechts anheften und die Stecknadeln entfernen. Den Reißverschluß öffnen und mit einer Sticknadel im Maschenstich festnähen. Der Faden liegt auf der Rückseite am oberen rechten Ende des Reißverschlusses. So nahe wie möglich am Rand wird der **Maschenstich** wie folgt gearbeitet: Den Faden auf die Vorderseite bringen, dann in einem kleinen

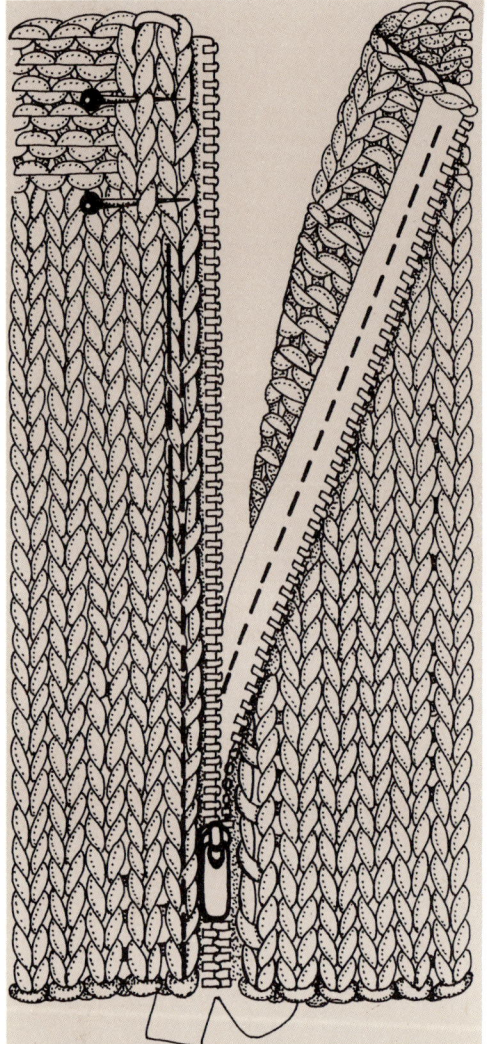

Abstand rechts davon wieder einstechen und den Faden auf die Rückseite durchziehen. Ca. 5 mm nach links vom vorhergehenden Punkt entfernt den Faden wieder auf die Vorderseite der Arbeit bringen, dann wieder auf die Rückseite der Arbeit usw.

Auf der Vorderseite der Arbeit sind die Stiche nicht sichtbar, da der dünne Faden zwischen den Maschen verschwindet. Auf der Rückseite (auf dem Stoff des Reißverschlusses) erscheinen die langen, charakteristischen Stiche des Maschenstiches.

Hat man die eine Seite fertig, näht man bei geschlossenem Reißverschluß das untere Ende fest. Dann näht man wie die erste Seite auch die zweite Seite an.

Auf der Rückseite werden die äußeren oberen Enden des Reißverschlußbandes nach innen umgeschlagen und am Rande der Arbeit festgenäht, damit sie den Lauf des Reiß-

Links: Das Anbringen eines Reißverschlusses

Linke Spalte: Das Anbringen von Verstärkungen

Rechte Spalte: Aufsetzen von Flicken

Oben: Aufsetzen von Leder- oder Wildlederflicken

Unten: Aufsetzen von Stoffflicken

verschlusses nicht stören. Das Band des Reißverschlusses einschließlich der am oberen Ende umgeschlagenen Stückchen ringsherum mit dem Überwendlingsstich festnähen (siehe Seite 143).

Der Reißverschluß muß leicht verschließbar sein. Sollte er nicht gut laufen, ist es möglich, daß die Naht zu nahe bei den Zähnchen verläuft.

Verstärkungen

Um bei Jacken und Westen die Blenden zu verstärken, können Sie vor allem da, wo sich die Knopflöcher und Knöpfe befinden, ein **Ripsband** anbringen.

Die beiden äußeren Enden des Ripsbandes

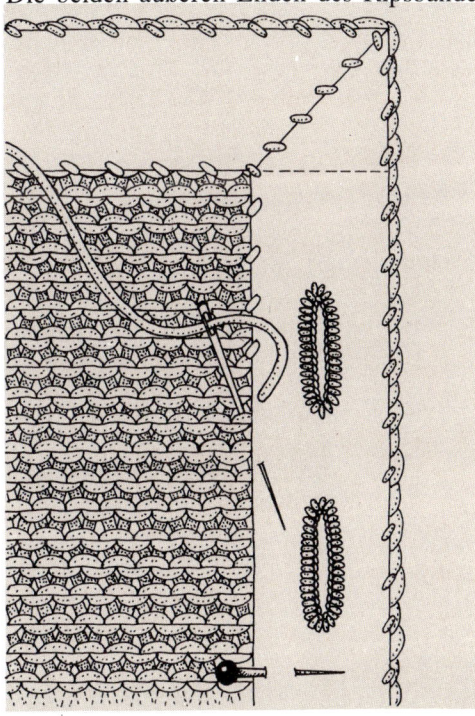

werden nach innen geschlagen und entlang der gesamten Blendenlänge mit Stecknadeln festgesteckt. Dabei ist darauf zu achten, daß das Band nicht nach außen vorsteht und weder zu fest noch zu locker gespannt ist.

Haben Sie das Ripsband gut festgesteckt, wird es entlang der Kanten mit einem farblich passenden Nähfaden mit dem Maschinenstich (siehe Seite 144) festgenäht. Dann werden die Knopflöcher mit Stecknadeln gekennzeichnet (entweder dort, wo sie bereits eingestrickt sind; ansonsten sollten Sie darauf achten, sie in regelmäßigen Abständen anzubringen).

Die aufgeschnittenen Knopflöcher werden folgendermaßen mit dem **Knopflochstich** umstochen: Kurz unter dem Knopflochrand von

der Vorder- nach der Rückseite einstechen; erneut von der Vorderseite aus einstechen, die Schlinge etwas locker lassen, in diese Schlinge von hinten nach vorn noch einmal durchstechen und den Faden fest anziehen. Dabei müssen Sie darauf achten, daß die Maschen nicht zusammengezogen werden.

Muß das Ripsband über einen rechten Winkel verlaufen, nähen Sie zuerst die äußere Kante fest, dann falten Sie das äußere Ende zu einer Ecke und befestigen sie. Schließlich nähen Sie auch die Innenkante an.

Aufsetzen von Flicken

Zur Verstärkung der stark beanspruchten Teile (Ellbogen, Knie usw.) oder um schadhafte Stellen zu verstecken, lassen sich Flicken aufsetzen. Im allgemeinen sind im Handel fertige Leder- oder Wildlederflicken erhältlich; Sie können sie jedoch auch aus Stoff anfertigen, was ebenfalls sehr dekorativ wirkt. Die Flicken können gleichfarbig oder farblich abstechend sein. Sie haben unterschiedliche Größen, je nachdem, ob man sie für Kinder- oder Erwachsenenkleidung benötigt. Kauft man fertige Lederflicken, so erleichtert die schon am Rand angebrachte Lochreihe das Aufnähen.

Das Aufsetzen der Flicken geschieht folgendermaßen: Den Flicken auf die entsprechende Stelle auflegen und mit Stecknadeln feststecken (auch in der Mitte). Dabei müssen Sie

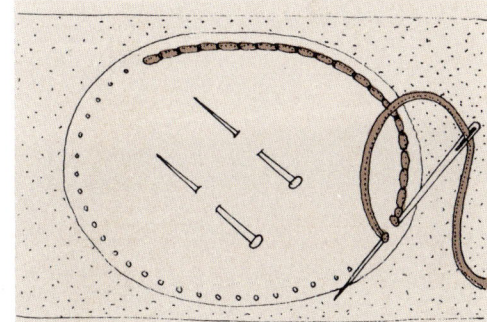

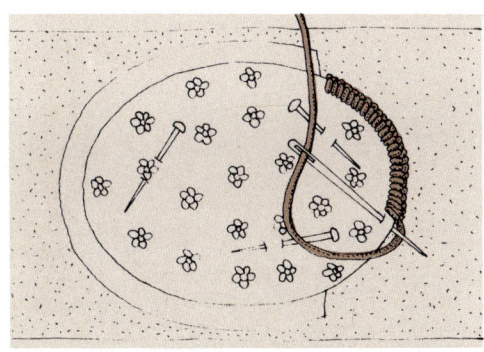

darauf achten, die Strickarbeit nicht zu verziehen. Mit Nadel und einem farblich passenden Faden den Flicken von rechts mit Maschi-
nenstichen festnähen (siehe Seite 144). Dabei
die vorgefertigte Lochreihe verwenden. Bei
Stoffflicken verfahren Sie folgendermaßen:
Die Außenkante einen halben cm nach innen
umbiegen und anheften. Dann den Flicken
auf die entsprechende Stelle mit Stecknadeln
feststecken und mit Knopflochstich (siehe
linke Spalte) festnähen. Beim zweiten Flicken
verfahren Sie in der leichen Weise. Achten
Sie dabei darauf, daß er in der gleichen Höhe
wie der erste Flicken angebracht wird.

Schlingen
Möchten Sie zu einem gestrickten Kleidungsstück einen gesonderten Gürtel tragen, so
sollte er an den Seiten durch Schlingen befestigt sein.

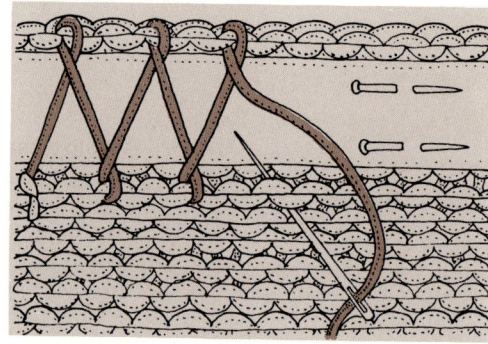

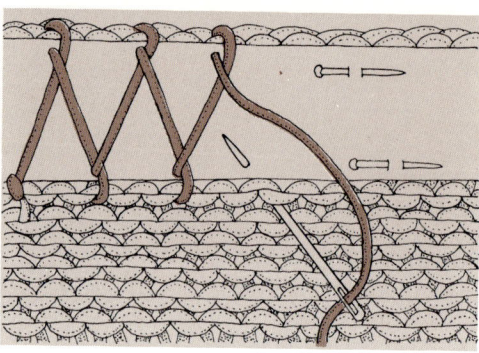

Linke Spalte: Das Anbringen von
Schlingen

Rechte Spalte: Einziehen des
Gummibandes im Hexenstich

Oben: Das Gummiband bleibt
frei beweglich und liegt innerhalb
des Hexenstiches

Unten: Das Gummiband wird mit
dem Stich am Rock befestigt

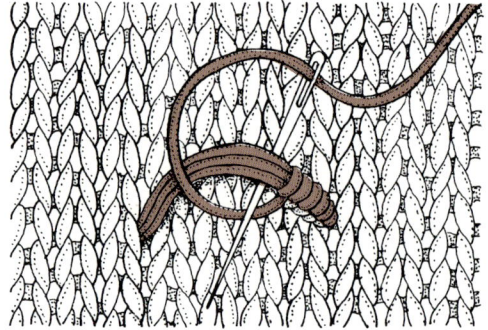

Diese können Sie stricken – und zwar möglichst im Muster der Strickarbeit – und dann
annähen, oder Sie bringen sie mit Nadel und
einem gleichfarbigen Faden direkt an das
Kleidungsstück an. In diesem Fall verfahren
Sie folgendermaßen: Den Faden auf der
Rückseite an der Stelle befestigen, an der die
Schlinge liegen soll, dann mit der Nadel auf
die Vorderseite stechen. Den Faden nun 4-
oder 5mal in der Breite des Gürtels locker hin
und her spannen, und diese Fäden vom einen
Ende zum anderen dicht mit Knopflochsti-
chen (siehe Seite 145) übersticken.

Annähen eines Gummibandes im Hexenstich
Die einfachste Art, einen Rock fertigzustel-
len, liegt darin, oben an der Innenseite ein
Gummiband zu befestigen. Es muß mindestens 2 cm breit sein. Man geht dabei folgendermaßen vor: Die Taille messen und das
Gummiband in der entsprechenden Länge
plus 2 cm abschneiden. Die beiden Enden
jeweils 1 cm übereinanderlegen und mit

Überwendlingsstichen (siehe Seite 143) zusammennähen. Das Gummi bildet jetzt einen
Kreis. Den Kreis mit Stecknadeln in fünf
gleiche Teile unterteilen, ebenso auf der linken Seite des Rockbündchens verfahren. Das
Gummiband von links um den Rockbund
herumlegen, wobei die Stecknadeln jeweils
übereinander zu liegen kommen, und feststecken oder festheften. Dann die Stecknadeln aus dem Rockbund entfernen.
Nun wird mit dem *Hexenstich* folgendermaßen genäht: Nehmen Sie eine Wollnadel und
den gleichen Wollfaden, mit dem Sie gestrickt
haben. Diesen Wollfaden auf der Rückseite
oberhalb des Gummibandes befestigen.
Den Faden schräg nach rechts unten führen,
einstechen, zwei Maschen unterhalb des
Gummibandes schräg nach links auffassen,
ohne in das Gummiband zu stechen, über
dem Gummiband schräg oben rechts einstechen, zwei Maschen oberhalb des Gummibandes schräg nach links auffassen, ohne in
das Gummiband zu stechen. So abwechselnd
von oben nach unten nähen, bis man um den
gesamten Rockbund herumgelangt ist. So
läuft das Gummiband frei innerhalb dieses
Hexenstiches. Es kann aber auch am Rockbund befestigt werden; in diesem Fall bei den
waagrechten Stichen gemeinsam mit den zwei
Maschen auch das Gummiband auffassen.

Mißgeschicke – Ausbesserung – Wiederverwertung

Durch Übung und Erfahrung lernt man mit der Zeit, daß Fehler kein allzu großes Unglück bedeuten müssen und daß viele Fehler leicht behoben werden können, wenn man die Arbeitstechnik gut beherrscht. Mit der Zeit betrachtet man ein fertiggestelltes Kleidungsstück nicht als heilig und unantastbar: Gefällt es nicht mehr, trennt man es auf und verwendet das Garn neu, oder man verlängert das Stück, kürzt es oder verändert es auf andere Art und Weise. Ist es zerrissen, hat es Löcher oder ist es sonst irgendwie beschädigt, brauchen Sie es nicht gleich wegzuwerfen: Sie können es stopfen.

Dies sind die ersten Kunstkniffe; einige werden auf den folgenden Seiten beschrieben, andere finden Sie mit der Zeit selbst heraus.

Aufheben einer rechten Masche

Ist eine rechte Masche der vorigen Reihe heruntergefallen, so läßt sie sich auf folgende Weise aufheben: Mit der rechten Nadel von vorne in die heruntergefallene Masche einstechen und dabei auch den Querfaden über die Nadel legen. Mit der linken Nadel von hinten in die Masche einstechen und mit der rechten Nadel den Querfaden durch die Masche ziehen. Jetzt liegt die Masche wieder auf der Höhe der Arbeitsreihe, allerdings verdreht auf der rechten Nadel. Sie müssen sie nun auf die linke Nadel nehmen und können dann weiterarbeiten.

Mögliche Fehler auszubessern, Verlängern, Verkürzen oder Veränderungen verschiedener Art – dies alles sind Kniffe, die man sich aneignen sollte. Man lernt auf diese Weise, daß es keine Tragödie bedeutet, einmal einen Fehler zu machen, und daß viele dieser Fehler leicht ausgebessert werden können.

Linke Spalte und rechte Spalte oben: Drei Phasen beim Aufheben einer in der Vorreihe herabgefallenen rechten Masche

Rechte Spalte unten: Drei Phasen beim Aufheben einer in der Vorreihe herabgefallenen linken Masche

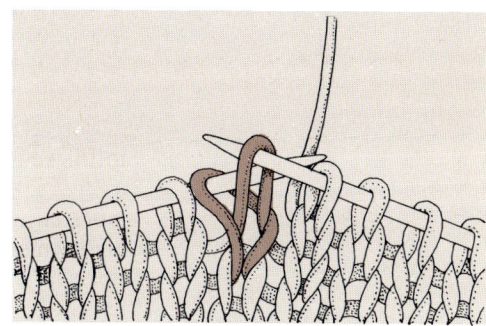

Aufheben einer linken Masche

Ist eine linke Masche der vorigen Reihe heruntergefallen, so läßt sie sich auf folgende Weise aufheben: Mit der rechten Nadel von hinten in die heruntergefallene Masche einstechen und dabei auch den Querfaden über die Nadel legen. Mit der linken Nadel von vorn in die Masche einstechen und mit der rechten Nadel den Querfaden durch die Masche ziehen und sie von der linken Nadel

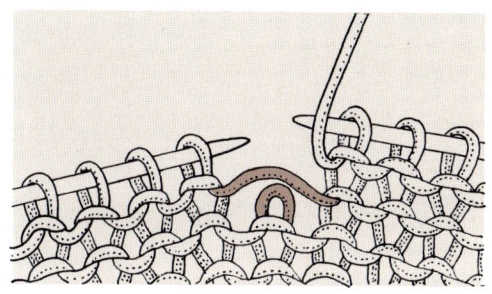

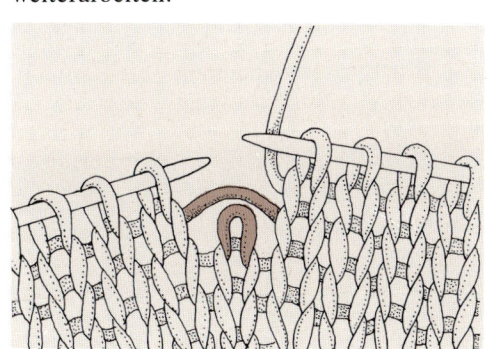

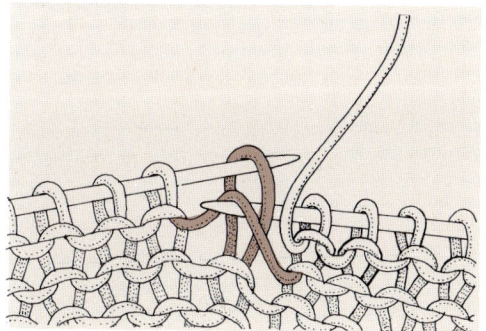

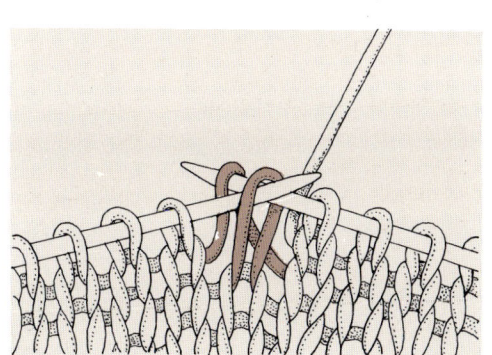

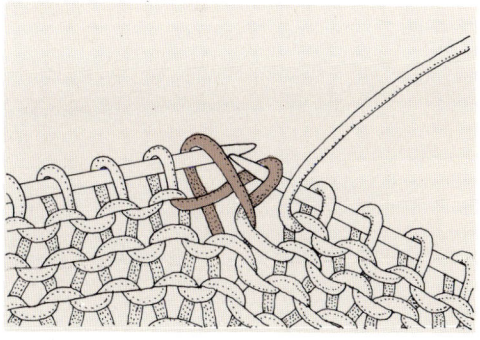

fallen lassen. Die neue Masche liegt jetzt auf der rechten Nadel und wird auf die linke Nadel übernommen, um weiterarbeiten zu können.

Aufheben einer Masche über mehrere Reihen

Ist eine Masche über mehrere Reihen heruntergefallen, spricht man von einer Laufma-

Linke Spalte, oben: Zwei Phasen beim Aufheben einer über mehrere Reihen herabgefallenen rechten Masche

Darunter: Zwei Phasen beim Aufheben einer über mehrere Reihen herabgefallenen linken Masche

Rechte Spalte: Das Zurückstricken

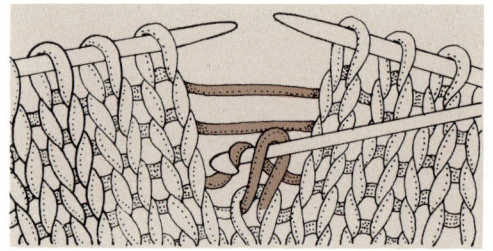

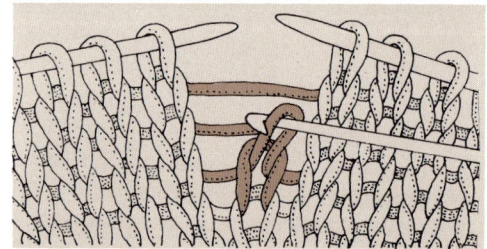

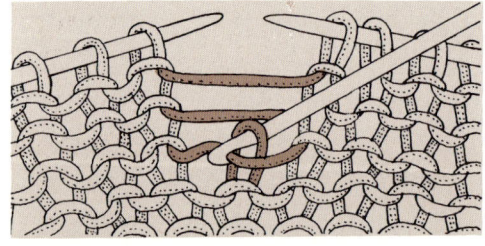

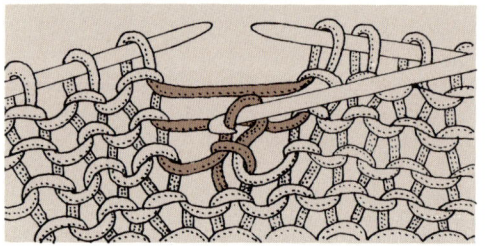

sche. Dies kann geschehen, wenn man die Arbeit vor Abstricken der Reihe liegen läßt. Handelt es sich um ein umständliches Lochmuster mit Umschlägen, zusammengestrickten Maschen usw., läßt sich dieses Mißgeschick nicht beheben. Besteht das Muster jedoch aus linken und rechten Maschen, können Sie den Schaden ausbessern.
Rechte Maschen hebt man folgendermaßen auf: Mit einer Häkelnadel von vorne in die

herabgefallene Masche einstechen und den Querfaden der darüberliegenden Reihe durch die Masche hindurchziehen, wobei eine neue Masche entsteht. So fortfahren, bis die Maschen aller Reihen wieder aufgehoben sind. Müssen Sie mehrere Maschen auf diese Art aufheben, ist es ratsam, die anderen Maschen mit einer Sicherheitsnadel zu befestigen, um ein Weiterlaufen zu verhindern.
Etwas schwieriger lassen sich **linke Maschen** über mehrere Reihen wieder aufheben: Mit der Häkelnadel zwischen den zwei ersten Querfäden hindurch von hinten in die herabgefallene Masche einstechen und den unteren Querfaden von vorne nach hinten durch die Masche ziehen; dabei ist, wie aus der Zeichnung zu ersehen ist, eine neue Masche entstanden. Nun die Masche wieder loslassen und mit der Häkelnadel wieder zwischen den zwei untersten Querfäden hindurch von hinten in die Masche neu einstechen.

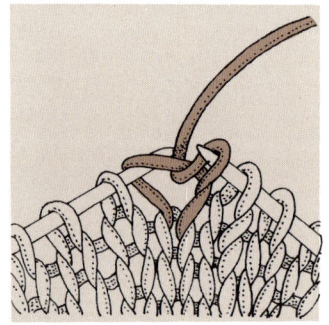

Zurückstricken der Reihen

Bemerken Sie noch während der Reihe einen Fehler, können Sie die Reihe zurückstricken: Mit der linken Nadel in die Masche der Vorreihe auf der rechten Seite einstechen (siehe Zeichnung) und die entsprechende Masche von der rechten Nadel gleiten lassen. So fortfahren, bis Sie die Stelle des Fehlers erreicht haben.

Nachträgliche Fehlerbehebung

Manchmal kann es geschehen, daß man nicht aufpaßt und ein oder zwei Reihen mehr als vorgesehen gestrickt hat. Um diesen Fehler nachträglich wieder gutzumachen, geht man folgendermaßen vor: An einem Faden in der Mitte der Strickarbeit fest ziehen, dann den Faden nahe der Strickarbeit auf der linken Seite abschneiden. Die Maschen öffnen sich. Die Maschen auf der linken Seite einfädeln und den Faden auch auf der rechten Seite aufschneiden. Diese Maschen ebenfalls einfädeln und den Faden befestigen. Die Maschen

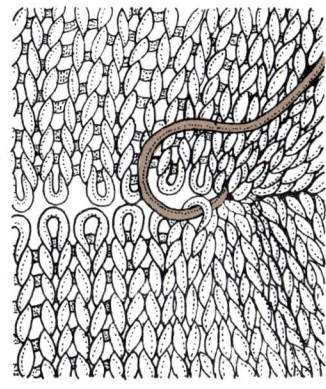

Oben links: Nachträgliche Fehler-behebung (siehe Text auf Seite 148)

Linke Spalte unten: Zwei Phasen beim Stopfen von rechten Maschen auf waagrechten Hilfsfäden

Rechte Spalte: Zwei Phasen beim Stopfen von rechten Maschen auf senkrechten Hilfsfäden

des oberen Teils auf die Nadel nehmen, vom unteren Teil zwei Reihen auftrennen und auch diese Maschen auf die Nadel nehmen. Die Stricknadeln aneinanderlegen und die Maschen mit einer waagrechten Stricknaht (siehe Seite 143) verbinden. Man wird die Stelle, an der die beiden Teile aneinandergefügt sind, nicht wiederfinden.

Auf diese Weise können Sie auch Pullover verlängern, neue Bündchen stricken und andere Veränderungen vornehmen: Nach dem Öffnen nehmen Sie die Maschen des oberen Teils auf und stricken das Bündchen an, oder Sie stricken an das untere Teil die gewünschte Reihenzahl an.

Stopfen

Wird ein Kleidungsstück viel getragen, so scheuert es sich an bestimmten Stellen durch (z. B. bei Pullovern an den Ellbogen), oder es entstehen Risse und Löcher: Es muß gestopft werden.

Das Stopfen geschieht in zwei Phasen: Einmal das Spannen der Fäden und zum anderen das eigentliche Stopfen. Nach der Art, wie die Fäden gespannt werden, unterscheidet man zwei Stopfmethoden, die im folgenden für rechte Maschen beschrieben werden.

Stopfen der rechten Maschen auf waagrechten Fäden. Bei dieser Methode werden die Fäden waagrecht gespannt. Auf der Rücksei-

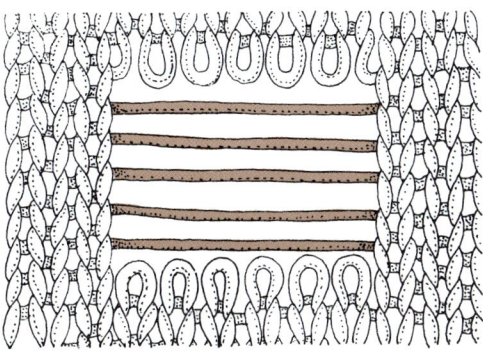

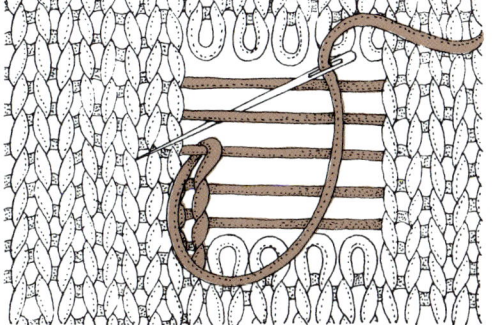

te der Arbeit wird für jede zu stopfende Maschenreihe waagrecht ein Faden gespannt. Nun kann man mit einer Wollnadel mit dem Stopfen beginnen. Man arbeitet von oben nach unten: Den Faden von der Vorderseite der Arbeit und von links nach rechts in eine der links neben der neu zu arbeitenden Stelle liegenden Maschen laufen lassen. Den Faden locker nach unten hängen lassen und mit der Nadel den obersten waagrechten Faden von unten nach oben aufnehmen und über dem locker hängengelassenen Faden herauskommen. Beim nächsten waagrechten Faden darunter ebenso vorgehen usw. Hat man den letzten waagrechten Faden erreicht, faßt man mit der Nadel die zwei Fäden der am nächsten gelegenen Maschen von links nach rechts; der Faden kommt also rechts von dieser Masche wieder heraus.

Nun von unten nach oben wieder auf die gleiche Weise arbeiten wie zuvor: Alle waagrechten Fäden werden nacheinander von

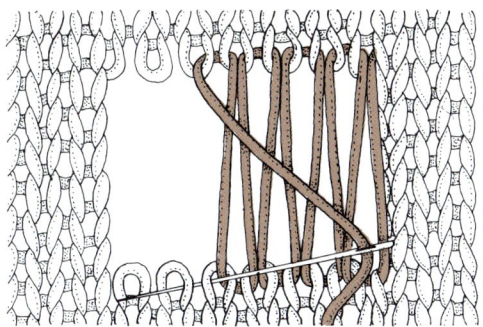

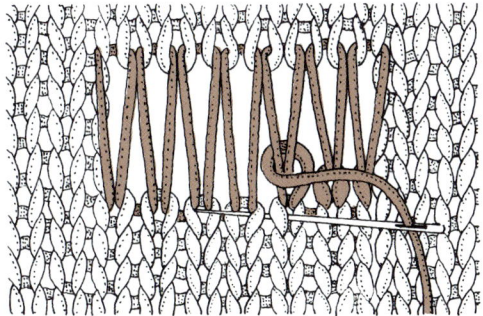

oben nach unten mit der Nadel aufgenommen, wobei der Faden immer links von der Nadel locker herunterhängt. Hat man die Masche erreicht, von der aus der erste Arbeitsgang von oben nach unten begonnen hatte, sticht man dort hinein, rechts von dieser Masche wieder heraus und beginnt erneut die Reihe von oben nach unten. So fortfahren, bis das Loch gestopft ist.

Stopfen der rechten Maschen auf senkrechten Fäden. Bei dieser Methode werden die Fäden in senkrechter Richtung gespannt. Dazu wird die Nadel immer von rechts nach links durch je zwei Maschen gezogen (siehe Zeichnung). Die Zahl und die Länge dieser Hilfsfäden muß der Zahl und der Länge der im zu stopfenden Loch fehlenden Fäden entsprechen.

Mit einem passenden Stopfgarn oder einer Wolle, die etwas dünner ist als die des Strickstückes, bildet man nun, rechts unten beginnend, mit einer Wollnadel neue Maschen: Mit der Nadel aus der ersten Masche herauskommen, sie unter den beiden Hilfsfäden hindurchführen, die aus dieser Masche herauskommen, und wieder in die gleiche Masche einstechen. Nun mit der Nadel aus der dane-

ben liegenden Masche kommen und die Nadel wieder unter den beiden Hilfsfäden hindurchführen, die aus dieser Masche herauskommen. Hat man auf diese Weise alle Maschen der ersten Reihe neu gebildet, wird die Arbeit herumgedreht und die nächste Reihe auf die gleiche Weise gearbeitet. So fortfahren, bis das Loch ausgefüllt ist. Die gestopften

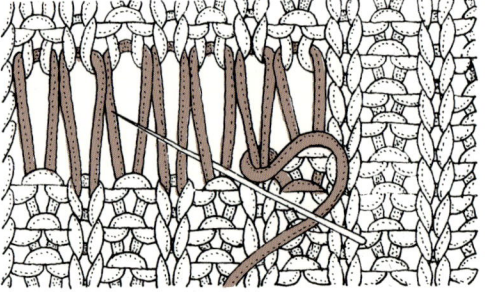

Maschen müssen so gut es geht den gestrickten Maschen entsprechen.

Stopfen der linken Maschen auf senkrechten Fäden. Die Fäden werden auf die gleiche Weise gespannt wie für das Stopfen der rechten Maschen. Die neuen Maschen werden auch rechts unten beginnend gebildet: Statt von vorn nach hinten muß man nun von hinten nach vorn einstechen.

Stopfen des einfachen Rippenmusters. Auch hier spannt man Hilfsfäden in senkrechter Richtung auf die gleiche Weise, wie dies für das Stopfen der rechten Maschen beschrieben

wurde. Abwechselnd nun neue rechte und neue linke Maschen bilden, wie dies aus den obigen Anleitungen zu ersehen ist.

Auftrennen einer Strickarbeit

Wird ein Kleidungsstück nicht mehr getragen, weil es unmodern oder zu klein ist oder auch aus jedem anderen Grund, und ist das Garn noch in gutem Zustand, kann es aufgetrennt und das Garn neu verwendet werden. Zuerst trennt man die Nähte auf. Sehr sorgfältig schneidet man dazu mit einer scharfen und spitzen Schere immer ein oder zwei Stiche der Naht auf, ohne dabei an dem Faden zu ziehen, damit er nicht zerreißt. Sollte dennoch einige Maschen am Rand angeschnitten worden sein, so hat das noch keine schlimmen Folgen: An dieser Stelle ist dann beim Auftrennen des Strickstückes der Faden zu Ende, und man muß ein neues Knäuel beginnen. Hat man dann an den einzelnen Teilen auch die Verzierungen (Blenden, Kragen, Taschen usw.) entfernt, kann mit dem Auftrennen begonnen werden. Man beginnt damit immer dort, wo die Maschen abgekettet wurden. Die Wolle wickelt man sofort zu Knäueln; damit läßt sich vermeiden, daß der durch das Stricken gekräuselte Faden sich verfilzt. Es wurde schon gesagt, daß mit jedem neuen Faden ein neues Knäuel begonnen und die Fäden nicht miteinander verknotet werden sollten.

Der Faden von abgenützten Stellen des Strickstücks muß auf gesonderte Knäuel aufgewickelt werden. Man verwendet ihn dann nicht mehr zum Stricken eines neuen Stückes, aber man kann mit ihm die Teile nachher zusammennähen.

Linke Spalte, oben: Das Stopfen von linken Maschen auf senkrechten Hilfsfäden

Unten: Das Stopfen von einfachem Rippenmuster

Rechte Spalte: Wickeln der Wolle um eine Stuhllehne nach dem Auftrennen eines Strickstückes

Hat man die gesamte Strickarbeit aufgetrennt, wickelt man die Knäuel zu Strängen. Ist niemand zur Hand, der helfen könnte, befestigt man ein Ende an einer Stuhllehne und wickelt die Wolle um diese. Dabei ist darauf zu achten, daß der Faden immer gleich gespannt ist.

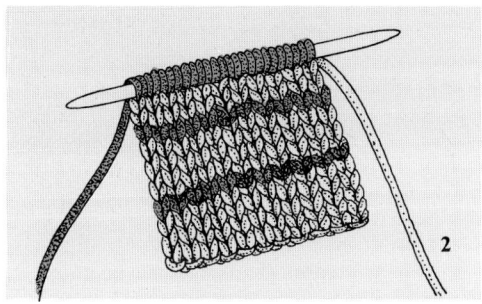

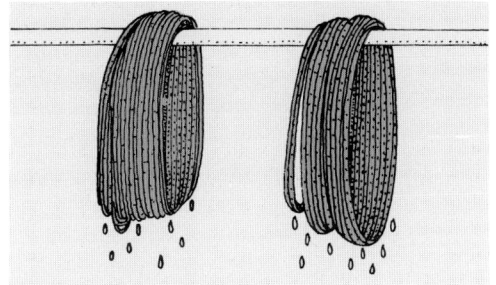

Waschen eines Stranges gebrauchter Wolle

Man sollte die Stränge aus gebrauchter Wolle immer erst waschen, bevor man sie neu verarbeitet.

Dies ist ziemlich einfach, dennoch muß man vorsichtig vorgehen, damit der Faden nicht verfilzt. Die Stränge werden in reichlich Wasser mit etwas Seife oder Seifenpulver eingetaucht (Wassertemperatur und Art der Seife bzw. des Seifenpulvers sind jeweils vom Garn abhängig). Nach einigen Stunden, wenn die für aufgetrennte Wolle charakteristische Kräuselung verschwunden ist, wird sie sorgfältig gespült. Nun hängt man die Stränge, ohne sie auszuwringen, zum Trocknen im Schatten auf. Sind sie vollständig getrocknet, kann man sie wieder zu Knäuel aufwickeln und die Wolle neu verwenden.

Verwendung von Wollresten beim Stricken von bunten Streifen

Bunte Streifen wirken sehr dekorativ, und auf diese Weise lassen sich auch Wollreste verwenden; natürlich muß die Wolle von der gleichen Stärke sein. Die Streifen können senkrecht oder waagrecht, schräg oder im Zickzack eingestrickt werden. Im allgemeinen strickt man Streifen glatt rechts; aber auch kraus rechts oder als Rippenmuster zeigen sie eine gute Wirkung.

Das Stricken waagrechter Streifen. Bestehen die Streifen aus einer *geraden Anzahl von Reihen*, wird die Farbe normalerweise am rechten Arbeitsrand gewechselt. Dabei wird der Arbeitsfaden nach oben über die Seite der Arbeit geführt. Man muß darauf achten, daß die übereinandergelegten Fäden nicht zu fest angezogen werden, da sonst der Rand zu straff wird.

Bestehen die Streifen aus einer *ungeraden Anzahl von Reihen*, muß man mit Stricknadeln mit zwei Spitzen folgendermaßen arbeiten:

1., 2. und 3. Reihe mit der ersten Farbe;

4., 5. und 6. Reihe mit der zweiten Farbe;

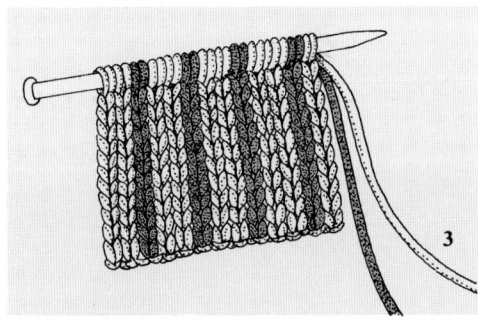

7. Reihe mit der ersten Farbe. Dabei aber die Arbeit nicht umdrehen und auf der entgegengesetzten Seite der Nadel (dort, wo der Faden der ersten Farbe sich befindet) stricken;

8. und 9. Reihe mit der ersten Farbe;

10. Reihe mit der zweiten Farbe, dabei wie bei der 7. Reihe verfahren.

Die Reihen, die man auf der entgegengesetzten Seite der Nadel beginnt, strickt man mit den gleichen Maschen der Vorreihe. Wurde bei glatt rechts die Vorreihe links gestrickt, muß auch diese Reihe links gestrickt werden, wurde sie rechts gestrickt, muß auch diese Reihe rechts gestrickt werden.

Das Stricken senkrechter Streifen. Für das Stricken senkrechter Streifen müssen so viele Knäuel zur Verfügung stehen, wie man Farbstreifen stricken möchte. Die jeweils nicht gestrickten Farben führt man hinter der Arbeit vorbei und läßt sie entweder frei, oder man verkettet sie. Dies richtet sich nach der Länge der Reihe. Es ist die gleiche Methode wie beim Jacquardmuster (siehe Seiten 52–53).

Das Stricken schräger Streifen. Man arbeitet sie auf die gleiche Weise wie senkrechte Streifen. In jeder Reihe verschiebt man dabei den Farbwechsel um eine oder mehr Maschen nach links oder nach rechts.

Das Stricken von Streifen im Zickzack. Für senkrechte Zickzackstreifen strickt man erst Farbstreifen schräg in eine Richtung und dann in die andere Richtung.

Einige wertvolle Tips

In diesem Kapitel sollen einige Ratschläge gegeben werden, die sowohl bei den einzelnen Arbeitsphasen als auch bei der Fertigstellung und Erhaltung der Strickarbeit von großem Nutzen sein können. Diese praktischen Hinweise stammen aus persönlicher Erfahrung; jeder kann sie durch eigene Beobachtungen erweitern.

● Es ist ratsam, stets ein oder zwei Knäuel mehr zu kaufen: Man ist froh darüber, wenn man zu stopfen, zu verlängern oder ein Stück neu zu stricken hat.

● Es ist besser, den Faden vom Knäuelinnern her abzuwickeln. Um dort das Fadenende zu finden, zieht man mit dem Daumen und dem Zeigefinger etwas Faden aus dem Knäuelinnern heraus und sucht das Fadenende. Sollte der Faden etwas verknotet sein, entwirrt man die Fäden, bevor man zu arbeiten beginnt. Dies kann man als Zeitverschwendung ansehen; in Wirklichkeit gewinnt man aber Zeit während der Arbeit, denn der Faden läuft auf diese Weise, ohne daß das Knäuel bewegt werden muß.

● Möchte man an einem Strickstück aus dicker Wolle eine Innentasche anbringen, so sollte man diese nur einige cm mit der dicken Wolle stricken und sie dann mit dünnerer Wolle weiterarbeiten (natürlich werden auch die Nadeln gewechselt). So wird vermieden, daß die Innentasche zu stark aufträgt.

● Gelingen die Knopflöcher nicht gut, kann man sie mit einem gleichfarbigen Stickfaden im Knopflochstich umstechen.

● Bei genügender Erfahrung ist es sehr nützlich, Kinderkleidungsstücke von oben nach unten zu stricken (vor allem die Ärmel, die schnell zu kurz werden) und die Arbeitsanleitung in entgegengesetzter Richtung zu befolgen. Die abgeketteten Maschen liegen auf diese Weise unten. Hat man noch Wolle aufbewahrt, kann das entsprechende Teil leicht verlängert werden.

● Ein Saum sollte bei Kinderkleidung so breit wie möglich gestrickt werden. Man kann das Kleidungsstück bei Bedarf dann leicht verlängern.

● Innerhalb einer Reihe darf ein Wollfaden nie verknotet werden, sonst wird die Arbeit leicht unregelmäßig. In diesem Zusammenhang ist es gut zu wissen, daß für das Abstricken einer Reihe ein Faden der 2–4fachen Länge dieser Reihe benötigt wird.

● Strickarbeiten verziehen sich leicht, vor allem an den am meisten beanspruchten Stellen. Röcke und Hosen sollte man deshalb in Höhe der Knie auf jeden Fall füttern. Bei Jacken und Mänteln sollte die Schulternaht und der hintere Halsausschnitt stets mit einem Schrägband in gleicher Farbe verstärkt werden. Am hinteren Halsausschnitt muß außerdem stets ein Aufhänger angebracht werden, da die Jacken und Mäntel sich sonst beim Aufhängen an den Schultern verziehen. Weiterhin sollte man darauf achten, daß kraus rechts gestrickte Strickstücke mehr als die anderen dazu neigen, sich zu verziehen und länger zu werden. Man sollte sie daher so wenig wie möglich aufhängen.

● Die Haltbarkeit einer Strickarbeit hängt sehr davon ab, wie sie gewaschen wird. Im allgemeinen ist auf den Etiketten der Garnknäuel eine genaue Waschanleitung aufgedruckt.

Umrechnung der deutschen Größen in ausländische Größen

In Deutschland besteht keine Regelung, die eine Entsprechung zwischen den in Zahlen angegebenen, allgemein gebräuchlichen Größen und den wirklichen Maßen der bei verschiedenen Firmen hergestellten Kleidungsstücke verbindlich festlegt. Aus diesem Grund ist die folgende Umwandlungstabelle der deutschen Größen in die entsprechenden Größen anderer Länder ohne Gewähr. Man muß sich dazuhin stets vergegenwärtigen, daß zwischen diesen und den tatsächlichen Maßen der Kleidungsstücke mehr oder weniger ins Gewicht fallende Unterschiede bestehen. Diese sind auch auf die sich verändernde Mode zurückzuführen.

Land	Herrengrößen						
Deutschland Schweiz Holland	44	46	48	50	52	54	56
Italien	42	44	46	48	50	52	54
Frankreich Belgien	38	40	42	44	46	48	50
Großbritannien Spanien	32	34	36	38	40	42	44
USA Kanada	34	36	38	40	42	44	46

Land	Damengrößen								
Deutschland Schweiz Holland	34	36	38	40	42	44	46	48	50
Italien	38	40	42	44	46	48	50	52	54
Frankreich Belgien	36	38	40	42	44	46	48	50	52
Großbritannien	30 4	32 6	34 8	36 10	38 12	40 14	42 16	44 18	46 20
Spanien	30	32	34	36	38	40	42	44	46
USA	28 6	30 8	32 10	34 12	36 14	38 16	40 18	42 20	44 22
Kanada	28	30	32	34	36	38	40	42	44

Bei vielen Kleidungsstücken hat sich auch in Deutschland eines der amerikanischen Maße eingebürgert: Die in Zahlen angegebenen Größen werden durch Abkürzungen ersetzt wie *extra small* (XS = sehr klein), *small* (S = klein), *medium* (M = mittel), *large* (L = groß), *extra large* (XL = sehr groß), *extra extra large* (XXL = besondcrs groß).

Land	Herrengrößen				
Deutschland Schweiz Holland	44–46	48–50	50–52	54	56
USA	S	M	L	XL	XXL

Land	Damengrößen				
Deutschland Schweiz Holland	34	36–38	40–42	44–46	48–50
USA	XS	S	M	L	XL

Flecken und ihre Beseitigung

Fleck	Material	Behandlung und Lösungsmittel
Bier	alle Garne	mit lauwarmem Wasser und Alkohol ausspülen
Blut	alle Garne	in kaltem Wasser einweichen, dann waschen
Brandfleck	alle Garne	mit Glyzerin behandeln und dann in Wasser und Alkohol waschen
Coca-Cola	alle Garne	mit Wasser anfeuchten und ausspülen, evtl. mit Trichloräthylen behandeln
Druckerfarbe, Chinafarbe	alle Garne	frische Flecken sind in Wasser und Ammoniak löslich; alte Flecken werden in der gleichen Lösung eingeweicht und dann mit einem guten Fleckenentferner behandelt
Eigelb	alle Garne	mit Wasser, Seife und etwas Ammoniak waschen
Eis	alle Garne	frische Flecken sofort mit Wasser auswaschen; alte Flecken werden mit Borwasser behandelt (10 g auf 1 l Wasser), dann mit Chloroform oder Tetra
Eiweiß	alle Garne	wenn trocken, in kaltem Wasser einweichen, dann waschen
Fett	Baumwolle	auf eine saugfähige Fläche legen und mit geringen Mengen einer der folgenden Lösungen behandeln: Benzin, Chloroform, Tetra oder Magnesium mit Benzol
Fett	Kunstfasern	mit Wasser und Seife auswaschen oder mit Chloroform, Benzin oder Tetra behandeln
Fett	Leinen	den Fleck mit Kreide, Magnesium oder Körperpuder bestreuen, mit einem Löschblatt bedecken und nicht zu warm bügeln; als Lösungsmittel eignen sich die gleichen wie bei Baumwolle
Fett	Seide	den Fleck mit Kreide oder Magnesium bestreuen, mit einem Löschblatt bedecken und nicht zu warm bügeln; wenn nötig, den Vorgang mehrmals wiederholen
Fett	Wolle	frische Flecken können mit lauwarmem Wasser, Seife und etwas Ammoniak ausgewaschen werden; alte Flecken werden wie bei Baumwolle behandelt
Gras	alle Garne	mit einer Lösung aus zwei Teilen Alkohol, einem Teil Ammoniak und drei Teilen warmem Wasser anfeuchten
Gras	Seide	in 2%iger Wasserstofflösung einweichen und einige Tropfen Ammoniak auf den Fleck geben
Holzleim	alle Garne	mit warmem Wasser und Seife auswaschen, dann mit Wasser ausspülen
Kaffee	alle Garne	mit Glyzerin ausreiben und dann mit etwas in Wasser gelöstem Ammoniak waschen
Kakao, Schokolade	alle Garne	mit Glyzerin behandeln und dann mit Wasser und Alkohol waschen
Kosmetika, fetthaltig	alle Garne	siehe Fett
Kosmetika, nicht fetthaltig	alle Garne	sofort mit warmem Wasser und Seife auswaschen
Kugelschreiber, Stempelfarbe usw.	alle Garne	auf eine saugfähige Unterlage legen und mit einem der folgenden Lösungsmitteln behandeln: Chloroform, Tetra, Alkohol
Lack (durchsichtig)	alle Garne	mit warmem Terpentin und Alkohol oder mit Benzin behandeln

Fleck	Material	Behandlung und Lösungsmittel
Lack (farbig)	alle Garne	mit Terpentin behandeln
Leim in Zellulose	alle Garne	in warmem Wasser einweichen, dann mit Äther und Alkohol behandeln
Leim in Zellulose	alle Garne, ausgenommen Rayon	mit Aceton behandeln
Leim (Gummiarabikum)	alle Garne	die harten Flecken in warmem Wasser einweichen, dann mit lauwarmem Wasser und Ammoniak behandeln
Marmelade	alle Garne	Zucker mit warmem Wasser herauslösen, dann wie Obstflecken behandeln
Milch	alle Garne	frische Flecken werden mit Benzin angefeuchtet, einige Stunden mit Magnesium bedeckt und dann mit lauwarmem Wasser ausgewaschen; alte Flecken zuerst in Wasser mit Borax einweichen.
Nagellack	alle Garne, ausgenommen Rayon	mit Aceton behandeln, dann waschen
Nikotin	alle Garne	mit einer Lösung zu gleichen Teilen aus Glyzerin und Ammoniak behandeln, dann ausspülen
Obst und Obstsäfte	alle Garne	helle Flecken sofort mit warmem Wasser und Seife auswaschen, dunkle Flecken mit Zitronensaft, Zitronensäure oder Essigsäure anfeuchten
Parfüm	alle Garne	mit Alkohol anfeuchten und mit lauwarmem Wasser waschen oder mit Chloroform oder Tetra behandeln
Puder	alle Garne	trocken ausbürsten
Rost	alle Garne	den Fleck in einer Lösung aus 2 g essigsaurem Natrium in 1 l destilliertem Wasser mit 10 g Glyzerin einweichen; einige Stunden liegen lassen, ab und zu reiben, dann mit warmem Wasser waschen
Rotwein	alle Garne	sofort mit lauwarmem Wasser auswaschen
Schlagsahne	alle Garne	mit warmem Wasser und Ammoniak waschen; alte Flecken werden in Wasser und Borax eingeweicht
Schminke	alle Garne	sofort mit lauwarmem Wasser auswaschen, eventuell mit Tetra behandeln
Tee	alle Garne	mit Glyzerin einreiben, dann mit Wasser und Ammoniak waschen
Teer	alle Garne	die harten Flecken mit Öl aufweichen und dann mit Terpentin und 10%igem Ammoniak behandeln
Tinte	Wolle und Seide	mit Wasser auswaschen und mit Zitronensaft oder Zitronensäure ausreiben
Tinte	Baumwolle und synthetische Fasern	mit einem Tropfen eines chlorhaltigen Lösungsmittels auf einem Wattebausch behandeln, dann sofort waschen (Vorsicht, bunte Baumwolle könnte ausbleichen!)
Tinte, rot	alle Garne	auf eine saugfähige Unterlage legen und mit einer Lösung zu gleichen Teilen aus Äther und Alkohol behandeln
Tomaten	alle Garne	mit Wasser und Ammoniak waschen; alte Flecken werden wie Grasflecken behandelt

Worterklärungen

Abheben: Eine Masche von der linken Nadel auf die rechte Nadel übernehmen, ohne sie zu stricken.

Abketten: Der Arbeitsvorgang, bei dem alle Maschen beim Abschluß der Arbeit so gestrickt werden, daß sie sich nicht auftrennen können; oder aber es werden im Laufe der Strickarbeit einige Maschen abgekettet, um abzunehmen, Knopflöcher herzustellen o. ä.

Abnehmen: Eine Maschenreihe um eine oder mehr Maschen vermindern.

Achselhöhle: Der obere Teil der Seitennaht und der untere Teil des Armausschnittes.

Anschlagen: Durch das Maschenanschlagen läßt man zu Beginn der Arbeit die Maschen auf der Nadel entstehen.

Armausschnitt: Der Teil, an dem der Ärmel angebracht wird, von der Achselhöhle bis zur Schulter.

Aufheben: Im allgemeinen mit einer Häkelnadel eine im Laufe der Arbeit heruntergefallene Masche wieder hochführen.

Faden: Bestandteil einer Masche auf der Nadel: hinterer und vorderer Faden.

Faden hinten: Der Arbeitsfaden, der hinter der Strickarbeit liegt, beispielsweise beim Stricken einer rechten Masche.

Faden vorn: Der Arbeitsfaden, der vor der Strickarbeit liegt, beispielsweise beim Stricken einer linken Masche.

Größe: Zahlen, die die Größe eines Kleidungsstückes in bezug auf die Körpermaße angeben (Körpergröße, Brust-, Taillen- und Hüftumfang).

Links: Der linke Teil der Arbeit, von der Vorderseite aus betrachtet.

Maschenprobe: Ein kleines Probestrickstück, mit dessen Hilfe genau die Ergiebigkeit des Garnes bei der eigenen Strickart sowie das Verhältnis zwischen Maschenzahl und Reihenzahl berechnet werden kann. Bei den Strickanleitungen ist immer eine Maschenprobe für ein Stück von 10 cm x 10 cm angegeben.

Neu anschlagen: Im Laufe der Arbeit neue Maschen auf der Nadel anschlagen, um damit die Zahl der Maschen zu erweitern oder um abgekettete Maschen zu ersetzen.

Randabschluß: Die beiden Ränder einer Strickarbeit. Wenn nicht anders angegeben, versteht man unter Randabschluß immer die erste und die letzte Masche jeder Reihe.

Rechts: Der rechte Teil der Arbeit, von der Vorderseite aus betrachtet.

Reihe: Eine Reihe besteht aus den Maschen auf der Nadel. Eine Reihe arbeiten bedeutet daher bei der Strickanleitung, daß alle Maschen der linken Nadel abgestrickt werden.

Ripsband: Geripptes Seiden- oder Baumwollband, das zur Verstärkung der Kleidungsstükke in der Taille oder an Nähten, Knopflöchern oder Kanten verwendet wird.

Rückseite: Die dem Arbeitenden abgewandte Seite der Arbeit. Die Gegenseite der Vorderseite.

Schwierigkeitsgrad: Bei den Strickanleitungen ist der Schwierigkeitsgrad auf der Grundlage der verschiedenen Elemente angegeben, wie z. B. Muster, Schwierigkeit der Arbeitsgänge oder des Strickens nach einer Vorlage, das Einarbeiten von Verzierungen usw.

Seiten: Die Außenseiten des Rückenteils und des Vorderteils bis zu den Armausschnitten. Die Seiten zusammennähen oder die Seitennähte schließen bedeutet, das Rücken- und das Vorderteil zusammenfügen.

Sternchen: Eines der wichtigen Zeichen bei den Strickanleitungen. Bei den Erklärungen des Strickmusters wird eine Maschenfolge zwischen zwei Sternchen bis zum Ende der Strickreihe immer wiederholt. Manchmal kann man innerhalb einer Beschreibung einer Maschenfolge auf ein doppeltes Sternchen stoßen; es folgt dann eine Klammer mit der Angabe, wie oft diese eingeschobene Maschenfolge wiederholt werden muß.

Stillegen: Eine oder mehrere Maschen stillegen bedeutet, sie auf eine Hilfsnadel oder auf eine Sicherheitsnadel zu legen, um sie später weiterzustricken.

Stopfen: Maschen bei fertigen Strickstücken ausbessern; siehe auch *Aufheben*.

Strickfestigkeit: Sie hängt davon ab, ob der Faden mehr oder weniger fest gespannt ist, ob die Maschen mehr oder weniger dicht liegen oder ob dicke oder dünne Stricknadeln verwendet wurden. Von der Strickfestigkeit hängt es daher ab, wie dicht eine Strickarbeit ist, ob sie elastisch und weich ist. Es ist wichtig, für sich selbst eine geeignete, bleibende Strickfestigkeit zu erarbeiten, um eine einheitliche und maßgebende Maschenprobe herstellen zu können.

Überheben: Am Rand der Arbeit oder innerhalb der Reihe eine Masche von der linken Nadel auf die rechte übernehmen, ohne sie zu stricken. Dann die nächste Masche stricken und mit Hilfe der linken Nadelspitze die nichtgestrickte Masche über die gestrickte überheben.

Umschlag: Bei einem Umschlag wird der Faden einmal um die rechte Nadel geschlungen, bevor die nächste Masche gestrickt wird. Wird der Umschlag in der nächsten Reihe abgestrickt, bedeutet er eine Art des Zunehmens, wird er mit einer Masche in der nächsten Reihe zusammengestrickt, entsteht ein Loch.

Untertasche: Der auf der Rückseite einer Innentasche angefügte Teil der Tasche. Sie wird meistens aus einem dünneren Garn gestrickt oder aus Futterstoff genäht.

Verlängern: Eine Masche wird verlängert (Schlingenmasche), indem der Faden ein oder mehrmals um die rechte Nadel gewickelt wird, bevor die nächste Masche gestrickt wird. In der nächsten Reihe läßt man den umwickelten Faden wieder fallen, wodurch ein Ajourmuster entsteht.

Verschränkt: Eine Masche nennt man verschränkt, wenn beim Abstricken der hintere Faden genommen wurde.

Vorderseite: Die dem Arbeitenden zugewandte Seite der Arbeit.

Vorlage: Das auf kariertes Papier übertragene Muster mit Symbolen für die verschiedenen Farben; sie wird beim Jacquardmuster und beim Sticken verwendet.

Wieder aufnehmen: Mit der Häkelnadel schon abgekettete Maschen wieder aufnehmen, sie auf die Stricknadel übertragen, um eine Blende anzustricken.

Wiederholen: Der Ausdruck ist fast immer begleitet von der Bezeichnung von ✻ bis ✻ und gibt die Anweisung, mehrmals (meistens ist angegeben wie oft) die zwischen den Sternchen beschriebene Maschenfolge zu wiederholen.

Zunehmen: Eine Strickreihe um eine oder mehr Maschen vermehren.

Register